Das Einsteigerseminar

HTML 3.2

D1642147

Stephan Lamprecht

Das Einsteigerseminar
HTML 3.2

Die Informationen im vorliegenden Buch werden ohne Rücksicht auf einen eventuellen Patentschutz veröffentlicht.

Warennamen werden ohne Gewährleistung der freien Verwendbarkeit benutzt.

Bei der Zusammenstellung von Texten und Abbildungen wurde mit grö?ter Sorgfalt vorgegangen. Trotzdem können Fehler nicht vollständig ausgeschlossen werden. Verlag, Herausgeber und Autoren können für fehlerhafte Angaben und deren Folgen weder eine juristische Verantwortung noch irgendeine Haftung übernehmen.

Für Verbesserungsvorschläge und Hinweise auf Fehler sind Verleger und Herausgeber dankbar.

Alle Rechte vorbehalten, auch die der fotomechanischen Wiedergabe und der Speicherung in elektronischen Medien.

Die gewerbliche Nutzung der in diesem Buch gezeigten Modelle und Arbeiten ist nicht zulässig.

Dieses Buch wurde der Umwelt zuliebe auf chlorfrei gebleichtem Papier gedruckt.

Copyright © 1997,1998 by bhv Verlag
Bürohandels- und Verlagsgesellschaft mbH
Novesiastr. 60
41564 Kaarst
Germany
Telefon: (0 21 31) 765 – 01
Telefax: (0 21 31) 765 – 10
Internet-Adresse: www.bhv.net

1. Auflage

ISBN 3-89360-923-7

Printed in Italy

Inhalt

5 Listen 87

6 Tabellen 107

7 Grafiken und Hintergründe 135

11 Weitere Absatz- und Zeichenformatierungen 231

12 Video und Sound 253

13 Der Dateikopf 271

14 Java und JavaScript 285

Einleitung

Seine geraume Zeit schon ständig wachsende Popularität verdankt das Internet zu einem großen Teil einer Programmiersprache, die eigentlich gar keine ist. Es sind die mittels der *Hypertext Markup Language* (HTML) erstellten Seiten des World Wide Web, die die Benutzer in ihren Bann schlagen. Schließlich machen diese Dokumente im Zusammenspiel mit einem *Internet Browser* die Bedienung des Internets spielend einfach.

Da immer mehr Online-Dienste und Internet-Provider ihren Kunden die Möglichkeit einräumen, eine eigene *Home Page* ins Netz zu stellen, wächst zunächst einmal unter Privatanwendern der Wunsch, mehr über diese Sprache zu erfahren. Darüber hinaus bieten sich HTML-Dokumente immer dort an, wo Dokumente zwischen verschiedenen Computerplattformen ausgetauscht werden sollen, zum Beispiel zwischen UNIX, DOS und Macintosh. Innerhalb sogenannter *Intranets* dienen sie der Bereitstellung, Präsentation und Verknüpfung wichtiger Informationen innerhalb eines Unternehmens. Solch ein Intranet nutzt dabei bestehende Windows-, UNIX- oder Netware-Netzwerke, bildet aber seine eigenen Informationsverknüpfungen eben mit HTML auf einer höheren Ebene. Somit sehen sich plötzlich auch Netzwerk-Administratoren gezwungen, Kenntnisse über HTML zu erlangen.

Dieses Einsteigerseminar richtet sich sowohl an den interessierten Laien, der seine erste Home Page erstellen will, als auch den EDV-Fachmann, der sich aus beruflichen Gründen schnell und fundiert in HTML einarbeiten möchte.

Was dieses Buch nicht sein kann, aber auch gar nicht sein will, ist eine komplette Referenz von HTML. Es wurde bei der Erstellung des Manuskript aber darauf geachtet, zumindest alle HTML-Formatierungsmöglichkeiten einmal anzusprechen. Die Formatierungen, die Sie aus der Sicht der Praxis am häufigsten benötigen, werden ausführlicher vorgestellt als andere, die nur sehr selten Verwendung finden. Nach der Lektüre dieses Buches werden Sie allerdings in der Lage sein, sich anhand einer Referenz auch solche Aspekte der HTML-Sprache zu erarbeiten, die im Rahmen des Einsteigerseminar nicht eigens erwähnt werden.

Autoren von Home Pages im World Wide Web sollten zumindest schon einmal von *Java* und *JavaScript* gehört haben. Aus diesem Grunde sind auch diese beiden Computersprachen in diesem Einsteigerseminar berücksichtigt worden. Eine detaillierte Einführung in diese Sprachen verlangt allerdings ein eigenes Seminar, so dass hier nur erste Tips und Hinweise gegeben werden können.

An dieser Stelle möchte ich mich ausdrücklich bei allen an diesem Buch beteiligten Personen bedanken: Dem Team des bhv-Verlages gebührt mein Dank für die ausgezeichnete Betreuung während der Manuskripterstellung. Bei meinen Freunden muss ich mich für ihr Verständnis dafür bedanken, daß ich wieder einmal viel zu wenig Zeit für sie hatte. Und schließlich bedanke ich mich bei Ihnen dafür, daß Sie dieses Buch lesen!

Ich wünsche Ihnen viel Erfolg bei der Gestaltung Ihrer HTML-Seiten und bin auf Ihre Anregungen und Kritik sehr gespannt. Schreiben Sie mir doch einfach an meine E-Mail-Adresse: 100101.2055@compuserve.com!

Stephan Lamprecht

Ahrensburg, im Oktober 1996

Document URL: book://das.einsteiger.seminar/index.html

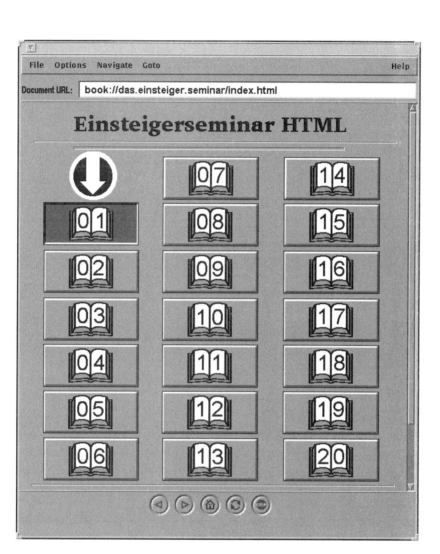

Einsteigerseminar HTML

1 Grundlagen

1.1 Was ist HTML?

Selbst Menschen, die mit dem Computer sonst nichts zu tun haben, hören in dieser Zeit des »Internet-Booms« immer wieder einmal den Begriff »HTML«. Worum handelt es sich dabei eigentlich?

In den späten 60er Jahren machten sich die Ingenieure der Firma IBM daran, Lösungen für jene Probleme zu erarbeiten, die der Austausch von Dokumenten zwischen verschiedenen Rechnersystemen mit sich bringt: Einzelne Zeichen sind nach der Datenübergabe mit anderen vertauscht oder verschwinden ganz. Die Antwort auf diese Schwierigkeiten hieß *Generalized Markup Language*(GML). Seitdem die Organisation für Internationale Standards (ISO) GML zu einem international gültigen Standard erhoben hat, trägt sie die Bezeichnung *SGML*, was die Abkürzung für *Standard Generalized Markup Language* ist. Es handelt sich dabei um eine *Seitenbeschreibungssprache*. Was sich hinter dieser Bezeichnung verbirgt, möchte ich Ihnen an einem kleinen Beispiel zeigen.

Nehmen wir an, Sie arbeiten gemeinsam mit einem Kollegen an einem Dokument. Sie haben Ihre Textverarbeitung im Griff und für Ihren Bedarf ein paar Druckformatvorlagen oder *Style Sheets* geschaffen. Ihre Überschriften werden sauber in Arial 20 Punkt gesetzt, der Fließtext hingegen in 12 Punkt. Beim Betrachten Ihres Dokuments sind Sie sehr zufrieden und geben es per Diskette oder Netzwerk voller Stolz an Ihren Kollegen weiter. Doch kurz darauf bekommen Sie einen erbosten Anruf von ihm: Was Ihnen denn da eingefallen sei, der ganze Text sei ja unübersichtlich und typographisch so ziemlich das Letzte, was sich produzieren lasse!

Solche oder ähnliche Geschichten spielen sich täglich auf der ganzen Welt ab. Was kann passiert sein? Ein noch so gut überlegtes typographisches Konzept läuft schon dann ins Leere, wenn auf dem anderen Computersystem beispielsweise nicht dieselben Schriftarten verfügbar sind, die Sie bei der Erstellung benutzt haben.

Probleme, die beim Austausch von Texten zwischen Windows-Anwendungen und DOS-Programmen auftreten können, sind Ihnen vielleicht bekannt. Einen Ausweg aus solchen Dilemmata bieten Seitenbeschreibungssprachen. In ihnen wird nicht nur der eigentliche Text erfasst, sondern über bestimmte Befehle und Steuersequenzen das Aussehen eines Textes festgelegt. Der unschlagbare Vorteil einer Seitenbeschreibungssprache wie SGML ist, dass sie *plattformübergreifend* ist. Es spielt keine Rolle, ob der Text auf einem UNIX-Rechner, einem Macintosh oder einem IBM-kompatiblen PC angezeigt wird. Er sieht auf allen Rechnern gleich aus.

Schön und gut, aber was hat das mit HTML zu tun? Die Antwort ist einfach. SGML definiert verschiedene Arten von Dokumenten (*Document Type Definition*, abgekürzt *DTD*), darunter auch Dokumente im HTML-Format. Aus diesem Grunde wird HTML auch gelegentlich als eine Instanz von SGML bezeichnet, da sich die Sprache unmittelbar von SGML ableitet.

HTML-Dokumente haben eine Eigenschaft, auf die bereits in ihrem Namen hingewiesen wird: Es sind *Hypertext-Dokumente*. Wenn Sie einen Text lesen, so ist er, wie dieses Buch, von den Intentionen des Autors her und durch die physische Erscheinung – die Textgestalt und den Druck – bereits strukturiert. Sie könnten ein Buch zwar von hinten nach vorne lesen, aber ob Sie dies mit Gewinn tun würden, ist eher fraglich. Hypertext eröffnet Ihrem Werk eine neue, zusätzliche Dimension. An beliebigen Stellen verweist ein Hypertext-Dokument auf andere Informationen, die Sie per Tastendruck oder Mausklick erreichen können. Der Leser ist nicht mehr auf die starre Struktur eines Werkes festgelegt, wie sie im Inhaltsverzeichnis eines Buches abgebildet wird, sondern kann völlig frei mit seinem Text umgehen. Allein sein Interesse bestimmt, welchen dieser Verweisen – die auch *Links* genannt werden – er folgt und welchen nicht. Jeder Benutzer einer Online-Hilfe, zum Beispiel unter OS/2 oder Windows, kennt diese Vorgehensweise. Das Hypertext-Konzept wurde ebenfalls Ende der 60er Jahre in den USA entwickelt.

Die genannten zwei Eigenschaften – nämlich Hypertextdokumente erstellen zu können und den Dokumentenaustausch über Rechnerplattformen hinweg zu ermöglichen – haben mit Sicherheit zur großen Popularität von HTML beigetragen.

In den folgenden Kapiteln werden Sie HTML näher kennenlernen. Zu Beginn wird es um die Syntax dieser Seitenbeschreibungssprache gehen, bevor einfachere Seiten und Texte gestaltet werden sollen. In den weiteren Kapiteln dieses Einsteigerseminars werden Sie dann erlernen, wie Sie Ihren Texten durch das Einfügen von Grafiken oder Formularen den letzten Schliff geben.

1.2 Was benötigen Sie, um HTML-Dokumente zu erstellen?

Was benötigen Sie, um erfolgreich mit diesem Buch zu arbeiten? Zunächst einmal einen einfachen *Texteditor*. Welchen Sie dabei bevorzugen, ist ganz Ihrem Geschmack und Ihrem Betriebssystem überlassen. Da HTML plattformübergreifend ist, spielt es keine Rolle, unter welchem Betriebssystem die Dokumente entstanden sind. Wenn Sie wollen, können Sie auch bei Ihrer gewohnten Textverarbeitung bleiben. Allerdings müssen Sie Ihre Texte dann im sogenannten ASCII-Format abspeichern. In WinWord erreichen Sie dies, in dem Sie Ihren Text als *MS-DOS-Text* speichern.

Außerdem benötigen Sie eine Software, die in der Lage ist, HTML-Dokumente anzuzeigen, damit Sie sich das Ergebnis Ihrer Arbeit auch ansehen zu können. Hier bieten sich als erstes die *Browser* für das World

Wide Web an, zum Beispiel der Netscape *Navigator* oder auch der *Internet Explorer* aus dem Hause Microsoft. Inzwischen sind allerdings auch einige Textverarbeitungen HTML-fähig.

Um Ihre HTML-Dokumente zum Beispiel mit dem Netscape Navigator anzusehen, starten Sie dieses Programm. Fehlermeldungen, die beim Start aufgrund der nicht vorhandene Verbindung zum Internet auftauchen, können Sie einfach wegklicken. Mit dem Menüpunkt *Datei / Datei öffnen* können Sie dann Ihr HTML-Dokument laden.

Zudem ist es nützlich, wenn Sie darüber hinaus ein Grafikprogramm installiert haben. Mit ihm können Sie die Bilder, die Sie in Ihre HTML-Dokumente einfügen wollen, in die entsprechenden Formate konvertieren, ihnen die gewünschte Größe verleihen und sie bearbeiten. Auch hier ist Ihnen die Qual der Wahl überlassen. Wichtig ist nur, dass Ihr Programm mit den Grafikformaten GIF und JPG umgehen kann.

1.3 Die Syntax von HTML

Wie jede Programmiersprache, ja jede Sprache im allgemeinen, folgt auch HTML einer Reihe von Regeln. Diese werden als *Syntax* der Sprache bzw. Programmiersprache bezeichnet.

Die einzelnen Befehle von HTML werden *Tags* genannt. Tags werden von spitzen Klammern eingeschlossen, also von < und >. Tags können einzeln stehen – zum Beispiel *<P>* – oder als ein Paar, mit einem Anfangs-Tag wie *<B>* und einem entsprechenden Ende-Tag *</B>*. Ein Ende-Tag wird also durch einen einfachen *Schrägstrich* gekennzeichnet. In diesem Beispiel würde alles, was zwischen diesen beiden Tags steht, *fett* formatiert werden. Eine Kombination mehrerer Tags ist nicht nur möglich, sondern oftmals notwendig, um das gewünschte Aussehen eines Textes zu erreichen.

Es spielt übrigens *keine Rolle*, ob die Tags in Ihrem Quellcode groß-
oder kleingeschrieben sind.

Tags können außerdem ineinander verschachtelt sein.

Beispiel

```
Dies ist ein <I><B>verschachtelter</B></I>Tag.
```

Unzulässig ist das *Überlappen* von Tags, da dies zu unerwünschten Ergebnissen führen kann. Nicht erlaubt wäre:

Beispiel

```
Dieses Beispiel zeigt einen <B> nicht <I> erlaubten</B>
Tag </I>.
```

Wenn Sie mit einer Programmiersprache wie Turbo Pascal einen Fehler
in der Syntax begehen, wird Ihr Programm wahrscheinlich gar nicht erst
laufen, oder zumindest nicht das tun, was Sie von ihm erwarten. HTML
verzeiht Fehler sehr viel leichter. Im Falle eines Fehlers sieht schlimm-
stenfalls ein Text nicht ganz so aus, wie Sie es erwartet haben.

Versuchen Sie trotzdem, möglichst akkurat zu arbeiten. Nach meiner Er-
fahrung ist einer der am häufigsten gemachten Fehler bei der Erstellung
eines HTML-Dokuments, dass einfach vergessen wurde, den Ende-Tag
an die richtige Stelle zu setzen.

Hinweis Kontrollieren Sie immer, ob Sie einen benötigten Ende-
Tag auch wirklich gesetzt haben.

1.4 Universell wäre schön

Gerade noch wurde HTML als universell einsetzbare Seitenbeschreibungssprache vorgestellt, mit deren Hilfe der Austausch von Dokumenten problemlos wird. Im Grunde genommen stimmt dies auch, allerdings
immer nur für einen verabschiedeten Standard.

Für die Verabschiedung eines neuen Standards ist das *W3-Konsortium*
zuständig, das seinen Sitz in Genf hat, der Geburtsstätte des World Wide
Web. Diesem Konsortium gehört eine Reihe von Experten und Soft-
wareherstellern an. Sofern Sie einen Internet-Anschluss haben, können
Sie sich über das W3-Konsortium unter *http://www.w3.org/* genauer informieren.

Seit Monaten wurde um die Verabschiedung von HTML 3.0 gerungen,
doch zu einem Standard ist es dabei nie gekommen. Inzwischen wurde
nun aber doch als neuer Standard HTML 3.2 verabschiedet. Allerdings
unterstützen die Browser für das World Wide Web diesen Standard in
unterschiedlichem Maße. Noch schlimmer: Die Hersteller schlagen immer neue Tags vor, die dann aber nicht alle von der Konkurrenz unterstützt werden. Besonders die Firma Netscape, deren Browser *Netscape
Navigator* mit einem Marktanteil von rund 80% zu den beliebtesten Produkten dieser Gattung gehört, tut sich mit immer neuen Entwicklungen
hervor. Durch die hohe Verbreitung des Programms werden damit quasi
de-facto-Standards geschaffen.

Da aber gerade die Erweiterungen der Hersteller die Gestaltungsmöglichkeiten von HTML vergrößern, werden sie in diesem Buch ebenfalls
vorgestellt. Allerdings müssen Sie, wenn Sie solche Tags verwenden,
damit rechnen, dass Benutzer anderer Browser Ihre Seiten nicht ganz so
sehen können, wie Sie sich das vorgestellt haben.

Berücksichtigt werden in diesem Einsteigerseminar der Netscape Navigator 2.0, der Internet Explorer 2.0 und der NSCA Mosaic2.0 WWW-
Browser.

1.5 Allgemeiner Aufbau eines HTML-Dokuments

In der ersten Zeile jedes HTML-Dokuments sollte der sogenannte *Prologue Identifier* stehen. Dieser »Vorspruch« im wahrsten Sinn des Wortes legt fest, zu welcher Klasse von HTML-Dokumenten Ihr Text gehören soll.

Im Laufe der Geschichte von HTML hat es mehrere Entwicklungsstufen gegeben – Versionen, wenn Sie so wollen. Von Stufe zu Stufe nahm der Funktionsumfang der Sprache zu. Immer ausgefeiltere Gestaltungsmöglichkeiten für Texte wurden implementiert. Der *Prologue Identifier* teilt der Anzeigesoftware mit, zu welchem Standard das entsprechende Dokument gehört. Ein Prologue Identifier stellt sich zum Beispiel folgendermaßen dar:

```
<!DOCTYPE HTML PUBLIC "-//IETF//DTD HTML//EN//3.2">
```

In diesem Fall entspräche Ihr HTML-Dokument dem Standard 3.2. Die obige Zeile können Sie deshalb ruhig so in Ihre Texte übernehmen. Schreiben Sie allerdings gezielt für ältere Browser, sollten Sie unter Umständen den Standard 3.0 einhalten – dann steht hinten "//3.0", und Sie müssen auf die neuesten Sprachelemente verzichten.

Als nächstes ist das Tag-Paar *<HTML>...</HTML>* zwingend vorgeschrieben. Damit legen Sie den Anfang und das Ende Ihres Dokuments fest. Dieser Tag wird von einem Browser nicht angezeigt. Ohne ihn wird Ihr Text jedoch nicht als HTML-Dokument erkannt.

Im unmittelbaren Anschluss an das *<HTML>* muss ein letzter Tag zwingend eingefügt werden. Es handelt sich dabei um das Paar *<BODY>...</BODY>*. Zwischen diesen beiden Tags wird der eigentliche Text eingefügt, mit allen Abbildungen und Verweisen. Der schematische Aufbau eines HTML-Dokuments sieht also folgendermaßen aus:

```
<!DOCTYPE HTML PUBLIC "-//IETF//DTD HTML//EN//3.2">
<HTML>
<BODY>
```

```
Hier folgt Ihr Dokumenten-Text
</BODY>
</HTML>
```

Im folgenden Abschnitt wird es um die Erstellung eines einfachen HTML-Dokuments gehen.

1.6 Der Kopf eines HTML-Dokuments

Dem Autor eines HTML-Dokuments ist es freigestellt, vor dem eigentlichen Text einen Dokumentenkopf zu erstellen, der einige zusätzliche Informationen zum Dokument bereithält.

Der dafür notwendige Tag lautet: *<HEAD>...</HEAD>*. Sofern Sie ihn verwenden, müssen Sie einen weiteren Tag benutzen, nämlich *<TITLE>...</TITLE>*. Dieser Tag bestimmt den Dokumententitel, wie er im Fensterrahmen des verwendeten Browsers angezeigt wird. Das *<HEAD>* und *</HEAD>* -Element hat keinen Einfluss auf das Aussehen des Textes selbst. Sehen Sie sich einmal das folgende Listing an:

```
<!DOCTYPE HTML PUBLIC "-//IETF//DTD HTML//EN//3.2">
<HTML>
<HEAD>
<TITLE>Willkommen zum bhv-Einsteigerseminar</TITLE>
</HEAD>
<BODY>
Hier steht Ihr Text!
</BODY>
</HTML>
```

Das Ergebnis, mit dem Browser von Netscape betrachtet, sehen Sie in Abb. 1.1. Darüber hinaus existieren noch einige weitere Elemente, die im *<HEAD>*-Bereich stehen können. Einen Teil von ihnen werden Sie in einem späteren Kapitel kennenlernen.

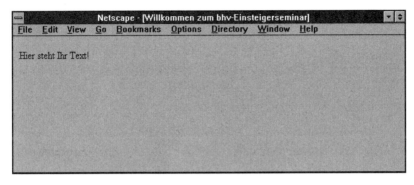

Abb. 1.1: Unser Listing in der Ansicht

1.7 Kommentare einfügen

Viele von Ihnen kennen wohl die Möglichkeit, innerhalb von sogenannten *Stapelverarbeitungsdateien* für Computer (*Batchdateien*) Einträge zu deaktivieren, indem sie durch ein vorangestelltes REM zu einem *Kommentar* (*Remark*) erklärt werden. Ein Computer, der solch eine Datei abarbeitet, überliest einfach die entsprechend markierten Befehlszeilen.

Auch innerhalb eines HTML-Dokuments können Sie beliebig viele Kommentare einfügen, die vom Browser ignoriert und deshalb nicht dargestellt werden.

Einen Kommentar machen Sie durch <*!--* und *-->* kenntlich. Jeder Text, der von diesen beiden Elementen begrenzt wird, gilt als Kommentar. Kommentare können Sie zum Beispiel dazu benutzen, ein längeres HTML-Dokument für den Bearbeiter zu gliedern. Wer Ihr Dokument später einmal verändern muss, findet sich dann vielleicht besser zurecht. Sie sollten auch daran denken, dass Sie selbst nach einiger Zeit vielleicht vergessen, mit welchen Tricks Sie Ihre Internet-Seiten einmal perfekt gestaltet hatten. Auch das Erstellungsdatum oder eine Versionsnummer fügen Sie per Kommentar ein, beispielsweise so:

```
<!--HTML Dokument bhv-Einsteigerseminar Version 1.1-->
```

1.8   Zusammenfassung und Fragen

Zusammenfassung

➤ HTML ist eine Seitenbeschreibungssprache

➤ HTML ist eine Instanz von SGML

➤ Mit HTML lassen sich Hypertexte erzeugen

➤ Die Formatierungsanweisungen für ein Dokument erfolgen mit sogenannten Tags

➤ Groß- oder Kleinschreibung spielt bei den Tags keine Rolle.

➤ In einem HTML-Dokument sind drei Elemente zwingend vorgeschrieben. Der Prologue Identifier und die folgenden Tag-Paare: *<HTML>...</HTML>* und *<BODY>...</BODY>*

Fragen

1. Was sollte in der ersten Zeile eines HTML-Textes stehen?

2. Ist dies ein gültiges HTML-Dokument? Wenn nein, warum nicht?

```
<HTML>
<H4>Willkommen zu meiner Home Page!</H4>
Ich freue mich, dass Sie hierher gefunden
haben.<P>
Besuchen Sie mich bald wieder!
</HTML>
```

3. Warum wird HTML auch als Instanz von SGML bezeichnet?

4. Ist dies eine gültige Verschachtelung?

```
Wenn Sie dieses Buch <B>aufmerksam <I> und </I> komplett
</B> durchlesen, werden Sie viel zum Thema HTML lernen.
```

5. Wie fügen Sie einen Kommentar in ein HTML-Dokument ein?

6. Wo steht der Titel eines Dokuments, der auch im Fensterrahmen des Browsers angezeigt wird?

2 Basis-Formatierungen

In diesem Kapitel werden Sie erlernen, wie Sie einfache Textformatierungen in HTML-Seiten festlegen.

2.1 Zeilenumbrüche und Absätze

Grundsätzlich behandelt jeder Browser wie *Netscape* oder *Mosaic* Ihr gesamtes HTML-Dokument als einen Fließtext – es sei denn, die verwendeten *Tags* bestimmen etwas anderes. Das bedeutet, dass Sie sich etwas in Ihrer Arbeitsweise umstellen müssen, wenn Sie bisher mit einer Textverarbeitung Ihre Dokumente erstellt haben. Wollen Sie in einem Text – wie zum Beispiel diesem – unabhängig vom automatischen Zeilenumbruch eine neue Zeile beginnen, betätigen Sie einmal ⏎ . Tun Sie dies in Ihrem Editor, den Sie zur Erstellung Ihres HTML-Dokuments benutzen, hat dies für die Anzeige des Textes keine Auswirkung. Das gleiche gilt auch für *Leerzeilen*. Wie viele davon Sie auch immer mit ihrem Editor eingegeben haben, sie werden vom Browser ignoriert.

Diese Tatsache hat aber auch ihre Vorteile. Ein fertiges Dokument mit allen Texten und Tags kann rasch einen ziemlichen Umfang annehmen. Da kann bei kleineren Änderungen schon einmal die Übersicht schwinden. Durch das Einfügen von Leerzeilen haben Sie die Möglichkeit, Ihren Text zu strukturieren.

Dies bedeutet nun nicht, dass Sie auf das Setzen von Zeilenumbrüchen oder das Einfügen eines neuen Absatzes verzichten müssen. HTML sieht für beide Formatierungen einen eigenen Tag vor.

Eine *neue Zeile* beginnen Sie mit *
*. Dieser Tag steht einzeln, erfordert also keinen weiteren Tag, der das Ende signalisiert. Das *BR* steht dabei für *line break*.

Der folgende HTML-Quelltext...

```
<!DOCTYPE HTML PUBLIC "-//IETF//DTD HTML//EN//3.2">
<HTML>
<BODY>
Ene mene muh <BR> raus bist Du <BR> raus bist Du noch
lange nicht
</BODY>
</HTML>
```

...wird deshalb aussehen, wie es Abbildung 2.1 darstellt.

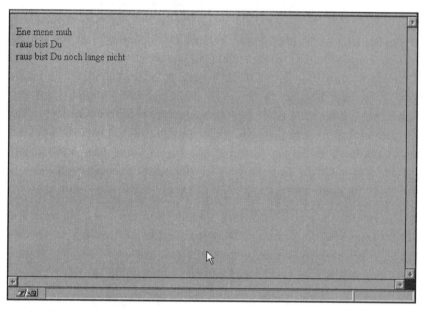

Abb. 2.1: So sieht unser Text aus

Manchmal reicht der Beginn einer neuen Zeile nicht aus, weil ein Text-
block deutlicher hervorgehoben werden soll. In solchen Fällen setzen
Sie einen *Absatz*. Der entsprechende HTML-Tag dafür ist *<P>*. Das *P*
steht dabei für *Paragraph*, die englische Bezeichnung für Absatz.

Der *Absatz*-Tag steht für sich allein, obwohl es sich eigentlich um ein Elemente-Paar handelt, nämlich *<P>* und *</P>*. Auf den abschließenden Tag kann aber in der Regel aus einem einfachen Grund verzichtet werden. Nehmen wir an, Sie haben einen Absatz bestimmt. Auf diesen Absatz folgt eine weitere Textpassage, an deren Ende Sie wieder einen Absatz setzen. Da Sie einen neuen Absatz eingeleitet haben, muss der vorherige beendet sein. Der Browser setzt dann implizit und von sich aus den abschließenden Tag. Wenn es mit der von Ihnen verwendeten Software einmal zu Problemen kommt, sollten Sie den abschließenden Tag allerdings selbst einfügen.

Sie können einen Absatz ganz nach Ihren Wünschen an jede beliebigen Stelle setzen. Ersetzen Sie in unserem Beispiel das *
* durch *<P>*, so sieht der Text bereits sehr viel übersichtlicher aus. Abbildung 2.2 zeigt das Ergebnis.

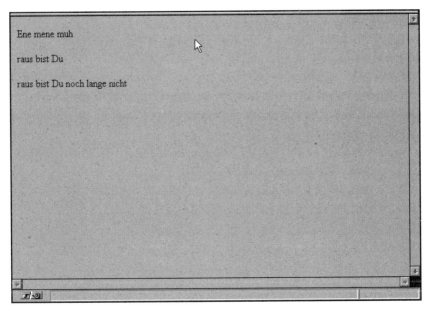

Ene mene muh

raus bist Du

raus bist Du noch lange nicht

Abb. 2.2: Unser Text unter Verwendung des *<P>*-Tags

Normalerweise werden Absätze linksbündig ausgerichtet. Es ist aber auch möglich, einen Absatz rechtsbündig oder zentriert zu gestalten. Dazu fügen Sie dem Absatz-Element das Attribut *ALIGN=* hinzu. Dieses Attribut kann folgende Werte annehmen:

➤ LEFT

Der Absatz wird linksbündig ausgerichtet. Diese Angabe ist allerdings meistens überflüssig, weil sie der Voreinstellung entspricht.

➤ CENTER

Der Absatz wird zentriert ausgerichtet.

➤ RIGHT

Der Absatz wird rechtsbündig ausgerichtet.

Im folgenden Beispiel soll der abschließende Tag *</P>* gesetzt werden.

Beispiel

```
<!DOCTYPE HTML PUBLIC "-//IETF//DTD HTML//EN//3.2">
<HTML>
<BODY>
<P>Dieser Text wird in einem eigenen Absatz stehen.</P>
Der folgende Absatz wird dann zentriert ausge-
richtet sein.
<P ALIGN=CENTER>Der darauffolgende Absatz soll am rechten
Rand ausgerichtet sein.</P>
<P ALIGN=RIGHT>So wie hier, wo der Text dichter am rechten
Rand steht.</P>
</BODY>
</HTML>
```

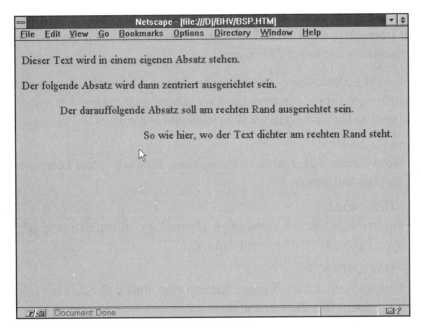

Abb. 2.3: Verschiedene Ausrichtungen von Absätzen

2.2 Überschriften

Längere Texte werden durch Überschriften übersichtlicher. Hätten Sie
Lust, dieses Buch durchzuarbeiten, wenn es keine Aufteilung in einzelne
Kapitel hätte? Die Gliederung eines Dokuments durch Überschriften er-
leichtert dem Leser die Orientierung. Außerdem können Passagen, die
Ihnen wichtig erscheinen, deutlich hervorgehoben werden.

HTML kennt sechs verschiedene Arten von Überschriften, deren Aussehen allerdings vom dem zur Ansicht verwendeten Browser abhängig ist.
Darüber hinaus hat der Benutzer die Möglichkeit, die verwendeten
Schrifttypen, -größen und -attribute innerhalb seines Browser selber zu
ändern. Das sollten Sie beim Erstellen Ihres Dokuments auf jeden Fall
berücksichtigen.

Der Tag für eine Überschrift tritt als Paar auf. *<H1>*...*</H1>* formatiert eine Überschrift des Levels 1. Analog sehen die einzelnen Tags für die Überschriften der Level 2 bis 6 aus.

Obwohl die Darstellung der unterschiedlichen Überschriften von den Einstellungen im verwendeten Browser abhängig ist, lassen sich immerhin typische Darstellungsarten skizzieren und festlegen.

➤ <H1>...</H1>
Großer Font, fett, zentrierte Darstellung. Eine oder zwei Leerzeilen darüber und darunter.

➤ <H2>...</H2>
Großer Font, fett, linksbündige Darstellung. Ebenfalls eine oder zwei Leerzeilen darüber und darunter.

➤ <H3>...</H3>
Großer Font, kursiv, kleiner Einzug vom linken Rand. Eine oder zwei Leerzeilen darüber und darunter.

➤ <H4>...</H4>
Normale Schriftgröße, fett, größerer Einzug wie bei H3. Eine Leerzeile darüber und darunter.

➤ <H5>...</H5>
Normale Schriftgröße, kursiv, größerer Einzug wie H4. Eine Leerzeile darüber.

➤ <H6>...</H6>
Fett, größerer Einzug wie H5. Eine Leerzeile darüber.

Erweitern Sie Ihren Beispieltext also um einige Überschriften:

```
<!DOCTYPE HTML PUBLIC "-//IETF//DTD HTML//EN//3.2">
<HTML>
<BODY>
<H1>Ein Gedicht-Ueberschrift H1</H1>
<H2>Dies ist wirklich ein tolles Gedicht-Ueberschrift H2</H2>
```

```
<H3>Na..so toll ist es auch wieder nicht-Ueberschrift H3</
H3>
Ene mene muh <br> raus bist Du <br> raus bist Du noch
lange nicht
<H4>Eine Ueberschrift einmal als Unterschrift-diesmal in
H4</H4>
<H5>Auch diese H5 Ueberschrift ist eine Unterschrift</H5>
<H6>Genauso wie H6</H6>
</BODY>
</HTML>
```

Abbildung 2.4 zeigt das Ergebnis.

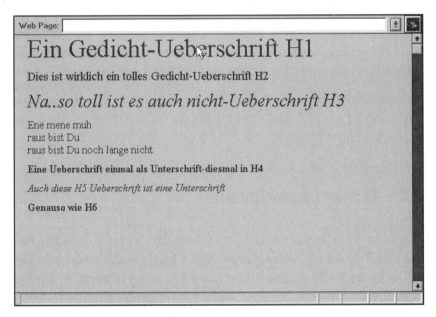

Abb. 2.4: Eine kleine Kollektion von Überschriften

Sie können die Überschriften in beliebiger Reihenfolge verwenden. Auf *<H1>* muss nicht zwangsläufig *<H2>* folgen. Dennoch empfiehlt sich in der täglichen Arbeit dieses Vorgehen, da es bei manchen Browser zu unvorhersehbaren Ergebnissen in der Darstellung führen kann, Überschriftenlevel zu überspringen.

2.3 Fetter und kursiver Text

Um einen Abschnitt aus einem Fließtext hervorzuheben, ist es am einfachsten, ihn **fett** oder *kursiv* erscheinen zu lassen. Für beides sieht HTML eine Lösung vor.

Um eine Passage fett anzeigen zu lassen, wird diese von *\<B>...\</B>* eingerahmt. Das *B* steht dabei für das Wort *bold*, der im angelsächsischen Sprachraum üblichen typographischen Bezeichnung für eine fett gedruckte Passage. Diese Formatierungsanweisung ist allerdings nur dann erfolgreich, wenn der Benutzer eines Browsers eine Schriftfamilie für Fließtext bestimmt hat, die das Attribut **fett** darstellen kann.

Genauso verhält es sich mit dem Attribut für *kursiv*. Der entsprechende Tag lautet *\<I>...\</I>*. Das *I* steht dabei für *Italic*. Damit werden in der englischen Sprache kursiv erscheinende Textteile bezeichnet.

2.4 Immer diese Umlaute!

Vielleicht ist es Ihnen bereits aufgefallen, dass bisher in unseren Beispiel-Listings keine Umlaute verwendet worden sind. Der Grund dafür sei an dieser Stelle erläutert. Wie Sie selber sehen werden, ist der Gebrauch von Umlauten in HTML nicht ganz unproblematisch. Der definierte Zeichensatz von HTML ist Latin-1 (ISO 8859/1). Dieser Zeichensatz enthält 256 Zeichen. Die ersten 128 Zeichen sind dabei mit dem bekannten ASCII-Standard-Zeichensatz identisch. Die zweiten 128 Zeichen werden von Sonderzeichen und Buchstaben für die meisten europäischen Sprachen gebildet. Dennoch kann es bei der Darstellung von Zeichen mit höheren ASCII-Codes als 128 zu Problemen kommen.

Das Internet wird von seinen Nutzern mit einer fast unüberschaubaren Zahl von Softwareprodukten benutzt. Nicht alle Programmierer haben dabei an die deutschen Umlaute gedacht. Gewöhnen Sie sich an, Umlaute und Sonderzeichen zu umschreiben. Damit ermöglichen Sie auch Benutzern exotischer Software, die unter einem völlig anderem Betriebssystem wie dem Ihren läuft, Ihre Texte korrekt dargestellt zu bekommen. Umlaute und Sonderzeichen können durch die Verwendung einer sogenannten *Entity* umschrieben werden. HTML stellt eine Reihe dieser Entities zur Verfügung.

Warum wurden diese Entities überhaupt gebildet? Dafür sind zwei Gründe verantwortlich. Zum einen bietet eine amerikanische Computertastatur gar keine Umlaute an, zum anderen könnten Zeichen wie das < oder > nicht verwendet werden, weil der Browser sie als Tags betrachten könnte.

In der Tabelle finden Sie eine Liste der Entities.

Zeichen	Entity	Zeichen	Entity
<	<	Å	Å
>	>	Ã	Ã
&	&	Ä	Ä
"	"	Ç	Ç
(c)	©	É	É
(r)	reg;	Ê	Ê
Æ	AElig;	È	È
Á	Á	Ë	Ë
Â	Â	Í	Í
Â	À	Î	Î

Zeichen	Entity	Zeichen	Entity
Ì	Ì	é	é
Ï	Ï	ê	ê
Ñ	Ñ	è	è
Ó	Ó	ë	ë
Ô	Ô	í	í
Ò	Ò	î	î
Ø	Ø	ì	ì
Õ	Õ	ï	ï
Ö	Ö	ñ	ñ
Ò	Ú	ó	ó
Û	Û	ô	ô
Ù	Ù	ò	ò
Ü	Ü	ø	ø
Ý	Ý	õ	õ
á	á	ö	ö
â	â	ß	ß
æ	æ	ú	ú
à	à	û	û
å	å	ù	ù
ã	ã	ü	ü
ä	ä	ý	ý
ç	ç	ÿ	ÿ

Nun haben Sie bereits alle grundlegenden Formatierungen kennengelernt, um eine recht ansprechende Seite zu gestalten:

Beispiel

```
<!DOCTYPE HTML PUBLIC "-//IETF//DTD HTML//EN//3.2">
<HTML>
```

```
<HEAD>
<TITLE>
Das Ende des zweiten Kapitels
</TITLE>
</HEAD>
<!--Ab hier beginnt der eigentliche Text-->
<BODY>
<H1>Das Ende des zweiten Kapitels</H1>
Liebe Leser!
<BR>
Hiermit sind wir bereits am Ende des zweiten Kapitels
angelangt.<BR>
Wie Sie sehen, ist HTML &uuml;berhaupt nicht schwer.
<P>
HTML kann viel <B>Spa&szlig;</B> machen!
<H2>Hypertext</H2>
Im n&auml;chsten Kapitel erfahren wir, wie man aus
HTML-Dokumenten <I>Hypertexte</I> macht.
</BODY>
</HTML>
```

Sehen Sie sich das Ergebnis in Abbildung 2.5 selber an. Sieht doch schon ganz gut aus, oder?

Im nächsten Kapitel erfahren Sie, wie Sie aus Ihren HTML-Dokumenten *Hypertexte* machen können – oh, Verzeihung: können.

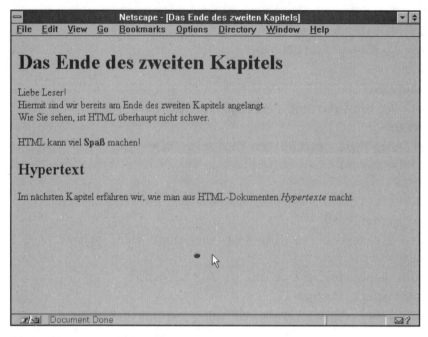

Abb. 2.5: Unser erster »richtiger« Text

2.5 Zusammenfassung und Fragen

Zusammenfassung

➤ Zeilenumbrüche müssen mit dem Tag *
* formatiert werden.

➤ Absätze werden durch *<P>* gesetzt.

➤ HTML kennt sechs verschiedene Überschriftentypen. Das Erscheinungsbild der Überschriften beim Leser ist davon abhängig, welche Anzeigesoftware dieser benutzt.

➤ Um Text **fett** zu gestalten, wird er von *<B>* und *</B>* umrahmt.

➤ Kursiven Text erzielen Sie mittels *<I>* und *</I>*.

➤ Umlaute und Sonderzeichen sollten durch sogenannte Entities umschrieben werden. Dabei handelt es sich um Zeichenkombinationen, die in der Anzeigesoftware für die korrekte Anzeige der Sonderzeichen sorgen.

Fragen

1. Was ist ein Entity?

2. Wie lauten die Entities für folgende deutsche Umlaute? Ä, Ö, Ü, ä, ö, ü.

3. Wie lautet die Entity-Variante für das ß?

4. Worin unterscheiden sich *
* und *<P>* voneinander?

5. Wieso lautet die Abkürzung für fett erscheinende Passagen *<B>*?

6. Können *<B>* und *<I>* alleine stehen?

7. Wieso ist das Aussehen von Überschriften von der Anzeigesoftware abhängig, die der Leser verwendet?

8. Wieso kann das Element *<P>* alleine stehen?

9. Wie richten Sie einen Absatz rechtsbündig aus?

10. Was ist hier falsch?

```
<!DOCTYPE HTML PUBLIC "-//IETF//DTD HTML//EN//3.2">
<HTML>
<HEAD>
</HFAD>

<H2>Dies ist ein Beispieltext.</H2>

In diesen Beispiel <B> wurden einige <I>Fehler</B> ver-
steckt</I>.<BR>
```

```
Vielleicht finden Sie ja alle! Das w&Auml;re 'sch&ouml;n!

</BODY>
</HTML>
```

Insgesamt 3 Fehler sind enthalten!

File   Options   Navigate   Goto   Help

Document URL: book://das.einsteiger.seminar/index.html

Einsteigerseminar HTML

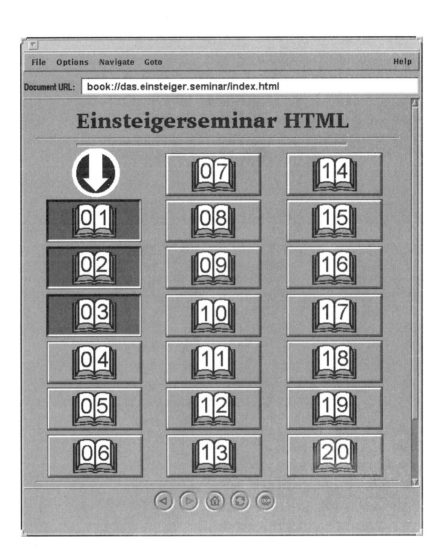

3 Hypertexte

Den Begriff *Hypertext* haben Sie bereits kennengelernt. Ein Hypertext verweist auf weitere Informationen, die sich innerhalb des gleichen oder eines anderen Dokuments befinden können. Das *Hypertext Transfer Protocol (HTTP)* des Internets macht sogar Verweise auf Dokumente möglich, die auf Tausende von Kilometern entfernten Rechnern gespeichert sind. Ein Mausklick, und Sie sind dort!

HTML erlaubt Verweise:

➤ Innerhalb eines Dokumentes.

➤ Auf ein anderes Dokument, das sich auf dem gleichen Rechner befindet.

➤ Auf einen Internet-Dienst.

Gerade der letzte Punkt macht HTML so interessant für das Internet. Während vor der Einführung von HTTP für jeden Internet-Dienst wie E-Mail (elektronische Post) oder File Transfer Protocol (FTP = Datenfernübertragung) eine eigene Software gestartet werden musste, können diese Dienste heute in den Browser integriert werden. Wieder reicht ein Mausklick auf einen Verweis, einen *Link*, um einen anderen Rechner anzurufen und beispielsweise mittels FTP eine Datei auf den eigenen PC zu übertragen.

Wollen Sie von einem Punkt zu einem anderen springen, müssen Sie ich zunächst einmal darüber klar werden, wo genau Sie abspringen wollen, um das Ziel zu erreichen. Weitspringer markieren sich ja nicht umsonst ihren genauen Absprungpunkt am Rande der Anlaufstrecke!

Ähnlich ist die Vorgehensweise beim Hypertext. Sie müssen zunächst in Ihrem Dokument einen Bereich festlegen, vom dem aus auf einen anderen Punkt verwiesen wird, um anschließend das Ziel festzulegen. Wie das geht, sehen Sie auf den folgenden Seiten.

3.1 Links im gleichen Dokument

Die einfachste Art eines HTML-Verweises auf eine weitere Information bezieht sich auf eine Textstelle innerhalb desselben Dokuments. Stellen Sie sich vor, Sie haben einen umfangreichen Bericht über Ihre letzte Urlaubsreise geschrieben, deren einzelne Stationen Sie anderen Benutzern im Internet präsentieren wollen. Im obersten Teil der Seite plazieren Sie eine kurze Übersicht über Ihre Tour. Um einen bestimmten Abschnitt herauszugreifen, muss der Leser sich dann aber durch den ganzen Text bewegen. Da haben Links zu den einzelnen Passagen Sinn. Ebenso komfortabel ist es, einen Link am Ende jeder Passage einzufügen, der wieder zurück zum Inhaltsverzeichnis führt.

Die Start- und Zielpunkte eines Links fügen Sie mit Hilfe des *Anchor-Tags* ein. Diese Anker sind definiert durch die Zeichen *<A>* und *</A>*.

Um eine Passage eines Dokumentes zu einem Zielpunkt für einen Link zu machen, lautet die Syntax:

```
<A NAME="TEST">Hier steht Ihr Text</A>
```

Eine Zeichenfolge, die Sie als Wert für *NAME=* definieren, darf in Ihrem Dokument nur *einmal* zu diesem Zweck *verwendet* werden. Die Namensangabe steht in Anführungszeichen.

Um einen Link auf eine andere Information zu erstellen, benutzen Sie wieder das Paar *<A>...</A>*. Anstelle des Attributs *NAME=* kommt hier aber *HREF=* zur Anwendung. Um auf den Abschnitt TEST zu verweisen, erstellen Sie folgende Zeile:

```
<A HREF="#TEST">Dies ist ein Link</A>
```

Um einen Verweis innerhalb eines Dokuments zu erstellen, benötigt das Attribut *HREF=* also den Namen der Sprungadresse mit einem vorangestellten Nummernzeichen (#).

Abbildung 3.1 zeigt unseren Beispiellink.

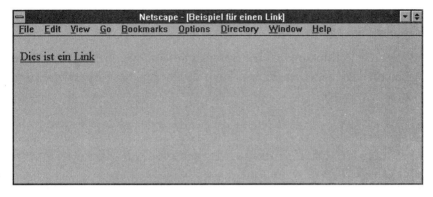

Abb. 3.1: Der Link aus unserem Beispiel

3.2 Links auf andere Dokumente

In der Praxis wird es sicherlich häufiger vorkommen, dass Sie auf andere Dokumente verweisen. Das Arbeiten mit Kapiteln und einzelnen Texten entspricht eher unseren Arbeits- und Lesegewohnheiten. Zudem hat das Aufteilen eines langen Textes in einzelne HTML-Dokumente durchaus Sinn, wenn der Text tatsächlich im Internet präsentiert werden soll. Spalten Sie einen umfangreichen Text in mehrere einzelne Dokumente auf und lassen Sie den Leser entscheiden, ob er weiterlesen will. Andernfalls zwingen Sie ihn, die Übertragung eines langen Textes abzuwarten, bevor er sich dem eigentlichen Inhalt zuwenden kann.

Die Syntax für einen Verweis auf ein anderes Dokument ist den Verweisen innerhalb des gleichen Dokuments sehr ähnlich. Anstelle der Sprungadresse, die Sie im vorigen Kapitel kennengelernt haben, verwenden Sie hier den *Namen des Zieldokuments*. Die Datei-Extension für HTML- Dokumente lautet in der Welt der IBM-kompatiblen PCs in der Regel htm. Ist das Dokument auf einem Internet-Server abgelegt, wird die Dateierweiterung meist *html* lauten.

```
<A HREF="DOKUMENT.HTML">Und noch ein Link</A>
```

In diesem Beispiel wird nach einem Klick auf den Link das Dokument *dokument.html* aufgerufen.

Verfügt das Zieldokument über Sprungadressen, wie Sie sie im vorigen Abschnitt kennengelernt haben, kann direkt auf diese Sprungadressen verwiesen werden.

Beispiel

```
<A HREF="DOKUMENT.HTML#TEST">Verweis    auf    eine    Sprung-
adresse in einem anderem Dokument</A>
```

Dieses Beispiel würde auf die Sprungadresse *Test* im Dokument *DOKU-MENT.HTML* verweisen. Sie müssen also den Namen des Zieldokuments und die Sprungadresse eingeben, getrennt durch ein Nummernzeichen.

Befindet sich das Dokument, auf das verwiesen werden soll, im gleichen Verzeichnis wie das Ausgangsdokument, so reicht die Angabe des Dateinamens völlig aus. Anders verhält es sich, wenn es sich in einem anderen Verzeichnis befindet. In einem solchen Fall muss der *relative* bzw. der *absolute Pfadname* angegeben werden. Dabei gilt es zu beachten:

➤ Verzeichnisse werden mit einem normalen Schrägstrich / markiert, nicht mit einem Backslash, wie Sie es von Ihrem heimischen DOS-PC vielleicht gewohnt sind. Dies gilt auch für den Fall, dass es sich bei dem Rechner, auf dem die HTML-Dokumente gespeichert sind, um einen DOS-Rechner handelt.

➤ Der Pfadname muss zusammen mit dem Dateinamen in Anführungszeichen eingeschlossen sein.

➤ Es muss der *Protokolltyp* angegeben werden. Bei einem Verweis auf einen DOS-PC ist dies der Ausdruck *FILE://*.

➤ Es folgt der Name des lokalen Rechners, bei Ihrem PC ist dies *LOCALHOST.*

➤ Dann wird der absolute Pfadname angegeben.

➤ Schließlich der Name des Dokuments.

Wenn Sie auf ein Dokument mit den Namen INHALT verweisen wollen, das sich im Verzeichnis E:\DATEN befindet, muss der Link so aussehen:

Beispiel

```
<HTML>
<BODY>
<A HREF="FILE://LOCALHOST/E:/DATEN/INHALT.HTM"> Dies ist
ein Link zum Inhalt </A>
</BODY>
</HTML>
```

3.3 Links auf andere Rechner und Internet-Dienste

Das *World Wide Web* im Internet verknüpft auf elegante Art und Weise Dokumente miteinander, die auf Rechnern gespeichert sind, die Länder und Kontinente voneinander entfernt sein können. Wie Sie bereits erfahren haben, liegt dem World Wide Web das *Hypertext Transmission Protocol* zugrunde, das nicht nur diese Verknüpfungen mit anderen Dokumenten gestattet, sondern auch mit anderen Diensten im Internet. In diesem Abschnitt erfahren Sie, wie solche Verknüpfungen erstellt werden.

Um mit Ihrem Browser ein Angebot im World Wide Web aufzurufen, müssen Sie die sogenannte *URL* angeben. Dabei handelt es sich um die Abkürzung von *Uniform Ressource Locators*. Mussten vorher lange Ziffernfolgen eingetippt werden, um sich in einen bestimmten Rechner einzuwählen, hat sich das Arbeiten im Internet durch die URLs deutlich vereinfacht. Eine URL hat die Form:

➤ Dienstbezeichnung://Internet-Adresse:Portnummer/Dateiname

Die *Dienstbezeichnung* legt fest, über welches Übertragungsprotokoll die beiden Computer miteinander kommunizieren sollen. Im World

---

Wide Web handelt es sich dabei – wie schon erwähnt – um das *Hypertext Transmission Protokoll*(HTTP). Die *Internet-Adresse* bezeichnet den anderen Computer eindeutig. Jeder Rechner innerhalb des Internets hat seinen eigenen Namen, unter dem er erreicht werden kann. Die Portnummer legt fest, über welchen *Port* – über welche »Leitung« – nach draußen kommuniziert wird. Die *Portnummer* kann aber meist weggelassen werden, da die Software des Servers für die einzelnen Internet-Dienste standardisierte Ports benutzt. So ist im World Wide Web die Standardportnummer 80. Schließlich wird noch der Name der Datei bestimmt, die übertragen werden soll.

Das (fiktive) Dokument INDEX.HTML auf dem World Wide Web Server der Firma HotWired würden Sie also unter der folgenden Adresse erreichen:

`HTTP://WWW.HOTWIRED.COM/INDEX.HTML`

Um nun auf ein Dokument zu verweisen, das sich auf einem anderen Rechner befindet, wird diese URL in den Anker-Tag *<A>...</A>* eingebunden.

Beispiel

`<A HREF="http://www.wired.com/index.html">...</A>`

In diesem Beispiel legen sie einen Link auf den World-Wide-Web-Server der Firma *Wired*. Das (fiktive) Dokument *Index.html* soll aufgerufen werden.

Seien Sie bei der Erstellung eines solchen Links möglichst akkurat. Ihre Leser werden verärgert sein, wenn sie eine Fehlermeldung erhalten, die besagt, dass das entsprechende Dokument oder Verzeichnis nicht auf dem angerufenen Server existiert. Kontrollieren Sie also, ob Sie wirklich alle Verzeichnisse und Unterverzeichnisse des Servers angegeben haben, und noch wichtiger: ob Sie diese auch alle richtig geschrieben haben.

Die Browser gestatten es auch unerfahrenen Nutzern, komfortabel Dienste des Internets zu nutzen, für die vorher eine spezielle Software benötigt wurde. Eine beliebte Anwendung im Internet ist die Datenübertragung mittels des *File Transfer Protocols*. Die Benutzer loggen sich wie in eine Mailbox ein und können sich Daten auf den eigenen Rechner laden.

Sie können einen Link auf einen FTP-Server in Ihre HTML-Dokumente einbinden:

```
<A HREF="ftp://ftp.ibm.com">...</A>
```

In aller Regel brauchen die Benutzer einen Benutzernamen und ein Passwort, um einen FTP-Server nutzen zu können. Viele Betreiber dieser Rechner haben aber einige Verzeichnisse der Öffentlichkeit zugänglich gemacht. Es besteht die Möglichkeit, sich als Gast auf einem solchen Server zu bewegen. Dazu gibt man als Benutzernamen *anonymous* an. Die eigene E-Mail-Adresse fungiert dabei als Passwort. Dieses Verfahren, sich auf einen FTP-Server einzuloggen, wird auch *anonymous-ftp* genannt. Bei den Web-Browsern ist dies zugleich die Voreinstellung, wenn Sie einen entsprechenden FTP-Link plazieren.

Das Internet bietet eine Reihe von Suchmöglichkeiten für sein Meer an Informationen an. Eine davon ist *Gopher*. Auch Gopher hat die Aufgabe, Informationen übersichtlich zu präsentieren. Der Benutzer sucht nach einem bestimmten Thema und bekommt anschließend eine Menü-Auswahl präsentiert, hinter der sich Dokumente und Dateien zum gewünschten Begriff verbergen. Auch eine Verbindung zu einem Gopher-Server können Sie in Ihr HTML-Dokument aufnehmen.

Beispiel   `<A HREF="gopher://...">...</A>`

Einer der am häufigsten gebrauchten Links auf einen anderen Dienst dürfte die Option sein, dem Verfasser einer HTML-Seite oder einer beliebigen anderen Person eine E-Mail zukommen zu lassen. Wird ein solcher Link aktiviert, öffnet sich die entsprechende Mail-Dialogbox des verwendeten Browsers.

```
<A HREF="mailto:100101.2055@compuserve.com>...</A>
```

In diesem Beispiel würden Sie dem Verfasser dieser Zeilen eine E-Mail an seinen CompuServe-Account senden.

Der Browser *Netscape* erlaubt es bei diesem Link sogar, den *Betreff* der Nachricht im voraus zu definieren.

```
<A HREF="mailto:100101.2055@compuserve.com?subject=Dieses
Buch ist phantastisch">...</A>
```

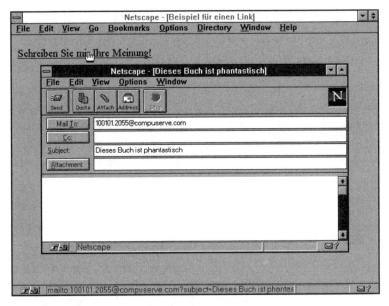

Abb. 3.2: Das richtige Feedback mit Mailto

Auf diese Weise würden die Leser Ihrer Seite mir nach Auswählen des Links eine Mail schreiben, die ihre Meinung zu diesem Buch ganz automatisch klar und deutlich widerspiegelt.

Innerhalb der *Newsgroups* wird im Internet so ziemlich über jedes erdenkliche Thema diskutiert und gestritten, das sich denken lässt. Vielleicht haben Sie ja selbst eine interessante Newsgroup entdeckt, die andere kennen sollten? Auf komfortable Art und Weise fügen Sie einen Link auf ein Diskussionsforum ein:

Beispiel `<A HREF="news:Name der Gruppe">...</A>`

Hinweis Nicht alle Newsgroups stehen auf jedem News-Server zur Verfügung. Da in der Praxis fast jeder Leser Ihrer Dokumente einen anderen News-Server benutzt, sollten Sie diesen Link nur recht vorsichtig einsetzen. In Betracht kommt er wohl nur bei sehr populären Newsgroups, von denen man sich sicher sein kann, dass sie fast auf jedem Server zur Verfügung stehen.

Darüber hinaus steht Ihnen aber auch die Option offen, mittels eines Links eine Verbindung zu einem völlig anderen News-Server aufzubauen als zu demjenigen, den der Leser vorab eingestellt hat.

Beispiel `<A HREF="nntp://news.compuserve.com">...</A>`

In diesem Falle würde der Newsgruppen-Server der Firma CompuServe ausgewählt.

Mit *Telnet* können Sie mit Ihrem PC zu Hause einen großen Mainframe-Rechner bedienen. Dies erfordert allerdings einige UNIX-Kenntnisse. Sofern Sie Ihren Lesern ermöglichen wollen, Telnet zu nutzen, können Sie dies in HTML ebenfalls tun.

Beispiel `<A HREF="telnet://Name des Servers">...</A>`

Hinweis Eine Telnet-Sitzung werden Ihre Leser nur dann aufbauen können, wenn sie eine entsprechende Zusatzsoftware, einen *Telnet-Klienten*, installiert und als externe Applikation im Setup des Browsers eingetragen haben.

3.4 Zusammenfassung und Fragen

Zusammenfassung

Hypertextdokumente entstehen in HTML durch *Links*. Links können sich beziehen auf:

→ Textstellen innerhalb des gleichen Dokuments

→ Auf ein andere Dokumente auf dem gleichen Rechner

→ Auf ein andere Dokumente auf entfernten Rechnern

→ Auf einen Internet-Dienst

→ Der Tag für einen Link ist allgemein *<A>...</A>*

→ Dieser Tag wird erweitert durch das Attribut *HREF=* oder *NAME=*.

→ Das Attribut *NAME* definiert in einem Dokument einen bestimmten Bereich, zu dem gesprungen werden kann.

→ Das Attribut *HREF* definiert ein Dokument, einen Rechner oder einen Internet-Dienst, auf den verwiesen werden soll.

→ Die Argumente von *HREF* und *NAME* müssen in Anführungszeichen stehen.

→ Sofern Sie einen Link auf eine Newsgroup legen, sollte es sich dabei um eine sehr verbreitete Diskussionsgruppe handeln, da Ihr Verweis sonst leicht ins Leere läuft.

→ Ein Link auf einen Telnet-Rechner ist nur dann erfolgreich, wenn der Leser des Dokuments eine Zusatzsoftware auf seinem Rechner installiert hat.

Fragen

1. Wie definieren Sie eine Zielmarke mit dem Namen *BHV* in einem Dokument?

2. Wie erstellen Sie einen Verweis auf eine E-Mail? Benutzen Sie dafür die Internet Adresse: 100101.2055@compuserve.com.

3. Wie erstellen Sie einen Link auf den Rechner der Firma IBM im World Wide Web? Hilfe: Die Adresse lautet WWW.IBM.COM

4. Warum kann der folgende Link nicht aufgerufen werden? <HREF=HTTP://WWW.MICROSOFT.COM>

5. Was sollten Sie bei einem Verweis auf eine Newsgroup unbedingt beachten?

6. Ergänzen Sie bitte den Verweis aus Frage 2 um einen Betreff der E-Mail nach Ihrer Wahl.

7. Richten Sie einen Verweis auf den FTP-Server *HK.COM* der fiktiven Firma HK ein.

Einsteigerseminar HTML

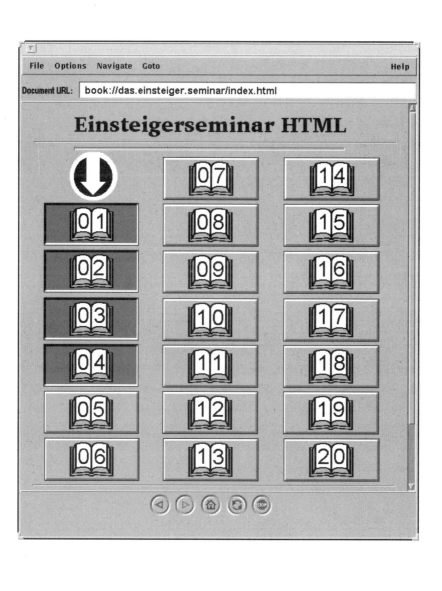

4 Verfeinerung des Schriftbildes

Im Kapitel 2 haben Sie die wichtigsten Formatierungen für den Fließtext kennengelernt, wie *kursiv* oder *fett*. Doch HTML bietet eine Vielzahl weiterer Formatierungen, mit deren Hilfe das Schriftbild der eigenen Dokumente verfeinert werden kann. Um diese Möglichkeiten von HTML soll es in diesem Kapitel gehen.

4.1 Linien

Ein Blick in Ihre Tageszeitung bestätigt immer wieder, dass neben Überschriften und Zwischenüberschriften Linien eine hervorragende Möglichkeit sind, Texte übersichtlich zu gestalten. HTML vermag *horizontale Linien* in Ihre Dokumente einzufügen.

Eine solche Linie wird durch den einfachen Tag *<HR>* erstellt.

Beispiel

```
<!DOCTYPE HTML PUBLIC "-//IETF//DTD HTML//EN//3.2">
<HTML>
<BODY>
Achtung, es folgt eine Linie<HR>
</BODY>
</HTML>
```

Das *<HR>*-Element weist den Browser an, an dieser Stelle in der Regel eine schattierte, wie graviert erscheinende, durchgängige Linie einzufügen.

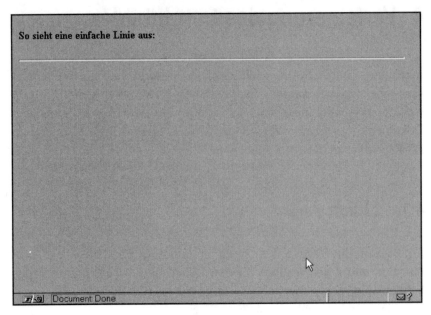

So sieht eine einfache Linie aus:

Document Done

Abb. 4.1: Eine einfache Line, erstellt mit <HR>

Dieses Element wurde von einer Reihe von Browsern um einige Optionen erweitert.

Die Befehlszeile

```
<HR SIZE=Zahl>
```

erlaubt es dem Autor, festzulegen, wie dick die Linie sein soll. Abbildung 4.2 zeigt eine kleine Auswahl.

Die eingefügte Linie ist standardmäßig immer so breit wie die gesamte Seite.

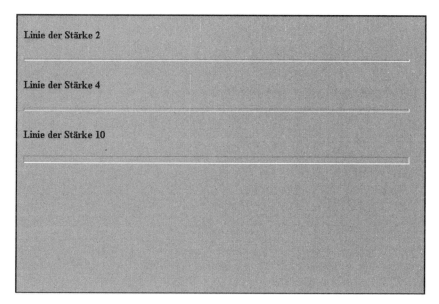

Abb. 4.2: Einige Linienstärken

Der Befehl

`<HR WIDTH=Zahl/Prozentangabe>`

lässt Sie Einfluss auf die Breite der Linien nehmen. Dabei können Sie entweder einen absoluten Zahlenwert – gemessen in Pixeln – festlegen, oder eine Angabe in Prozent eintragen, bezogen auf die gesamte Breite der Seite (siehe Abbildung 4.3).

Da sich mit der gerade erwähnten Option auch sehr kurze Linien erstellen lassen, ist es sinnvoll, anzugeben, ob die Linie nun am linken Rand oder am rechten Rand beginnen soll bzw. ob sie auf der Seite zentriert ist.

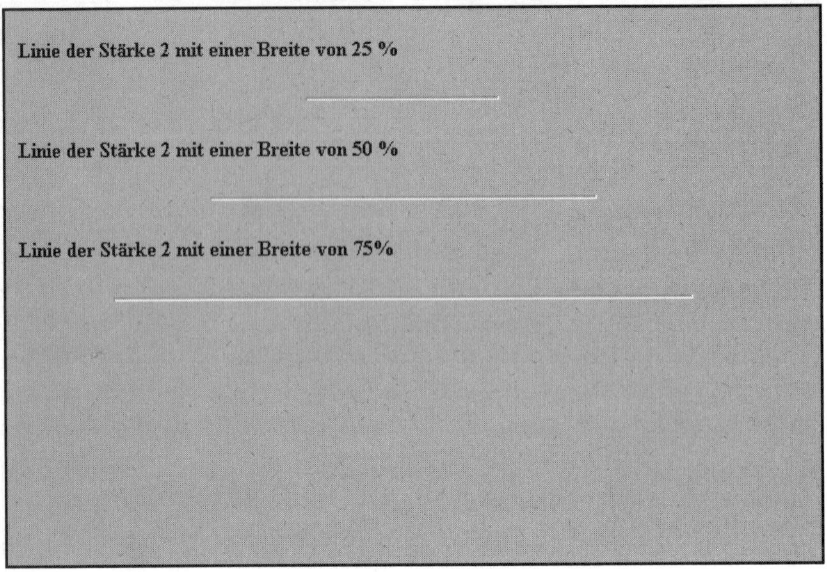

Linie der Stärke 2 mit einer Breite von 25 %

Linie der Stärke 2 mit einer Breite von 50 %

Linie der Stärke 2 mit einer Breite von 75%

Abb. 4.3: Linien mit unterschiedlichen Breiten

Hinweis Für die Ausrichtung eines Textelementes wird allgemein das Attribut *ALIGN* verwendet. Es wird Ihnen im Laufe des Buches noch häufiger begegnen.

Die einzelnen Befehle seien hier kurz aufgeführt.

Für den Beginn am linken Rand:

```
<HR ALIGN=LEFT>
```

Für den Beginn am rechten Rand:

```
<HR ALIGN=RIGHT>
```

Für zentrierte Darstellung:

```
<HR ALIGN=CENTER>
```

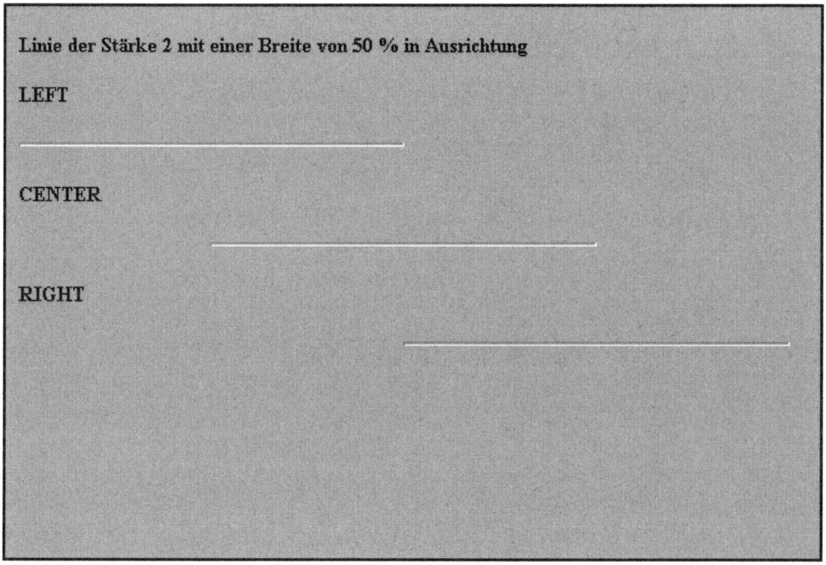

```
Linie der Stärke 2 mit einer Breite von 50 % in Ausrichtung

LEFT


CENTER


RIGHT
```

Abb. 4.4: Die unterschiedlichen Ausrichtungen von Linien

Jede eingefügte Linie wird schattiert dargestellt. Wünschen Sie dies nicht, lässt sich dieser Effekt aufheben. Damit erreichen Sie einen voll ausgefüllten Block, der Ihre Seiten aufteilt:

```
<HR NOSHADE>
```

Schließlich können Sie auch noch bestimmen, in welcher Farbe die Linie erscheinen soll. Dafür werden die verschiedenen Rot-, Gelb- und Blauanteile bestimmt.

```
<HR COLOR=#RRGGBB>
```

Mehr über Farbdefinitionen in HTML erfahren Sie im 10. Kapitel.

Selbstverständlich können Sie alle diese Effekte miteinander verbinden.

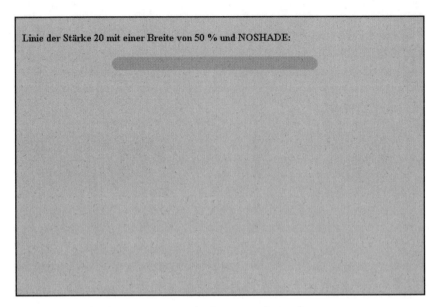

Abb. 4.5: Mit NOSHADE lassen sich massive Blöcke erstellen

4.2 Unterstreichen

Kaum ein Text kommt ohne Unterstreichungen aus. Mit HTML können Sie nach Belieben einzelne Worte oder Passagen unterstreichen. Dafür verwenden Sie das Paar *<U>...</U>*. Dieses Element wird bisher vom Netscape Navigator 2.0 nicht unterstützt, jedoch stellen die letzte Beta-Version des NSCA Mosaic 2.0 und der Internet Explorer 2.0 von Microsoft Unterstreichungen korrekt dar.

Beispiel

```
<!DOCTYPE HTML PUBLIC "-//IETF//DTD HTML//EN//3.2">
<HTML>
<BODY>
Als Newton einmal unter einem Baum lag, fiel Ihm ein Apfel
```

```
auf den Kopf.<BR>
Diese Geschichte steht fast in jedem Lehrbuch der Physik,
um das Kapitel &uuml;ber<br>die <U>Schwerkraft</U> einzu-
leiten.
</BODY>
</HTML>
```

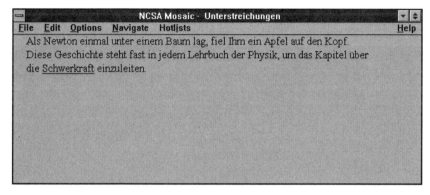

Abb. 4.6: Die unterstrichene Passage aus unserem Beispiel

4.3 Durchstreichen

Ein Abschnitt für das Durchstreichen von Texten? Ja, genau! Die Möglichkeit, etwas durchzustreichen, ist vom Nutzwert her nicht zu unter-
schätzen – denken Sie nur einmal an den Preisvergleich bei Sonderange-
boten. In manchen Bereichen der Programmierung ist Durchstreichen
sogar zwingend notwendig. Dies gilt zum Beispiel dann, wenn Sie Win-
dows-Hilfe-Dateien erstellen wollen. Um einen Text durchzustreichen,
verwenden Sie das Paar *<STRIKE>...</STRIKE>*.

Beispiel

```
<!DOCTYPE HTML PUBLIC "-//IETF//DTD HTML//EN//3.2">
<HTML>
```

```
<BODY>
Ganz neu! Drastisch reduzierte Preise!<br>
Pentium 90 Board statt <strike>DM 365</strike> jetzt nur
noch:
DM 50 <br>
Greifen Sie zu!
</BODY>
</HTML>
```

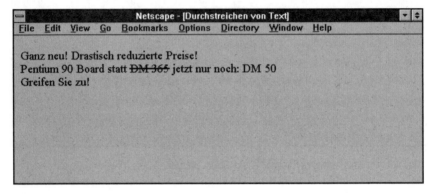

Abb. 4.7: Durchgestrichener Text

Bei diesem Tag handelt es sich um ein HTML-3.2-Element, das bisher
nur vom Internet Explorer und vom Netscape Navigator in dieser Form
unterstützt wird. Arbeitet Ihr Leser mit einem anderen Browser, muss er
auf diese Formatierung verzichten.

Der Browser Mosaic verwendet ein anderes Paar, nämlich *<S>...</S>*.
Dieses wird auch vom Internet Explorer unterstützt, allerdings nicht
vom Netscape-Browser.

4.4 Größere Schriften

Obwohl aus der Sicht der professionellen Typographie zu viele unterschiedliche Fontgrößen in einem Text als unpassend empfunden werden, kann in HTML 3.2 die Schriftgröße des Fließtextes recht frei manipuliert werden. Der Wechsel der Schriftgröße ist ein geeignetes Mittel, den Leser auf einen bestimmten Begriff hinzuweisen, zum Beispiel ein Fachwort.

Um einen größeren Font als für den übrigen Fließtext zu verwenden, wird das *<BIG>...</BIG>*-Element verwendet.

Beispiel

```
<!DOCTYPE HTML PUBLIC "-//IETF//DTD HTML//EN//3.2">
<HTML>
<BODY>
Liebe Leser!<p>
Hier handelt es sich um ganz normalen Text, ganz in Gegen-
satz zu diesem <BIG>vergr&ouml;&szlig;erten Text</BIG>. Ab
hier wird wieder der normale Font verwendet.
</BODY>
</HTML>
```

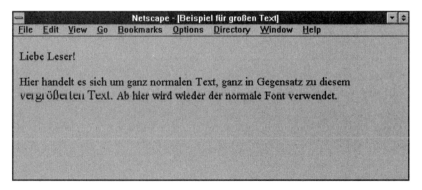

Abb. 4.8: *<BIG>* vergrößert Text

Auch bei diesem Element handelt es sich um eine Spezifikation von HTML 3.2. Unterstützt wird der Tag vom Internet Explorer und dem Netscape Navigator.

Das Erscheinungsbild der vergrößerten Passage beim Leser ist abhängig von den im Browser eingestellten Schriftgrößen bzw. von den Einstellungen der Tags *<FONT SIZE=...>* und *<BASEFONT SIZE=...>*, die Sie später noch kennenlernen werden.

4.5   Kleinere Schriften

Wo ich einen Text vergrößern kann, gibt es sicher auch einen Weg, die Schriftart zu verkleinern. Richtig! Das Gegenstück zu *<BIG>* bildet das Element *<SMALL>...</SMALL>*

Alles, was zum Element *<BIG>* gesagt wurde, gilt auch hier. Das Erscheinungsbild beim Leser ist von den Einstellungen des Browsers abhängig. Unterstützt wird der Tag nur vom Netscape Navigator und dem Internet Explorer.

Beispiel

```
<!DOCTYPE HTML PUBLIC "-//IETF//DTD HTML//EN//3.2">
<HTML>
<BODY>
Liebe Leser!<P>
Manchmal m&ouml;chte man einen Begriff durch eine
<SMALL>verkleinerte Darstellung</SMALL> optisch hervortre-
ten lassen, wie in unserem kleinen Beispiel.
</BODY>
</HTML>
```

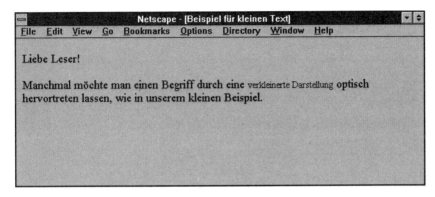

Abb. 4.9: <SMALL> verkleinert Text

4.6 Hochgestellte Zeichen

Hochgestellte Zeichen werden immer wieder benötigt, sei es in mathematischen Formeln oder zur Kennzeichnung von Anmerkungen. HTML 3.2 erlaubt mittels ^{...} das Hochstellen von Zeichen. Dieser Tag wird allerdings bisher nur vom Netscape Navigator richtig interpretiert.

Beispiel

```
<!DOCTYPE HTML PUBLIC "-//IETF//DTD HTML//EN//3.2">
<HTML>
<BODY>
Manchmal kommt es vor, da&szlig; der Autor ein Zeichen
hochstellen m&ouml;chte, wie zum Beispiel in Formel:<P>
Der Satz des Pythagoras:
c<SUP>2</SUP>=a<SUP>2</SUP>+b<SUP>2</SUP><P>
Das sieht schon ganz ordentlich aus, oder?
</BODY>
</HTML>
```

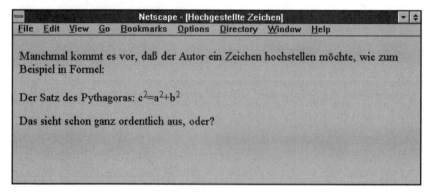

Abb. 4.10: Erzeugen eines mathematischen Ausdrucks mit *<SUP>*

SUP leitet sich übrigens vom englischen *superior* ab, was »höherlie-gend« bedeutet.

Wenn Sie unsere Abbildung 4.10 betrachten, fällt Ihnen sicher auf, dass die hochgestellten Ziffern die gleiche Schriftgröße besitzen wie der übrige Fließtext. Üblicherweise werden aber hochgestellte Zeichen in einer kleineren Schriftgröße gesetzt. Durch eine Kombination von *<SUP>* und dem Element *<SMALL>*, das von Netscape ja unterstützt wird, kann dieser Effekt erreicht werden:

Beispiel

```
<!DOCTYPE HTML PUBLIC "-//IETF//DTD HTML//EN//3.2">
<HTML>
<BODY>
Manchmal kommt es vor, da&szlig; der Autor ein Zeichen
hochstellen m&ouml;chte, wie zum Beispiel in Formel:<p>
Der Satz des Pythagoras:
c<SUP><SMALL>2</SMALL></SUP>=a<SUP><SMALL>2
</SMALL></SUP>+b<SUP><SMALL>2</SMALL></SUP><p>
Das sieht schon ganz ordentlich aus, oder?
</BODY>
</HTML>
```

Abbildung 4.11 zeigt das Ergebnis.

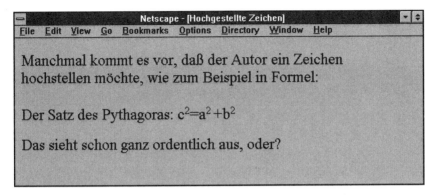

Abb. 4.11: Durch Kombination mit <SMALL> sieht es professioneller aus

Das exakte Erscheinungsbild eines so formatierten Textes hängt allerdings wieder von den Einstellungen des Browsers ab, mit dem der Text betrachtet wird.

4.7 Tiefgestellte Zeichen

Das Gegenstück zu ^{...} bildet _{...}. Mit diesem Tag wird Text tiefer als der Fließtext gestellt. Die tiefgestellten Zeichen werden bisher nur vom Netscape Navigator richtig interpretiert. Sie sollten also auch bei diesem HTML-3.2-Element gut überlegen, ob Sie es überhaupt verwenden wollen. Wiederum ist das endgültige Aussehen des Textes von den Einstellungen des Browsers abhängig.

Beispiel

```
<!DOCTYPE HTML PUBLIC "-//IETF//DTD HTML//EN//3.2">
<HTML>
<BODY>
Tiefergestellte Zeichen werden zum Beispiel bei chemischen
```

```
Formeln verwendet:<P>
H<SUB>2</SUB>O ist die chemische Formel f&uuml;r Wasser.
</BODY>
</HTML>
```

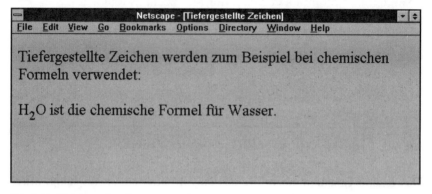

Abb. 4.12: Tiefergestelltes Zeichen mit *<SUB>*

Auch in Abbildung 4.12 besitzen das tiefergestellte Zeichen und der Fließtext die gleiche Fontgröße. Durch die Kombination mit *<SMALL>* wird der tiefergestellte Text verkleinert und erscheint damit typographisch gefälliger.

Beispiel

```
<!DOCTYPE HTML PUBLIC "-//IETF//DTD HTML//EN//3.2">
<HTML>
<BODY>
Tiefergestellte Zeichen werden zum Beispiel bei chemischen
Formeln verwendet:<P>
H<SUB><SMALL>2</SMALL></SUB>O ist die chemische Formel
f&uuml;r Wasser.
</BODY>
</HTML>
```

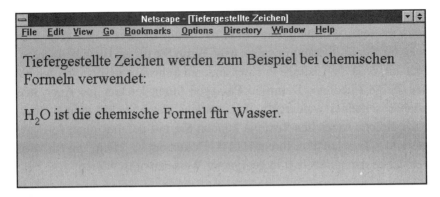

Abb. 4.13: *<SUB>* mit *<SMALL>* kombiniert

4.8 Blinkende Zeichen

Auf Wunsch können Sie eine Zeichenfolge in Ihrem Dokument blinken lassen. Dies ist allerdings eine reine Netscape-Erweiterung und nicht Teil von HTML 3.2. Blinkender Text wird also nur im Netscape Navigator angezeigt. Merken kann man sich den Namen des Elements sehr leicht, da es genauso heißt, wie das, was es tut: *<BLINK>*.

Beispiel

```
<BLINK>Dieser Text w&uuml;rde im Browser blinken!</BLINK>
```

4.9 Logische Textauszeichnungen

HTML 3.2 erlaubt dem Autoren eine Reihe von logischen *Textauszeichnungen*. Die Ergebnisse von Hervorhebungen mit diesen Möglichkeiten lassen sich nicht so gut vorhersagen wie diejenigen mit **fett** und *kursiv* – Sie können aber immerhin annnehmen, *dass* der Browser des Lesers hervorheben wird, was Sie als logische Auszeichnung definiert haben.

Es geht bei den logischen Auszeichnungen darum, für bestimmte Text-arten passende Formatierungen bei der Hand zu haben, wie zum Bei-spiel für Zitate, Tastatureingaben usw. Wenn Sie dieses Buch betrachten, fällt auf, dass die Listings in einer anderen Schriftart gesetzt wurden als der übrige Fließtext. Derartige Passagen fallen leichter ins Auge und können schneller wiedergefunden werden, wenn Sie sie einmal brau-chen. Solche speziellen Textteile können Sie mit den im folgenden vor-gestellten Tags leicht in Ihrem HTML-Dokument erstellen. Die Browser versuchen dann, den Text in geeigneter Weise zu präsentieren.

Wichtig = Strong

Manchmal möchte man seine Leser auf eine besonders wichtige Passage hinweisen, etwa um sie auf eine mögliche Fehlerquelle aufmerksam zu machen. Um wichtige Passagen zu kennzeichnen, bietet HTML 3.2 das Paar *<STRONG>...</STRONG>* an. Ein mit diesem Tag formatierter Text wird in der Regel fett dargestellt. Sie werden nun zu Recht einwen-den, dann hätten Sie ja auch gleich mit *<B>...</B>* arbeiten können. Im Prinzip ist dies richtig und führt auch zum Ziel. Es geht aber nicht darum, dass Sie ein Zeichen fett darstellen wollen, sondern einen *Inhalt* für den Browser entsprechend kennzeichnen. Vielleicht hat der Browe-ser oder ein anderes verarbeitendes Programm ja noch eine bessere Möglichkeit parat, wichtige Dinge hervorzuheben.

Beispiel

```
<!DOCTYPE HTML PUBLIC "-//IETF//DTD HTML//EN//3.2">
<HTML>
<BODY>
Dieser Text ist mit einem normalen Font dargestellt.
<STRONG>Vorsicht! Beachten Sie bitte das Verfallsdatum dieser
Web-Seite!</STRONG>
```

```
Ab hier beginnt wieder ein unwichtiger Teil.
</BODY>
</HTML>
```

Die Abbildung 4.14 zeigt das Ergebnis:

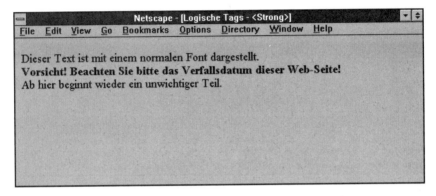

Abb. 4.14: Mit <STRONG> erstellter Hinweis

Emphatisch

Wenn Sie jemandem etwas mit Nachdruck, mit besonderer Betonung sagen, bezeichnen Sprachwissenschaftler dies als *Emphase*. Das bedeutet zwar auch nichts anderes als *Nachdruck*, klingt aber schöner. Von dem englischen Wort *Emphasis* leitet sich das Element *<EM>...</EM>* ab. Dieser Tag gehört zu den *logischen Textauszeichnungen* und soll dazu dienen, besonders zu betonende Textstellen hervorzuheben. In der Regel werden mit diesem Tag formatierte Zeichen *kursiv* dargestellt.

Beispiel

```
<!DOCTYPE HIML PUBLIC "-//IETF//DTD HIML//EN//3.2">
<HTML>
<BODY>
Clifford Stoll meint, da&szlig; Internet sei
```

```
<EM>schwach</EM>.<BR>
Ob das richtig ist?
</BODY>
</HTML>
```

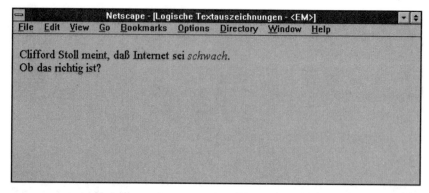

Abb. 4.15: Betonung durch *<EM>*

Listings und Maschinencode

Vielleicht haben Sie ein kleines Programm geschrieben, dessen Quell-code Sie im Internet auf Ihrer Home Page veröffentlichen wollen. Um den Maschinencode deutlich vom übrigen Text abzugrenzen, sollten Sie den Tag *<CODE>...</CODE>* benutzen. Der so formatierte Abschnitt wird in einer besonderen Schriftart angezeigt. Die einzelnen Schrifttypen erinnern dabei an die Anschläge, die Sie von der guten alten Schreibmaschine her kennen. Es handelt sich dabei um eine *dicktengleiche*, nicht *proportionale* Schrift.

Gewöhnlich ist zum Beispiel ein *m* etwas breiter als ein *t*. Bei einer dicktengleichen Schrift haben alle Schrifttypen die gleiche Breite.

```
<!DOCTYPE HTML PUBLIC "-//IETF//DTD HTML//EN//3.2">
<HTML>
<BODY>
Willkommen auf meiner Home Page!<P>
Ich freue mich, Ihnen hier mein neues Visual Basic Pro-
gramm pr&auml;sentieren zu k&ouml;nnen!<P>
<CODE>Programm von Franz Mustermann<BR>
Compiled 10.07.95<BR>
100 Set Class=<BR>
110 Definition<BR>
150 ...<BR>
Das war doch gar nicht schwer, oder? Einfach mal selbst
programmieren!
</CODE>
</BODY>
</HTML>
```

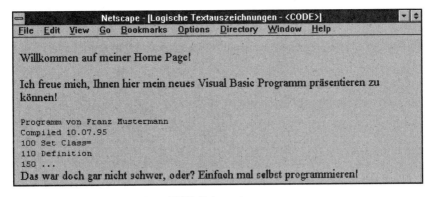

Abb. 4.16: Maschinencode in einem HTML-Dokument

Tastatureingaben

Vielleicht gehören Sie zu den fortschrittlichen Programmierern, die den Benutzern gleich ein Handbuch in Form einer HTML-Datei reichen wollen. Oder Sie haben ein paar nette Tricks für verschiedene Computerspiele gesammelt und wollen diese nun publizieren? Es kommt immer wieder einmal vor, dass man Tastatureingaben des Lesers in Dokumenten deutlich kennzeichnen muss. Für diesen Zweck hält HTML den Tag *<KBD>...</KBD>* bereit. Bei dem Kürzel stand das englische Wort *Keyboard* Pate, wie sich wohl unschwer erkennen lässt.

Beispiel

```
<!DOCTYPE HTML PUBLIC "-//IETF//DTD HTML//EN//3.2">
<HTML>
<BODY>
Um mein Programm zu installieren, gehen Sie wie folgt
vor:<P>
&Ouml;ffnen Sie den Programm-Manager<BR>
Bet&auml;tigen Sie <KBD>Alt+D</KBD><BR>
W&auml;hlen Sie: Neu<BR>
Geben Sie den Programmnamen ein und best&auml;tigen Sie
mit
<KBD>Enter</KBD><P>
Das war es auch schon!
</BODY>
</HTML>
```

Beispiele

Das englische *Sample* bedeutet *Kostprobe* oder *Beispiel*. Um Textbeispiele hervorzuheben, wird *<SAMP>...</SAMP>* verwendet. Der so formatierte Text wird wieder in einer dicktengleichen Schrift gesetzt.

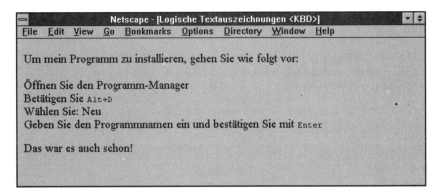

Netscape - [Logische Textauszeichnungen <KBD>]

File   Edit   View   Go   Bookmarks   Options   Directory   Window   Help

Um mein Programm zu installieren, gehen Sie wie folgt vor:

Öffnen Sie den Programm-Manager
Betätigen Sie Alt+D
Wählen Sie: Neu
Geben Sie den Programmnamen ein und bestätigen Sie mit Enter

Das war es auch schon!

Abb. 4.17: Mit *<KBD>* lassen sich leicht Tastatureingaben deutlich machen!

Beispiel

```
<!DOCTYPE HTML PUBLIC "-//IETF//DTD HTML//EN//3.2">
<HTML>
<BODY>
Wenn die Kritik nun davon spricht, dieses Werk sei
<SAMP>einfach f&uuml;rchterlich</SAMP>, hat sie wohl nicht
ganz unrecht. Schon seit langer Zeit hat kein Buch das
deutsche Publikum mehr begeistert.<BR> Der Autor sagt
selbst, es sei ein ganz <SAMP> au&szlig;erordentliches
Buch</SAMP> geworden.
Geschrieben mit <SAMP> Blut, Schwei&szlig; und
Tr&auml;nen</SAMP>.
</BODY>
</HTML>
```

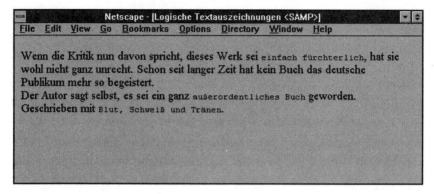

Abb. 4.18: Beispiele und Textproben mit *<SAMP>* formatiert

Variablen

Bei der Erstellung von technischen Dokumentationen, die in immer größerem Ausmaß im Format von HTML-Dateien publiziert werden, kommt es immer einmal wieder vor, dass *Variablen* gekennzeichnet werden müssen. Das entsprechende HTML-Element ist *<VAR>...</VAR>*. Der Text zwischen dem Elementen-Paar erscheint typischerweise in kursiver Schrift, kann aber auch anders aussehen, denn letztendlich ist auch das Erscheinungsbild von Variablen von den Einstellungen des Browsers abhängig.

Beispiel

```
<!DOCTYPE HTML PUBLIC "-//IETF//DTD HTML//EN//3.2">
<HTML>
<BODY>
Wenn Sie kompilieren, muss die Variable <VAR>Left In-
dent(n)</VAR> mit einem Wert für <VAR>n</VAR> versehen
werden.
</BODY>
</HTML>
```

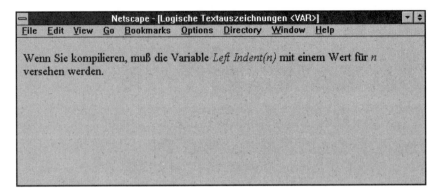

Wenn Sie kompilieren, muß die Variable *Left Indent(n)* mit einem Wert für *n* versehen werden.

Abb. 4.19: Variablen werden durch *<VAR>* kenntlich

Zitate

Kein wissenschaftliches Werk kommt ohne Zitate aus. Sie stützen den Autor in seiner Argumentation oder sparen auch einfach nur Zeit. Wieso soll man sich stundenlang Gedanken um eine gute Formulierung machen, wenn es bereits ein anderer viel treffender gesagt hat? Zitate werden in HTML mit *<CITE>...</CITE>* formatiert.

In der Regel wird das Zitat in *kursiver* Schrift wiedergegeben werden, allerdings sind auch andere Darstellungsweisen erlaubt.

Beispiel

```
<!DOCTYPE HTML PUBLIC "-//IETF//DTD HTML//EN//3.2">
<HTML>
<BODY>
Schon bei Shakespeare steht:<BR>
<CITE>Sein oder Nichtsein, das ist hier die Frage
</CITE><BR>
Jawohl, lieber Leser, das ist sie wirklich.
</BODY>
</HTML>
```

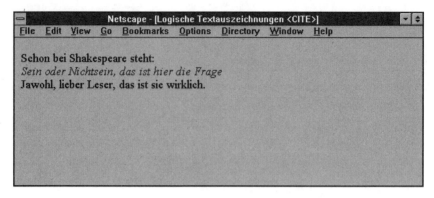

Abb. 4.20: Zitate werden am besten mit *<CITE>* formatiert

4.10 Zusammenfassung und Fragen

Zusammenfassung

➤ Neben den Basisformatierungen wie *kursiv* oder *fett* existieren in HTML eine Reihe weitere Elemente, die das Schriftbild eines Dokuments verfeinern können.

➤ Sie können mit *<HR>* horizontale Linien in Ihren Text einfügen, um Textblöcke zu bilden

➤ Zeichen können hoch- und tiefergestellt werden. Dafür werden *<SUP>* und *<SUB>* verwendet.

➤ Einzelne Passagen können *unterstrichen* werden. Dazu wird *<U>* benutzt.

➤ Sofern Sie es wollen, ist es auch möglich, Textteile durchstreichen zu lassen: mit *<STRIKE>*.

➤ Zeichen können *vergrößert* (Verwendung von *<BIG>*) und *verkleinert* werden (Verwendung von *<SMALL>*).

➤ Bestimmte Texteile wie *Zitate, Tastatureingaben, Maschinencode* oder *Variablen* werden mit Hilfe sogenannter *logischer Textauszeichnungen* formatiert.

➤ Das Erscheinungsbild kann dabei stark von den Einstellungen des verwendeten Browsers abhängen.

Fragen

1. Wie legen Sie eine horizontale Linie an, die 40% des Anzeigefensters einnehmen soll?

2. Wie lautet das Zeichen für unterstrichenen Text?

3. Wie machen Sie ein Zitat kenntlich?

4. Wie wird blinkender Text erstellt?

5. Wie wird Text vergrößert?

6. Dient das Element *<CODE>* der logischen oder physikalischen Textauszeichnung?

7. Wie wird eine dickere horizontale Linie erzeugt?

8. Was verstehen Sie unter einer dicktengleichen Schrift?

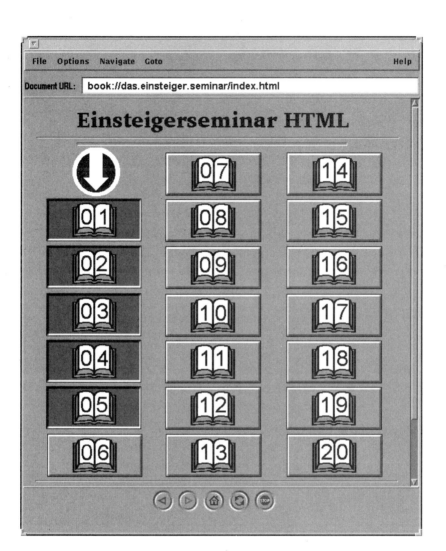

5 Listen

Ein eigenes Kapitel für Listen? Ist das denn so etwas besonderes? Ja und nein! Da es in HTML nicht reicht, eine Liste einfach durch das Untereinanderschreiben von einzelnen Einträgen zu erstellen, wurden eine Reihe von *Tags* eigens für die Erstellung von Listen verabschiedet.

5.1 Unsortierte Listen

Wenn Sie mit einer Liste beginnen, haben Sie immer zwei grundsätzliche Möglichkeiten. Entweder ist Ihre Liste numeriert oder auf eine andere Art und Weise sortiert, oder alle Einträge sind untereinander gleichberechtigt und folgen keiner bestimmten Reihenfolge. HTML 3.2 unterscheidet genau diese beiden Fälle.

Sie gestalten eine unsortierte Liste, indem Sie das Elemente-Paar *<UL>...</UL>* verwenden. Das UL steht dabei für *Unordered List*. Ein *einzelner Eintrag* wird durch *<LI>* gekennzeichnet, was die Abkürzung für *List Item* darstellt.

Hinweis Wenn Sie sich ganz konform zum HTML-Standard verhalten wollen, müssten Sie jeden einzelnen Eintrag mit dem Tag *</LI>* abschließen. Dies ist allerdings nicht zwingend notwendig, da die Browser ihn in der Regel implizit selbst setzen.

Erstellen Sie doch einfach eine kleine Beispiel-Liste, um zu sehen, wie es funktioniert:

Beispiel

```
<!DOCTYPE HTML PUBLIC "-//IETF//DTD HTML//EN//3.2">
<HTML>
<BODY>
Party bei Mona.<BR>
Eingeladen sind:<BR>
<UL>
<LI>Franz
<LI>Silke
<LI>Gaby
<LI>Wolfgang
<LI>Sven
</UL>
</BODY>
</HTML>
```

Das Ergebnis sehen Sie in Abbildung 5.1:

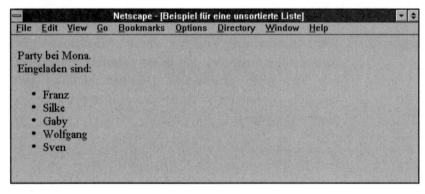

Abb. 5.1: Eine unsortierte Liste

Kapitel 5

Listen können auch miteinander *verschachtelt* werden. Eine Liste kann also eine andere enthalten. Schematisch sieht das dann so aus:

Beispiel

```
Beginn 1
Beginn Liste 2
   Beginn Liste 3
   Ende Liste 3
   Ende Liste 2
Ende Liste 1
```

Erstellen Sie einmal selbst eine verschachtelte Liste.

Beispiel

```
<!DOCTYPE HTML PUBLIC "-//IETF//DTD HTML//EN//3.2">
<HTML>
<BODY>
<UL>
<LI>Eintrag 1 Liste 1
<UL>
<LI>Eintrag 1 Liste 2
<UL>
<LI>Eintrag 1 Liste 3
<LI>Eintrag 2 Liste 3
<LI>Eintrag 3 Liste 3
</UL>
<LI>Eintrag 2 Liste 2
</UL>
<LI>Eintrag 2 Liste 1
</UL>
</BODY>
</HTML>
```

Dieses Listing erstellt eine Liste, wie sie in Abbildung 5.2 dargestellt ist.

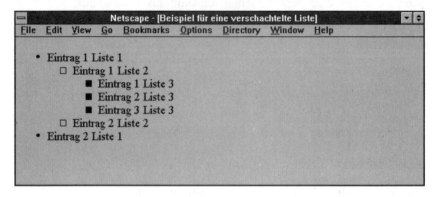

Abb. 5.2: Beispiel einer verschachtelten Liste

Eine Liste kann Text jeder Art enthalten, aber auch *Links*. Damit haben Sie eine hervorragende Möglichkeit, Ihre Sammlung interessanter Verweise auf andere Seiten des World Wide Web übersichtlich zu präsentieren.

Beispiel

```
<!DOCTYPE HTML PUBLIC "-//IETF//DTD HTML//EN//3.2">
<HTML>
<BODY>
<H1>Meine liebsten Links</H1>
<UL>
<LI>Online-Magazine
<UL>
<LI><A HREF="http://www.hotwired.com">Hot Wired</A>
<LI><A HREF="http://www.cw.de">Computerwoche</A>
</UL>
<LI>Etwas zum Thema Musik
<UL>
<LI><A HREF="http://www.techno.de">Techno forever</A>
```

```
</UL>
</UL>
</BODY>
</HTML>
```

Das Ergebnis zeigt Abbildung 5.3:

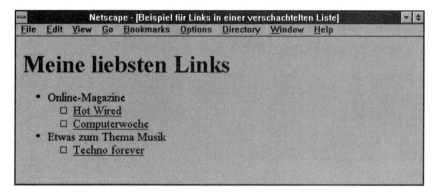

Abb. 5.3: Links als Elemente einer verschachtelten Liste

Wie Sie vielleicht bemerkt haben werden, wird jedem Listeneintrag ein sogenannter *Bullet*, ein Blickfang-Punkt vorangestellt. Diese Punkte ändern sich je nach der Tiefe Ihrer Verschachtelung. Welche Bullets dargestellt werden, hängt wieder vom verwendeten Browser ab. So benützt Mosaic zum Beispiel einen eigenen Satz von Bullets, während Netscape auf Bullets zurückgreift, die in dem für den Fließtext eingestellten Zeichensatz enthalten sind.

Netscape hat die Elemente *<UL>* und *<LI>* um ein Attribut erweitert, nämlich *TYPE*. Damit können Sie festlegen, welche Bullets Netscape für eine Liste verwenden soll, sofern Sie denn in der eingestellten Schriftart verfügbar sind.

Es gibt folgende Typen:

→ TYPE=DISC
Dabei handelt sich um kleine eliptische Figuren.

→ TYPE=CIRCLE
Haben Sie dieses Attribut gesetzt, werden Ihren Einträgen kleine Kreise vorangestellt.

→ TYPE=SQUARE
Ihren Einträgen gehen kleine Quadrate voran.

Verändern Sie Ihr Listing doch einfach ein wenig:

Beispiel

```
<!DOCTYPE HTML PUBLIC "-//IETF//DTD HTML//EN//3.2">
<HTML>
<BODY>
<H1>Meine liebsten Links</H1>
<UL>
<LI>Online-Magazine
<UL>
<LI><A HREF="http://www.hotwired.com">Hot Wired</A>
<LI><A HREF="http://www.cw.de">Computerwoche</A>
</UL>
<LI>Etwas zum Thema Musik
<UL>
<LI><A HREF="http://www.techno.de>Techno forever</A>
</UL>
</UL>
</BODY>
</HTML>
```

Und betrachten das Ergebnis:

Abb. 5.4: Verwendung des Attributs TYPE

Im nächsten Abschnitt geht es um sortierte (numerierte) Listen.

5.2 Sortierte Listen

Häufig werden Elemente nicht einfach aufgelistet, sondern durchnume-
riert, etwa um Reihenfolgen von Arbeitsschritten festzulegen. In solchen
Fällen handelt es sich um *sortierte Listen*, die durch *<OL>...</OL>* begrenzt werden (Abkürzung für *Ordered List*). Die einzelnen Elemente
kennzeichnen Sie wie bei einer unsortierten Liste durch *<LI>*.

Beispiel

```
<!DOCTYPE HTML PUBLIC "-//IETF//DTD HTML//EN//3.2">
<HTML>
<BODY>
<H1>Reparaturanleitung f&uuml;r Videorekorder</H1>
<OL>
<LI>Netzstecker ziehen
<LI>Ger&auml;t &ouml;ffnen
```

```
<LI>Reinschauen
<LI>Fachmann rufen
<Li>Abwarten und Tee trinken
</OL>
</BODY>
</HTML>
```

Das Ergebnis wird in Abb. 5.5 gezeigt.

Abb. 5.5: Eine sortierte Liste

Auch sortierte Listen lassen sich verschachteln. Dabei können Sie sortierte und unsortierte Listen kombinieren. Schematisch sieht das so aus:

```
Beginn Sortierte Liste 1
Beginn Unsortierte Liste 1
Ende Unsortierte Liste 1
Ende Sortierte Liste 1
```

Erstellen Sie einmal eine verschachtelte Liste.

Beispiel

```
<!DOCTYPE HTML PUBLIC "-//IETF//DTD HTML//EN//3.2"> <HTML>
<BODY>
<H4>Verschachtelung zweier sortierter Listen</H4>
```

```
<OL>
<LI>Sortiment an Zeitschriften
<OL>
<LI>PC Professionell
<LI>PC Go!
<LI>PC Player
</OL>
<LI>Sortiment an B&uuml;chern
<OL>
<LI>Hamlet von Shakespeare
<LI>Faust von Goethe
</OL>
</OL>
</BODY>
</HTML>
```

Das folgende Beispiel zeigt die Verschachtelung einer unsortierten mit einer sortierten Liste.

Beispiel

```
<!DOCTYPE HTML PUBLIC "-//IETF//DTD HTML//EN//3.2">
<HTML>
<BODY>
<H4>Verschachtelung einer sortierten mit einer unsortier-
ten Liste</H4>
<OL>
<LI>Zielgruppe bestimmen
<UL>
<LI TYPE=SQUARE>Marketingabteilungen
<LI TYPE=SQUARE>Werbefachleute
<LI TYPE=SQUARE>Lektoren
</UL>
<LI>Ma&szlig;nahmen f&uuml;r das Marketing einleiten
```

```
<OL>
<LI>Werbebriefe verschicken
<LI>Pressemitteilungen erstellen
<LI>Waschzettel erstellen
</OL>
</OL>
</BODY>
</HTML>
```

Abbildung 5.6 zeigt die beiden verschachtelten Listen aus den eben vor-
gestellten Listings.

Wenn Sie die Abbildung betrachten, werden Sie sicher feststellen, das
fortlaufende Numerierungen von verschachtelten Listen – also beispielsweise 1., 1.1, 1.2., 2., 2.1, usw. – leider (noch) nicht möglich sind.

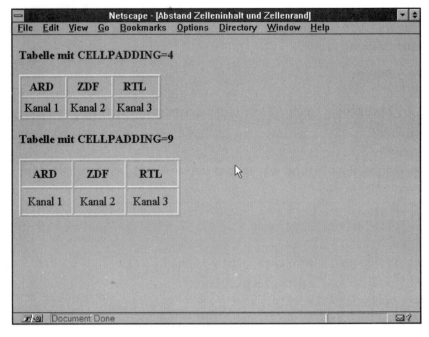

Abb. 5.6: Verschachtelte sortierte Listen

Der Netscape Navigator und der Internet Explorer haben sowohl die Elemente *<OL>* als auch *<LI>* um das Attribut *TYPE* erweitert. Damit ist es möglich, zu bestimmen, mit welchen Zeichen die Listeneinträge beginnen sollen. Möglich sind:

➤ TYPE=A, also Großbuchstaben, zum Beispiel A, B, C,...

➤ TYPE=a, Kleinbuchstaben, zum Beispiel a, b, c,...

➤ TYPE=I, große römische Ziffern, zum Beispiel I, II, III, IV,...

➤ TYPE=i, kleine römische Ziffern, zum Beispiel i, ii, iii, iv,...

➤ TYPE=1, die traditionelle und vorgegebene Zählung mit arabischen Ziffern.

Beispiel

```
<!DOCTYPE HTML PUBLIC "-//IETF//DTD HTML//EN//3.2">
<HTML>
<BODY>
<OL TYPE=A>
<LI>Erster Eintrag
<LI>Zweiter Eintrag
</OL>
<OL TYPE=I>
<LI>Erster Eintrag
<LI>Zweiter Eintrag
</OL>
<OL TYPE=i>
<LI>Erster Eintrag
<LI>Zweiter Eintrag
</Ol>
<OL TYPE=a>
<LI>Erster Eintrag
<LI>Zweiter Eintrag
```

```
</OL>
</BODY>
</HTML>
```

Diese Übersicht können Sie sich in Abbildung 5.7 noch einmal ansehen.

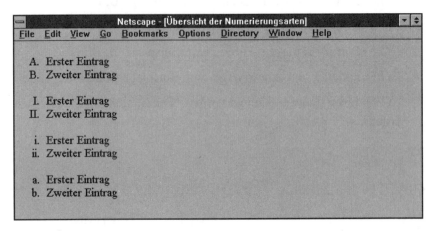

Abb. 5.7: Übersicht über Numerierungsarten

Manchmal möchte man die Numerierung nicht bei 1 beginnen lassen. Aus diesem Grunde wurde das Attribut *START* von Netscape eingeführt. *START=5* würde die Zählung an Position 5 beginnen lassen, also zum Beispiel bei 5, IV, iv; E oder e. Durch diese Option lässt sich eine durchgehende Numerierung erreichen, wenn Sie zum Beispiel Ihre Liste durch einen erläuternden Text unterbrechen wollen.

Beispiel

```
<!DOCTYPE HTML PUBLIC "-//IETF//DTD HTML//EN//3.2">
<HTML>
<BODY>
<H4>Beispiel einer durchg&auml;ngigen Numerierung</H4>
Unser Seminar gliedert sich in folgende Teile:<BR>
<OL TYPE=I START=1>
```

```
<LI>Was sie beachten sollten!
<LI>Einf&uuml;hrung der neuen Software
</OL>
Danach machen Sie eine kurze Pause, um dann fortzufahren
mit:<BR>
<OL TYPE=I START=3>
<LI>Praktische Übung
<LI>Seminarkritik
</OL>
</BODY>
</HTML>
```

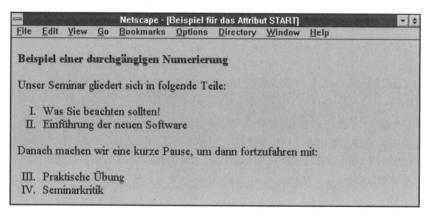

Abb. 5.8: Das Attribut START ist eine gute Möglichkeit, durchgängige Numerierungen zu erreichen

5.3 Glossare

Eine besondere Form einer Liste stellt ein *Glossar* dar. Ein Glossar ist ein Verzeichnis schwer verständlicher Wörter oder Wendungen eines Textes. HTML kennt einen einfachen Weg, Glossare mühelos erstellen zu lassen.

Glossare setzen sich aus einer Reihe von *Glossar-Einträgen zusammen.* Glossar-Einträge bestehen aus einem näher zu erläuternden Ausdruck, zum Beispiel einem Fachbegriff, und einer dazugehörigen *Definition.*

Ein Glossar leiten Sie mit *<DL>* ein. Der zu definierende Begriff wird von dem Paar *<DT>* und *</DT>* eingeschlossen. Die dazugehörende Definition wird von *<DD>* und *</DD>* umschlossen. Mit *</DL>* beenden Sie das Glossar.

Beispiel

```
<!DOCTYPE HTML PUBLIC "-//IETF//DTD HTML//EN//3.2">
<HTML>
<BODY>
<H4>DF&Uuml;-Glossar</H4>
<DL>
<DT>Mailbox
</DT>
<DD>Auch Bulletin Board System genannt. Eine Art von elektronischem schwarzen Brett, deren Benutzer elektronische Nachrichten und Dateien austauschen k&ouml;nnen.</DD>
<DT>Modem
</DT>
<DD>Leitet sich von Modulator/Demodulator her. Ein Ger&auml;t zur Datenfern&uuml;bertragung</DD>
</BODY>
</HTML>
```

Abbildung 5.9 zeigt unser gerade erstelltes Glossar.

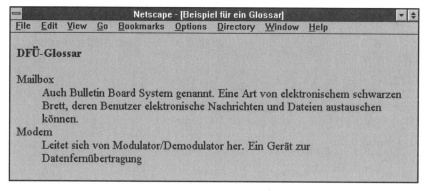

File   Edit   View   Go   Bookmarks   Options   Directory   Window   Help

DFÜ-Glossar

Mailbox
  Auch Bulletin Board System genannt. Eine Art von elektronischem schwarzen
  Brett, deren Benutzer elektronische Nachrichten und Dateien austauschen
  können.
Modem
  Leitet sich von Modulator/Demodulator her. Ein Gerät zur
  Datenfernübertragung

Abb. 5.9: Beispiel für ein Glossar

5.4   Zusammenfassung und Fragen

Zusammenfassung

➤ HTML bietet die Möglichkeit, sortierte und unsortierte Listen zu erstellen.

➤ Sortierte Listen werden mit *<OL>*, unsortierte mit *<UL>* eingeleitet.

➤ Einzelne Listeneinträge werden mit *<LI>* gekennzeichnet

➤ Vor den Einträgen einer unsortierten Liste werden Blickfang-Punkte (Bullets) eingefügt.

➤ Das Aussehen der Bullets ist beim Leser vom verwendeten Browser abhängig, kann aber durch das Attribut TYPE zumindest für die Anzeige durch den Netscape Navigator und den Internet Explorer vorgegeben werden.

➤ Durch das Attribut START kann bei den sortierten Listen bestimmt werden, bei welcher Zahl mit der Numerierung begonnen werden soll.

- Listen lassen sich ineinander verschachteln. Dabei ist eine Kombination von ungeordneten und geordneten Listen möglich.
- Um Glossare zu erstellen, bietet HTML den *<DL>*-Tag.
- Einzelne Einträge eines Glossars werden mit *<DT>* eingeleitet.
- Die Erläuterung eines Glossareintrages wird durch *<DD>* gekennzeichnet.

Fragen

1. Was ist ein Glossar?
2. Woraus besteht es?
3. Welche Arten von Bullets erlaubt der Netscape Navigator?
4. Worin besteht optisch der Unterschied zwischen einer sortierten und einer unsortierten Liste?
5. Ist dies ein gültiger Listeneintrag? Wenn Nein, warum nicht?
   `<LI>Ein Eintrag </LI>`
6. Erstellen Sie bitte eine Liste mit folgenden Inhalt. Die Einträge sollen numeriert werden. Dabei sollen kleine Buchstaben verwendet werden. Die Zählung soll an der 5. Position beginnen. Die Einträge lauten: Paris, München, Rom, New York, Berlin.
7. Erzeugen Sie bitte eine verschachtelte Liste gemäß Abbildung 5.10.

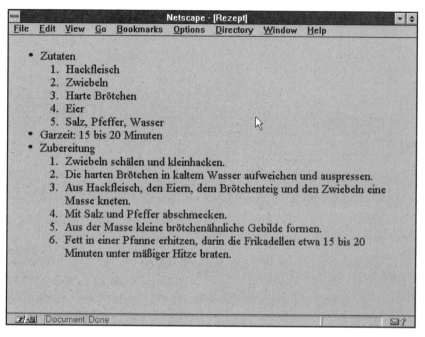

- Zutaten
  1. Hackfleisch
  2. Zwiebeln
  3. Harte Brötchen
  4. Eier
  5. Salz, Pfeffer, Wasser
- Garzeit: 15 bis 20 Minuten
- Zubereitung
  1. Zwiebeln schälen und kleinhacken.
  2. Die harten Brötchen in kaltem Wasser aufweichen und auspressen.
  3. Aus Hackfleisch, den Eiern, dem Brötchenteig und den Zwiebeln eine Masse kneten.
  4. Mit Salz und Pfeffer abschmecken.
  5. Aus der Masse kleine brötchenähnliche Gebilde formen.
  6. Fett in einer Pfanne erhitzen, darin die Frikadellen etwa 15 bis 20 Minuten unter mäßiger Hitze braten.

Abb. 5.10: Die Liste für Aufgabe 5.7

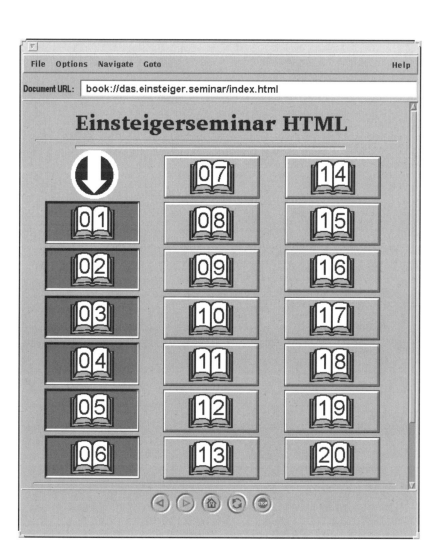

6 Tabellen

HTML unterstützt ab der Version 3.2 Tabellen. Der Netscape Navigator und der Internet Explorer können bereits mit dieser Gestaltungsmöglichkeit arbeiten. Mit Hilfe von Tabellen können nicht nur Daten und Fakten ansprechend und übersichtlich präsentiert werden, sondern die Tabellenfunktion erweist sich auch als ein mächtiges Instrument, um in einem HTML-Dokument anspruchsvolle Layoutelemente zu verwirklichen, wie beispielsweise mehrspaltigen Satz.

6.1 Einfache Tabellen

Eingeleitet und abgeschlossen wird der Tabelleninhalt mit dem Paar *<TABLE>* und *</TABLE>*. Tabellen bestehen aus *Tabellenzeilen*, die eine beliebige Anzahl von *Zellen* enthalten können.

Eine *Tabellenzeile* wird durch *<TR>* kenntlich gemacht. Das Ende einer Tabellenzeile schließen Sie mit *</TR>* ab.

Eine solche Tabellenzeile kann *Kopfzellen* und *gewöhnliche Zellen* enthalten, die mit Daten gefüllt sind. Der Text in Kopfzellen wird durch die Browser deutlich hervorgehoben (zum Beispiel bei Netscape zentriert und fett).

➤ Kopfzellen werden durch *<TH>* formatiert,

➤ Gewöhnliche Datenzellen durch *<TD>*.

Beispiel

```
<!DOCTYPE HTML PUBLIC "-//IETF//DTD HTML//EN//3.2">
<HTML>
<BODY>
```

```
<H4>Beispiel für eine Tabelle</H4>
<TABLE>
<TR>
<TH>Netscape
<TH>Mosaic
<TH>Internet Explorer
</TR>
<TR>
<TD>16 und 32 Bit Version
<TD>16 und 32 Bit Version
<TD>32 Bit Version
</TR>
<TR>
<TD>Gratis
<TD>Gratis
<TD>Gratis
</TABLE>
</BODY>
</HTML>
```

Abbildung 6.1 zeigt Ihre erste Tabelle:

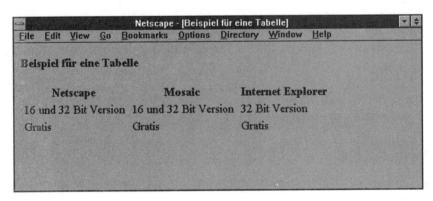

Abb. 6.1: Eine ganz einfache Tabelle

Normalerweise können *<TD>* und *<TH>* alleine stehen. Der Browser setzt dann implizit den abschließenden Tag. Um ganz sicher zu sein, notieren Sie ein abschließendes *</TD>* bzw. *</TH>*.

Erstellen Sie umfangreiche Tabellen, können Sie dem Leser die Orientierung durch Gitternetzlinien erleichtern. Dazu fügen Sie dem Tag *<TABLE>* einfach das Attribut *BORDER* hinzu.

Beispiel

```
<!DOCTYPE HTML PUBLIC "-//IETF//DTD HTML//EN//3.2">
<HTML>
<BODY>
<H4>Beispiel für eine Tabelle</H4>
<TABLE BORDER>
<TR>
   <TH>Netscape
   <TH>Mosaic
   <TH>Internet Explorer
</TR>
<TR>
   <TD>16 und 32 Bit Version
   <TD>16 und 32 Bit Version
   <TD>32 Bit Version
</TR>
<TR>
   <TD>Gratis
   <TD>Gratis
   <TD>Gratis
</TABLE>
</BODY>
</HTML>
```

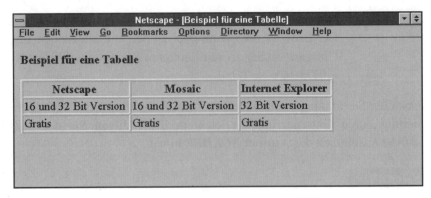

Abb. 6.2: Eine Tabelle erhält Gitternetzlinien durch das Attribut BORDER

6.2 Tabellenhöhe und -breite

Die Tabellenbreite ist abhängig vom Tabelleninhalt und der Größe des Anzeigefensters. Sie können aber festlegen, wie breit eine Tabelle erscheinen soll und welchen Wert ihre maximale Höhe einnimmt.

Die *Breite* einer Tabelle bestimmen Sie durch das Attribut *WIDTH*. Diesem Attribut kann entweder eine *Prozentangabe* oder ein absoluter *Zahlenwert* zugewiesen werden. Geben Sie einen Prozentwert an, soll die Tabelle maximal soviel Prozent der Breite des Anzeigefensters einnehmen, wie Sie angegeben haben. Wurde der absolute Zahlenwert benutzt, bestimmen Sie die Breite der Tabelle in *Pixel*. Das Attribut wird dabei im einleitenden Tag *<TABLE>* notiert.

Beispiel

```
<!DOCTYPE HTML PUBLIC "-//IETF//DTD HTML//EN//3.2">
<HTML>
<BODY>
<TABLE BORDER WIDTH=90%>
<TR>
```

```
<TH>Alain Prost
<TH>Damon Hill
<TH>Michael Schumacher
</TR>
<TR>
    <TD>51 Siege
    <TD>17 Siege
    <TD>19 Siege
</TR>
<TR>
    <TD>4 Titel
    <TD>0 Titel
    <TD>2 Titel
</TR>
</TABLE>
</BODY>
</HTML>
```

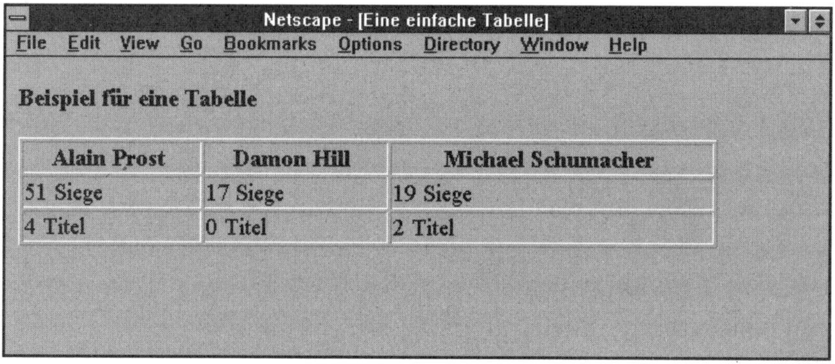

Abb. 6.3: Breite einer Tabelle formatiert durch WIDTH

Nicht nur die maximale Breite einer Tabelle lässt sich in voraus festlegen, sondern auch die *Gesamthöhe*. Die maximale Höhe einer Tabelle legen Sie mit dem Attribut *HEIGHT* im einleitenden Tag *<TABLE>* fest. Auch hier können Sie wieder *Prozentzahlen* und *absolute Zahlenwerte*

---

verwenden. Mit einer Angabe in Prozent legen Sie fest, dass die Tabelle maximal so viel Prozent des Anzeigefensters in Anspruch nimmt, wie Sie es angeben. Mit dem Zahlenwert bestimmten Sie die Höhe in Pixeln. Erweitern Sie Ihr Listing also einmal um das Attribut *HEIGHT*:

Beispiel

```
<!DOCTYPE HTML PUBLIC "-//IETF//DTD HTML//EN//3.2">
<HTML>
<BODY>
<TABLE BORDER WIDTH=90% HEIGHT=85%>
<TR>
    <TH>Alain Prost
    <TH>Damon Hill
    <TH>Michael Schumacher
</TR>
<TR>
    <TD>51 Siege
    <TD>17 Siege
    <TD>19 Siege
</TR>
<TR>
    <TD>4 Titel
    <TD>0 Titel
    <TD>2 Titel
</TR>
</TABLE>
</BODY>
</HTML>
```

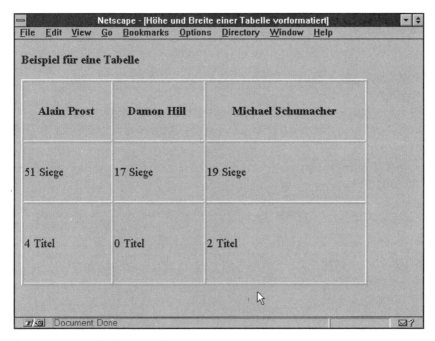

Abb. 6.4: Höhe und Breite unserer Tabelle wurden festgelegt

6.3 Bestimmen der Rahmen- und Gitternetzliniendicke

Wenn Sie sich dazu entschließen, Ihre Tabelle mit einem Rahmen und Gitternetzlinien auszustatten, können Sie die *Breite* sowohl des *Rahmens* als auch der *Linien* vorformatieren. Durch die Angabe von *BORDER=(Wert)* im Tag *<TABLE>* bestimmen Sie die Dicke des Außenrahmens. Dieser Wert wird in Pixeln angegeben.

Die Angabe von *CELLSPACING=(Wert)* in diesem Tag bestimmt die Dicke der Gitternetzlinien. Auch bei diesem Wert handelt es sich um eine Angabe in Pixeln.

```
<!DOCTYPE HTML PUBLIC "-//IETF//DTD HTML//EN//3.2">
<HTML>
<BODY>
<TABLE BORDER=8 CELLSPACING=4 HEIGHT=80% WIDTH=80%>
<TR>
<TH>
<TH>Br&ouml;tchen
<TH>Hackfleischb&auml;llchen
</TR>
<TR>
<TD>Berlin
<TD>Schrippen
<TD>Bulette
</TR>
<TR>
<TD>Hamburg
<TD>Rundst&uuml;ck
<TD>Frikadelle
</TR>
<TR>
<TD>M&uuml;nchen
<TD>Fleischpflanzerl
<TD>Semmel
</TR>
</TABLE>
</BODY>
</HTML>
```

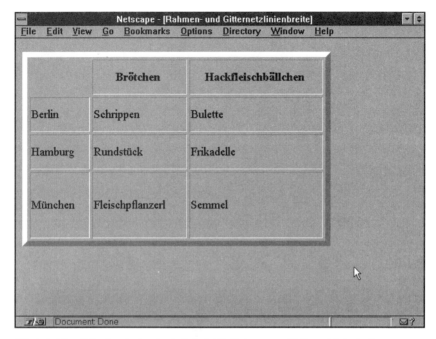

	Brötchen	Hackfleischbällchen
Berlin	Schrippen	Bulette
Hamburg	Rundstück	Frikadelle
München	Fleischpflanzerl	Semmel

Abb. 6.5: Eine kleine Landeskunde als Beispiel für Rahmen- und Gitternetzlinienbreite

6.4 Abstand Zelleninhalt und Zellenrand

Sie können global für die gesamte Tabelle festlegen, wieweit der Zelleninhalt vom Zellenrand entfernt dargestellt werden soll. Im einleitenden
Tag *<TABLE>* brauchen Sie nur das Attribut *<CELLPADDING=(Wert)*
einzufügen. Dabei handelt es sich um einen Wert, der in Pixel angegeben wird.

Beispiel

```
<!DOCTYPE HTML PUBLIC "-//IETF//DTD HTML//EN//3.2">
<HTML>
<BODY>
```

```
<TABLE BORDER CELLPADDING=4>
<TR>
<TH>ARD
<TH>ZDF
<TH>RTL
</TR>
<TR>
<TD>Kanal 1
<TD>Kanal 2
<TD>Kanal 3
</TR>
</TABLE>
</BODY>
</HTML>
```

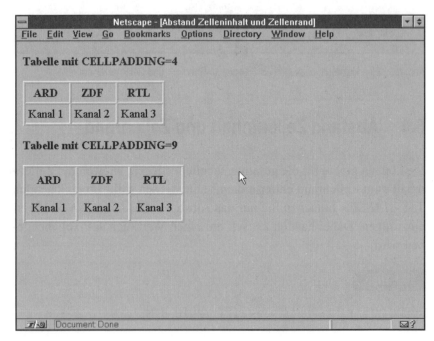

Abb. 6.6: Zwei Tabellen mit unterschiedlichen Werten für CELLPADDING

6.5 Zeilenhöhen und Spaltenbreiten bestimmen

Sie können die *Höhe* und *Breite* der einzelnen *Spalten* bzw. *Zeilen* selbst bestimmen. Dazu dienen die schon bekannten Attribute *WIDTH* und *HEIGHT*. Diese erweitern die Tags *<TH>* bzw. *<TD>*. Sie können bei der Festlegung der Zeilenhöhen und Spaltenbreiten nur mit *absoluten Zahlen* in Pixeln arbeiten.

```
<!DOCTYPE HTML PUBLIC "-//IETF//DTD HTML//EN//3.2">
<HTML>
<BODY>
<TABLE BORDER>
<TR>
<TH WIDTH=45 HEIGHT=60>lf.Nr.
<TH WIDTH=140>
<TH WIDTH=160>
</TR>
<TR>
<TD HEIGHT=100>1
<TD>M&uuml;nchen
<TD>ICE
</TR>
<TR>
<TD HEIGHT=80>2
<TD>Hamburg
<TD>ICE
</TR>
</TABLE>
</BODY>
</HTML>
```

In Abbildung 6.7 können Sie die Tabelle bewundern, die zugegebenermaßen etwas merkwürdig aussieht.

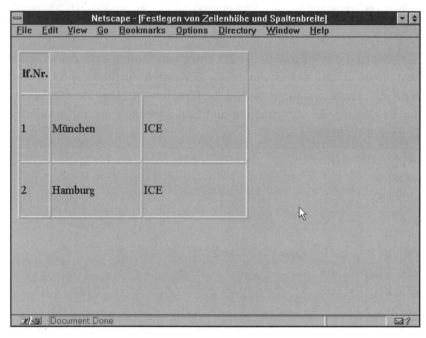

Abb. 6.7: Tabelle mit definierten Zeilenhöhen und Zellenbreiten

Ihre Angaben gelten übrigens für eine Spalte bzw. Zeile insgesamt. Sie brauchen die Werte für die Höhe und Breite also nur einmal einzutragen.

Tip   Tragen die Werte für Zeilenhöhe und Spalte immer in der ersten Zelle ein. Sie behalten so besser den Überblick.

Ihre eingetragenen Werte sind nur dann wirksam, wenn der Inhalt einer Zelle weniger Platz benötigt, als Sie eingetragen haben. Ist dies nicht der Fall, wird der Browser die Tabelle immer so darstellen, dass der gesamte Inhalt angezeigt wird.

Haben Sie eine *Gesamthöhe* und *-breite* für eine Tabelle angegeben, wie in Abschnitt 6.2 gezeigt, so gilt in einem Konfliktfall dieser Wert. Mit anderen Worten: Beträgt die Summe Ihrer definierten Zellenbreiten 95% der Größe des Anzeigefensters des Browsers, während Sie der Tabelle aber nur 80% eingeräumt haben, so wird die Tabelle auch nur diese 80% beanspruchen. Gleiches gilt für die Zeilenhöhen und die Gesamthöhe einer Tabelle.

6.6   Den Zellinhalt ausrichten

Bisher haben die Inhalte in unseren Tabellen optisch noch nicht viel hergegeben. Wenn Sie sich Tabellen in Büchern oder Zeitschriften ansehen, sehen die Ergebnisse dort irgendwie professioneller aus. Test erscheint zentriert, Währungsangaben hingegen schließen mit dem rechten Spaltenrand ab. Auf solche Gestaltungsmöglichkeiten brauchen Sie auch in Ihren HTML-Dokumenten nicht zu verzichten.

Sie können den Inhalt von *Kopfzellen*, die Sie mit *<TH>* formatiert haben, auf verschiedene Art und Weise ausrichten. Normalerweise wird der Text einer Kopfzelle zentriert. Durch das Attribut *ALIGN=* kann dies aber geändert werden. Das Attribut kann die folgenden Werte annehmen:

- ➤ LEFT
  Der Text schließt dann mit dem linken Rand der Zelle ab.

- ➤ RIGHT
  Der Zellinhalt erscheint rechtsbündig.

Auch der Inhalt von *Datenzellen*, die durch *<TD>* kenntlich gemacht werden, kann ausgerichtet werden. Ihr Inhalt wird meist linksbündig präsentiert. Auch dem Tag für Datenzellen kann das Attribut *ALIGN=* zugewiesen werden. Dieses darf folgende Werte annehmen:

- ➤ CENTER
  Der Inhalt der Zellen wird zentriert.

- ➤ RIGHT
  Die Daten werden am rechten Spaltenrand ausgerichtet.

```
<!DOCTYPE HTML PUBLIC "-//IETF//DTD HTML//EN//3.2">
<HTML>
<BODY>
<TABLE BORDER WIDTH=80%>
<TR>
<TH>Jahr
<TH>Produkt
<TH>Umsatz
</TR>
<TR>
<TD ALIGN=CENTER>1994
<TD>Turnschuhe
<TD ALIGN=RIGHT>143.456 DM
</TR>
<TR>
<TD ALIGN=CENTER>1994
<TD>Schn&uuml;rschuhe
<TD ALIGN=RIGHT>44.854 DM
</TR>
</TABLE>
</BODY>
</HTML>
```

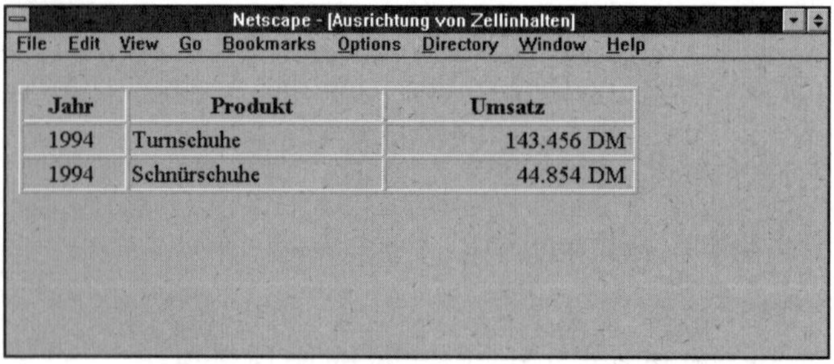

Jahr	Produkt	Umsatz
1994	Turnschuhe	143.456 DM
1994	Schnürschuhe	44.854 DM

Abb. 6.8: Das Ausrichten von Zellinhalten

Bisher hat sich dieses Kapitel mit der Ausrichtung von Zellinhalten in der Horizontalen beschäftigt. Die Daten lassen sich in den Zellen aber auch in der Vertikalen ausrichten.

Die Inhalte in einer Kopfzelle oder Datenzelle werden normalerweise *vertikal mittig* angeordnet. Manchmal möchte der Autor aber eine andere Ausrichtung erreichen. Sie können dies durch das Attribut *VALIGN=* erreichen. Auch dieses Attribut wird in den Tag für eine Datenzelle *<TD>* oder Kopfzelle *<TH>* eingefügt. Die möglichen Werte für das Attribut sind:

➤ TOP
   Damit wird der Text zum oberen Rand einer Zelle hin ausgerichtet.

➤ BOTTOM
   Der Zellinhalt wird am unteren Rand der Zelle ausgerichtet.

Verändern Sie Ihr Listing einmal entsprechend:

Beispiel

```
<!DOCTYPE HTML PUBLIC "-//IETF//DTD HTML//EN//3.2">
<HTML>
<BODY>
<TABLE BORDER WIDTH=80%>
<TR>
   <TH VALIGN HEIGHT=130=TOP>Jahr
   <TH>Produkt
<TH VALIGN=BOTTOM>Umsatz
</TR>
<TR>
<TD VALIGN=BUTTOM HEIGHT=120>1994
<TD>Turnschuhe
   <TD VALIGN=TOP>143.456 DM
</TR>
<TR>
```

```
<TD VALIGN=BUTTOM HEIGHT=90>1994
<TD>Schn&uuml;rschuhe
<TD VALIGN=TOP>44.854 DM
</TR>
</TABLE>
</BODY>
</HTML>
```

Sie haben ja recht. Die Tabelle in Abbildung 6.9 sieht eigenartig aus. Allerdings können Sie auf Ihr recht deutlich die unterschiedlichen vertikalen Ausrichtungen studieren, oder?

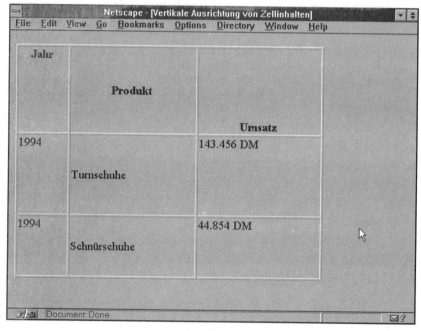

Abb. 6.9: Unterschiedliche vertikale Ausrichtungen von Tabelleninhalten

6.7 Verbinden Sie Zellen

Sie können mehrere Zellen innerhalb einer Zeile oder Spalte miteinander verbinden. Der Inhalt der betreffenden Zellen erstreckt sich dann in einer Zeile über mehrere Spalten bzw. in einer Spalte über mehrere Zeilen.

Wollen Sie die Zellen einer Zeile über mehrere Spalten verbinden, benutzen Sie dazu das Attribut *COLSPAN=*. Es wird in den Tag eingetragen, der eine Kopf- oder Datenzelle einleitet.

Der Wert, den Sie *COLSPAN* zuweisen, nennt die Anzahl der Spalten über die sich die Zelle erstrecken soll.

Beispiel

```
<!DOCTYPE HTML PUBLIC "-//IETF//DTD HTML//EN//3.2">
<HTML>
<BODY>
<TABLE BORDER WIDTH=80%>
<TR>
<TH COLSPAN=2>Ums&auml;tze
<TH>Artikel
</TR>
<TR>
<TD>1994
<TD>1995
<TD>
</TR>
<TR>
<TD>1.567.345 DM
<TD>1.785.143 DM
<TD>Notebooks
</TR>
```

```
<TR>
<TD COLSPAN=2>456.987 DM
<TD>Monitore
</TR>
</TABLE>
</BODY>
</HTML>
```

Wenn Sie sich nicht vertippt haben, sollte die Tabelle aussehen wie in Abbildung 6.10.

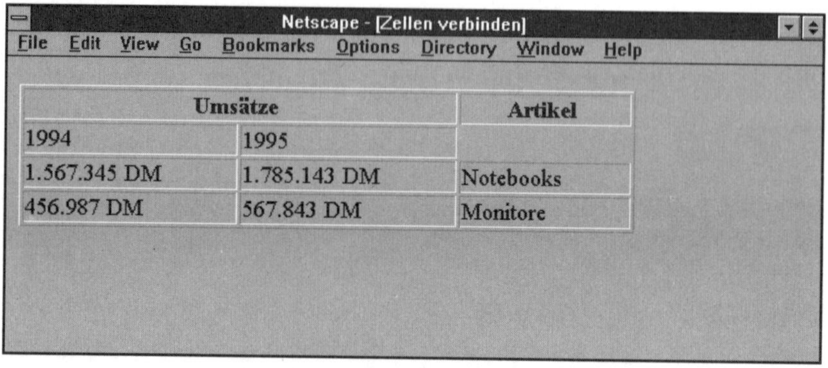

Abb. 6.10: Zellen über mehrere Spalten verbunden

Das Verbinden von Zellen über Spalten hinweg funktioniert natürlich nicht nur bei *Kopfzellen* *<TH>*, sondern auch bei normalen *Datenzellen* *<TD>*.

> **Hinweis** Das Attribut ist allerdings nur dann wirksam, wenn sich in Ihrer Tabelle mehr Spalten befinden, als sie dem Attribut als Wert zuweisen.

Um die Zellen einer Spalte über mehrere Zeilen hinweg zu verbinden, benutzen Sie das Attribut *ROWSPAN=*. Der Wert, dem Sie diesem Attribut zuweisen, benennt die Anzahl der Zeilen, über die sich die Zellen der Spalte erstrecken sollen.

Hinweis Auch die Angabe ROWSPAN ist nur dann wirksam, wenn Ihre Tabelle mindestens so viele Zeilen besitzt, wie Sie angegeben haben.

Beispiel

```
<!DOCTYPE HTML PUBLIC "-//IETF//DTD HTML//EN//3.2">
<HTML>
<BODY>
<TABLE BORDER WIDTH=95% HEIGHT=80%>
<TR>
<TH>
<TH> Lager 1
<TH> Lager 2
<TH> Lager 3
</TR>
<TR>
<TD ROWSPAN=2>1995
<TD>12 Notebooks
<TD>5 Notebooks
<TD>8 Notebooks
</TR>
<TR>
<TD>3 Komplettsysteme
<TD>6 Komplettsystems
<TD>4 Komplettsysteme
</TR>
</TABLE>
</BODY>
</HTML>
```

Sie können nicht nur Datenzellen auf diese Weise zusammenfassen, wie in Abbildung 6.11 gezeigt, sondern auch Kopfzellen.

6.8 Tabellenüberschriften

Eine Tabelle wirkt erst dann richtig professionell, wenn sie über eine Bildüberschrift oder -unterschrift verfügt. Der Netscape Navigator erlaubt bisher nur *Tabellenüberschriften*, während der Internet Explorer sowohl Tabellenüberschriften als auch *Tabellenunterschriften* zulässt.

Eine Tabellenbeschriftung leiten Sie durch den Tag *<CAPTION>* ein und schließen sie mit *</CAPTION>* ab. Dieser Tag wird unmittelbar im Anschluss an den die Tabelle einleitenden Tag *<TABLE>* eingefügt. *<CAPTION>* kann mit dem Attribut *VALIGN=* erweitert werden.

Dieses Attribut kann folgende Werte annehmen:

- TOP
  Damit bestimmen Sie, dass es sich bei dem Text um eine *Tabellenüberschrift* handeln soll.

- BOTTOM
  Damit formatieren Sie eine *Tabellenunterschrift*.

Beispiel

```
<!DOCTYPE HTML PUBLIC "-//IETF//DTD HTML//EN//3.2">
<HTML>
<BODY>
<TABLE BORDER WIDTH=85% HEIGHT=70%>
<CAPTION VALIGN=TOP>Eine kleine Tabelle</CAPTION>
<TR>
<TH>1995
   <TH>1996
</TR>
<TR>
<TD ALIGN=CENTER>76 Artikel
<TD ALIGN=CENTER>123 Artikel
</TR>
```

```
</TABLE>
</BODY>
</HTML>
```

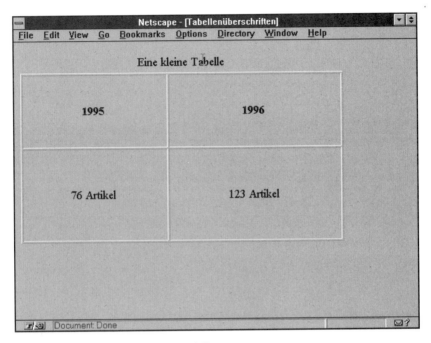

Abb. 6.11: Beispiel für eine Tabellenüberschrift

Die Tabellenüberschriften bzw. -unterschriften können Sie auch noch *horizontal* ausrichten. Der Internet Explorer interpretiert dabei die zusätzliche Angabe *ALIGN=* innerhalb des *<CAPTION>*-Tags.

Mögliche Werte sind:

➤ RIGHT
  Die Überschrift wird rechtsbündig ausgerichtet

➤ CENTER
  Die Tabellenüberschrift wird zentriert.

Geben Sie nichts an, so wird die Überschrift linksbündig angeordnet.

Um in unserem Beispiel die Überschrift rechtsbündig auszurichten, ergänzen Sie als das Listing, wie im folgenden beschrieben:

Beispiel

```
<!DOCTYPE HTML PUBLIC "-//IETF//DTD HTML//EN//3.2">
<HTML>
<BODY>
<TABLE BORDER WIDTH=85% HEIGHT=70%>
<CAPTION VALIGN=TOP ALIGN=RIGHT>Eine kleine Tabelle</
CAPTION>
<TR>
<TH>1995
<TH>1996
</TR>
<TR>
<TD ALIGN=CENTER>76 Artikel
<TD ALIGN=CENTER>123 Artikel
</TR>
</TABLE>
</BODY>
</HTML>
```

Hinweis Die horizontale Ausrichtung von Tabellenüberschriften bzw. -unterschriften wird derzeit nur vom Internet Explorer unterstützt.

6.9 Tabellen als Layout-Element

Vielleicht sind Ihnen nach der Lektüre dieses Kapitels einige gute Ideen für die Verwendung von Tabellen in Ihren Dokumenten gekommen. Professionelle HTML-Programmierer benutzen die Tabellenfunktionen hauptsächlich dazu, mehrspaltigen Satz zu erzielen, den HTML sonst noch nicht anbietet.

Mehrspaltiger Satz lässt sich recht einfach erreichen: Sie erstellen, wie gewohnt, eine Tabelle, die nur eine Zeile umfasst, aber so vielen Datenzellen, wie Sie Textspalten haben wollen. Ihre Tabelle sollte keine Gitternetzlinien enthalten, da sonst der gewünschte Effekt beeinträchtigt wird.

Zwei Tips für die Gestaltung mehrspaltigen Textes mit Hilfe von Tabellen sind wichtig:

➤ Mehr als zwei Spalten sind einfach zu viel. Richten Sie also nur zwei Tabellenspalten ein.

➤ Achten Sie darauf, den Text vertikal oben beginnen zu lassen (mit VALIGN=TOP), sonst kommt es zu möglichweise überraschenden Ergebnissen.

Auf diese Weise lassen sich ganz ansprechende Ergebnisse erzielen, wie Abbildung 6.13 zeigt.

Beispiel

```
<!DOCTYPE HTML PUBLIC "-//IETF//DTD HTML//EN//3.2">
<HTML>
<BODY>
<TABLE>
<CAPTION VALIGN=TOP ALIGN=RIGHT>Ein kleiner Artikel</CAP-
TION>
<TR>
<TD ALIGN=LEFT VALIGN=TOP>
```

```
Hier folgt dann Text der Spalte 1
<TD ALIGN=LEFT VALIGN=TOP>
Hier folgt der Text der Spalte 2
</TR>
</TABLE>
</BODY>
</HTML>
```

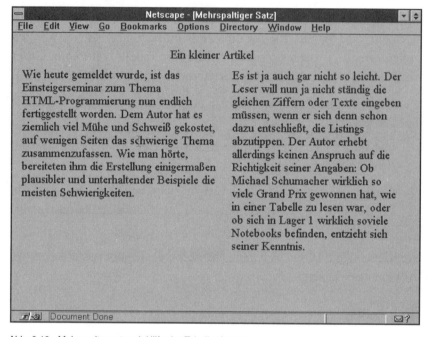

Abb. 6.12: Mehrspaltensatz mit Hilfe der Tabellenfunktion

6.10 Zusammenfassung und Fragen

Zusammenfassung

➤ Eine Tabelle leiten Sie mittels *<TABLE>* ein. Und schließen Sie mit *</TABLE>* ab.

➤ Eine Tabellenzeile wird mit *<TR>* begonnen und mit *</TR>* abgeschlossen.

➤ Es gibt Kopfzellen *<TH>* und Datenzellen *<TD>*.

➤ Sie können die Gesamtbreite und -höhe einer Tabellen bestimmen. Für die Breite tragen Sie das Attribut *WIDTH=* in den Tag *<TABLE>* ein, für die Höhe das Attribut *HEIGHT=*. Die Angaben können in *Prozenten* oder als *absolute Werte* in Pixeln erfolgen.

➤ Sie können eine Tabelle mit einem Rahmen und Gitternetzlinien ausstatten, deren Dicke Sie ebenfalls festlegen können. Für die Rahmenbreite fügen Sie dem Tag *<TABLE>* das Attribut *BORDER* hinzu. Das Attribut für Gitternetzlinien lautet *CELLSPACING*. Beiden wird ein Wert in Pixeln zugewiesen.

➤ Die Zellinhalte lassen sich sowohl vertikal wie horizontal ausrichten. Dem Tag für eine Zelle *<TD>* oder *<TH>* fügen Sie für horziontale Ausrichtung das Attribut *ALIGN* hinzu. Für die vertikale Ausrichtung *VALIGN*.

➤ Sie können mehrere Zeilen einer Spalte zusammenfassen bzw. mehrere Spalten einer Zeile zusammenfassen. Den Tags für eine Zelle werden dazu mit den Attributen *ROWSPAN* bzw. *COLSPAN* versehen.

➤ Ihre Tabellen können eine erläuternde Überschrift bzw. Unterschrift erhalten.

Fragen

1. Woraus bestehen Tabellen?

2. Wie wird eine Tabelle kenntlich gemacht?

3. Wie lauten die Tags für die unterschiedlichen Arten von Zellen?

4. Wie legen Sie die Breite einer Tabelle fest?

5. Wie werden Zellen einer Zeile über mehrere Spalten hinweg verbunden?

6. Wie werden Zellen einer Spalte über mehrere Zeilen hinweg verbunden?

7. Der Inhalt einer Datenzelle soll rechtsbündig ausgerichtet werden. Wie lautet die entsprechende Formatierung?

8. Sie haben Ihrer zweispaltigen Tabelle eine Gesamtbreite von 600 Pixeln zugewiesen. Innerhalb des Tabellenkörpers haben Sie der ersten Spalte 320 Pixel und der zweiten Spalte 300 Pixel als Breite zugewiesen. Wie breit wird nun Ihre Tabelle?

9. Was bewirkt das Attribut *CELLSPACING*? Und wo wird es eingetragen?

10. Was bewirkt das Attribut *CELLPADDING*? Und wo wird es eingetragen?

File   Options   Navigate   Goto   Help

Document URL: book://das.einsteiger.seminar/index.html

Einsteigerseminar HTML

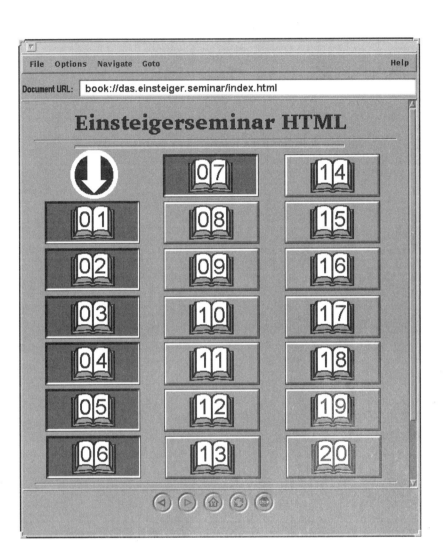

7 Grafiken und Hintergründe

Ein Bild sagt mehr als tausend Worte. Dieser Satz ist zwar mit Sicherheit nicht mehr neu, aber immer noch wahr. Es sind gerade die vielen bunten Grafiken, die die HTML-Seiten im World Wide Web optisch ansprechend erscheinen lassen. Die heute am Markt befindlichen Browser für Windows können eingebundene Grafiken mit dem HTML-Dokument zusammen anzeigen, sofern der Browser das verwendete Format unterstützt. Betrachter für HTML-Dokumente, die im DOS-Text-Modus laufen – ja, die gibt es – benötigen eine externe Bildbetrachtungssoftware. Der Netscape Navigator, Mosaic und der Internet Explorer unterstützen die Formate GIF (Graphics Interchange Format) und JPEG (Joint Photographic Experts Group) mit der Dateiendung JPG. Am besten verwenden Sie also nur Grafiken in diesen Formaten.

7.1 Einfügen einer Grafik

Um eine Grafik in ein HTML-Dokument einzufügen, benutzen Sie den Tag *<IMG SRC>*. Im folgenden Beispiel soll die Grafik mit Namen LOGO.GIF eingefügt werden:

Beispiel

```
<!DOCTYPE HTML PUBLIC "-//IETF//DTD HTML//EN//3.2">
<HTML>
<BODY>
<H4>Einf&uuml;gen einer Grafik</H4>
Das folgende Bild zeigt ein Logo:<P>
<IMG SRC="LOGO.GIF">
</BODY>
</HTML>
```

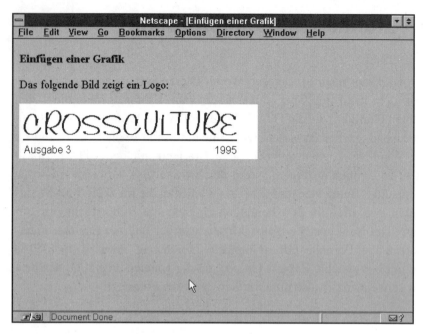

Abb. 7.1: Unsere erste eingefügte Grafik

Wie Sie sehen, muss der *Name* der einzufügenden Grafik in *Anführungszeichen* gleich nach dem Element *<IMG SRC=>* stehen. Sofern sich die Grafik im gleichen Verzeichnis befindet, in dem auch das HTML-Dokument abgespeichert ist, reicht die Angabe des Dateinamens bereits aus. Anders gehen Sie vor, wenn sich die Grafik in einem anderen Verzeichnis befindet.

In einem solchen Fall müssen Sie den dazugehörigen *relativen* oder *absoluten Pfadnamen* angeben. Uns sind diese beiden Begriffe bereits im Kapitel über Hypertexte begegnet. Zur Erinnerung die Besonderheiten:

➤ Verzeichnisse werden mit einem normalen Schrägstrich / markiert, nicht mit einem Backslash, wie Sie es von Ihrem heimischen DOS-PC vielleicht gewohnt sind. Dies gilt auch für den Fall, dass es sich bei dem Rechner, auf dem die HTML-Dokumente gespeichert sind, um einen DOS-Rechner handelt.

➤ Der Pfadname muss zusammen mit dem Dateinamen in Anführungsstriche eingeschlossen sein.

➤ Sofern Sie eine Grafikdatei anzeigen wollen, die sich auf einem anderen Rechner befindet oder auf einem anderen Laufwerk Ihres lokalen Rechners, muss die *Grafikreferenz* erweitert werden:

➤ Es muss der *Protokolltyp* angegeben werden. Bei einem Verweis auf einen DOS-PC ist dies der Ausdruck *FILE://*, bei einem Verweis auf einen Server des World Wide Web ist es *HTTP://*.

➤ Es folgt der Name des lokalen Rechners. Bei Ihrem PC ist dies *LOCALHOST*.

➤ Dann wird der absolute Pfadname angegeben.

➤ Schließlich der Name der Grafikdatei.

Im folgenden Beispiel soll die Datei *TITEL.GIF*, die sich im Verzeichnis *E:\BOX\GIFS* befindet, in ein HTML-Dokument eingebunden werden:

Beispiel

```
<!DOCTYPE HTML PUBLIC "-//IETF//DTD HTML//EN//3.2">
<HTML>
<BODY>
Hier sehen Sie ein altes Titelblatt aus meiner Samm-
lung:<P>
<IMG SRC="FILE://LOCALHOST/E:/BOX/GIFS/TITEL.GIF">
</BODY>
</HTML>
```

Obwohl Grafikdatei und HTML-Dokument weit voneinander entfernt gespeichert wurden, werden sie aufgrund des Gebrauchs absoluter Dateinamen zusammen angezeigt, wie Sie in Abbildung 7.2 sehen können.

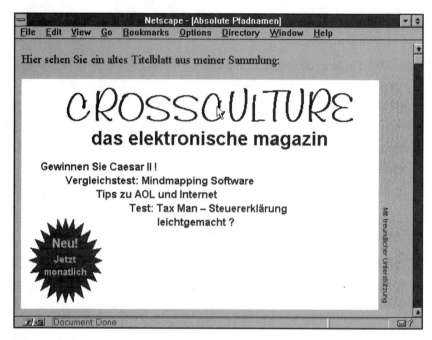

Abb. 7.2: Grafikdatei und HTML-Dokument stehen in unterschiedlichen Pfaden

Aus vielerlei Gründen kann es geschehen, dass die Leser Ihres Dokuments, sofern Sie es im Internet publizieren, Ihre eingefügten Bilder nicht sehen können. Zum Beispiel schalten viele Nutzer die Grafikfunktion des Browsers ab, um einen schnelleren Seitenaufbau zu erhalten. Sie können für einen solchen Fall einen *Text* festlegen, der *alternativ* zur Grafik angezeigt wird. Diesen Text fügen Sie der Grafikreferenz hinzu. Diese Textalternative wird durch das Kommando *ALT=* festgelegt, dem in Anführungszeichen der eigentliche Text folgt.

Beispiel

```
<!DOCTYPE HTML PUBLIC "-//IETF//DTD HTML//EN//3.2">
<HTML>
<BODY>
Bewundern Sie unser neuestes Titelblatt!<P>
```

```
<IMG SRC="FILE://LOCALHOST/E:/BOX/GIFS/TITEL2.GIF"
ALT="Schade, hier war unser Titelbild zu sehen">
</BODY>
</HTML>
```

Abbildung 7.3 zeigt ein Beispiel für eine solche Alternativ-Beschriftung.

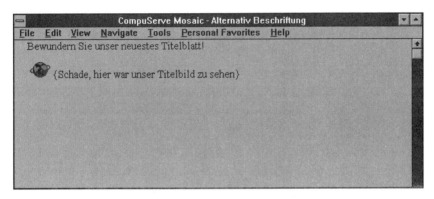

Abb. 7.3: Für den Fall, dass eine Grafik mal nicht geladen wird, fügen Sie eine Beschriftung ein.

7.2 Transparente Grafiken

Ihre bisher eingefügten Bilder haben eines gemeinsam (neben der Tatsache, dass Sie sie vielleicht für langweilig halten): Sie heben sich deutlich vom Hintergrund des Anzeigefensters ab und wirken dadurch wie aufgesetzt. Dieser unschöne Effekt kann umgangen werden, wenn die Bilder mit einem *transparenten Hintergrund* versehen werden. Um ein Bild mit einem transparenten Hintergrund auszustatten, muss die Grafik im sogenannten GIF89a-Format gespeichert sein. Mehrere Grafikprogramme können Bilder auf diese Art und Weise bearbeiten und abspeichern, zum Beispiel das in der Shareware-Szene sehr bekannte *Paint Shop Pro*. In Abbildung 7.4 sehen Sie eine bereits verwendete Grafik, die auf diese Weise bearbeitet wurde.

Abb. 7.4: Mit transparenten Hintergrund sieht die Grafik professioneller aus

Eine Grafik, die später einmal transparent erscheinen soll, muss von Anfang an auf diesen Zweck hin konzipiert werden. Ein Bild, dessen Motiv sich zum Teil aus der Farbe aufbaut, die später als transparenter Hintergrund vorgesehen ist, würde nicht richtig dargestellt. Genauso verhält es sich, wenn in der Grafik Farbverläufe verwendet werden, da meistens die transparente Farbe daran beteiligt ist.

7.3 Grafiken mit Rahmen

Wenn Sie dies wünschen, können Sie den Browser anweisen, um eine Grafik einen Rahmen zu zeichnen. Dazu fügen Sie der Grafikreferenz das Attribut *BORDER=* hinzu. Diesem Attribut weisen Sie einen Wert in Pixel zu, der die *Rahmenbreite* bestimmt. Die Abbildung 7.5 verwendet das bereits in Abbildung 7.1 gezeigte Logo, nur diesmal mit einem Rahmen.

```
<!DOCTYPE HTML PUBLIC "-//IETF//DTD HTML//EN//3.2">
<HTML>
<BODY>
Hier sehen das altbekannte Logo:<P>
<IMG SRC="LOGO.GIF" BORDER=5>
</BODY>
</HTML>
```

Abb. 7.5: Beispiel für einen Rahmen um eine Grafik

7.4 Grafikbeschriftungen

Kaum eine Grafik kommt ohne eine kurze erläuternde Bildunterschrift aus. Auch in HTML können Sie Ihre Grafiken auf diese Weise aufwerten. Dazu fügen Sie der Grafikreferenz das Attribut *ALIGN=* hinzu. Dies bewirkt, dass der auf die Referenz folgende Absatz als Bilderläuterung interpretiert wird. Mit dem Wert, den Sie Align zuweisen, bestimmen Sie, an welcher Position der Text ausgerichtet wird.

Die erlaubten Werte sind:

➤ TOP

Der Text beginnt obenbündig zur Grafik rechts neben der Grafik.

➤ MIDDLE

Der Text beginnt mittig rechts neben der Grafik

➤ BOTTOM

Der Text beginnt untenbündig rechts neben der Grafik.

Beispiel

```
<!DOCTYPE HTML PUBLIC "-//IETF//DTD HTML//EN//3.2">
<HTML>
<BODY>
<IMG SRC="file://LOCALHOST/d:/hotdog/graffi_3.gif"
ALIGN=TOP>
Dies ist eine Beschriftung<P>
Hier geht es weiter im normalen Text.
</BODY>
</HTML>
```

Nur der unmittelbar auf die Grafik folgende Absatz wird als Grafikbeschriftung verwendet.

Netscape hat auch diesen Tag um einige Funktionen erweitert. Diese zusätzlichen Möglichkeiten wurden bei Niederschrift des Manuskripts nur vom Netscape Navigator richtig interpretiert. Folgende zusätzliche Ausrichtungen können Sie verwenden:

➤ TEXTTOP

Die Beschriftung wird mit der Schriftoberkante oben bündig an der Grafik ausgerichtet.

➤ ABSMIDDLE

Der Beschriftungstext wird absolut mittig zur Grafik ausgerichtet.

➤ ABSBOTTOM

Der Text schließt bündig unten mit der Grafik ab.

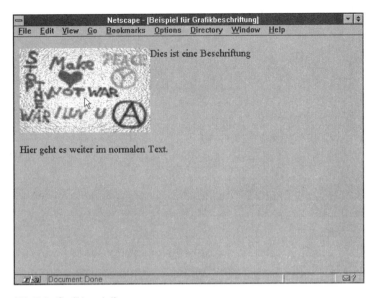

Abb. 7.6: Grafikbeschriftung

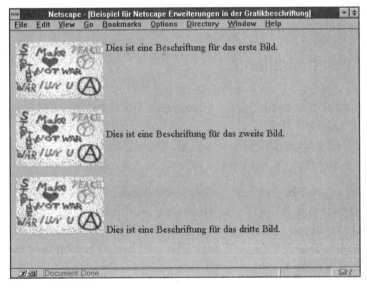

Abb. 7.7: Übersicht der durch Netscape erweiterten Beschriftungsmöglichkeiten

---

Grafiken und Hintergründe

Der Quellcode für das HTML-Dokument in Abbildung 7.7:

Beispiel

```
<!DOCTYPE HTML PUBLIC "-//IETF//DTD HTML//EN//3.2">
<HTML>
<BODY>
<IMG SRC="file://LOCALHOST/d:/hotdog/graffi_4.gif"
ALIGN=TEXTTOP> Dies ist eine Beschriftung f&uuml;r das er-
ste Bild.<P>
<IMG SRC="file://LOCALHOST/d:/hotdog/graffi_4.gif"
ALIGN=ABSMIDDLE> Dies ist eine Beschriftung f&uuml;r das
zweite Bild.<P>
<IMG SRC="file://LOCALHOST/d:/hotdog/graffi_4.gif"
ALIGN=ABSBOTTOM> Dies ist eine Beschriftung f&uuml;r das
dritte Bild.<P>
</BODY>
</HTML>
```

7.5   Grafiken skalieren

Netscape und der Internet Explorer erlauben es, die Größe der verwendeten Grafik zu manipulieren. Dazu fügen Sie dem <IMG>-Tag die Attribute WIDTH= oder HEIGHT= hinzu. Sie können auch beide verwenden. Diesen Atributen werden Werte in Pixeln zugewiesen.

Nehmen wir an, Sie haben eine Grafik eingebunden, deren Originalgröße eine Breite von 100 und eine Höhe von 80 Pixeln hat. Legen Sie den Wert für Width mit 200 und den für Height mit 160 fest, so wird die Grafik insgesamt zweimal so groß angezeigt, wie Sie eigentlich ist. Dadurch lassen sich recht interessante Effekte erzielen.

```
<!DOCTYPE HTML PUBLIC "-//IETF//DTD HTML//EN//3.2">
<HTML>
<BODY>
<IMG SRC="AUTO.GIF" WIDTH=200 HEIGHT=170>
Hier sehen Sie eine Vergr&ouml;&szlig;erung meines Wa-
gens.<P>
</BODY>
</HTML>
```

7.6 Grafiken als Hypertextlinks

Grafiken können als Sprungmarken für Links dienen, wie Sie sie in Kapitel 3 kennengelernt haben. Dazu werden der *Anchor-Tag* und die Grafikreferenz miteinander kombiniert.

```
<!DOCTYPE HTML PUBLIC "-//IETF//DTD HTML//EN//3.2">
<HTML>
<BODY>
<A HREF="SONSTWAS.HTM">
<IMG SRC="FILE://LOCALHOST/D:/HOTDOG/GRAFFI_4.GIF">
</A>
</BODY>
</HTML>
```

Der Browser wird in der Regel eine Grafik, die als Hypertext-Link dienen soll, mit einem Rahmen versehen. Wollen Sie dies nicht, so setzen Sie innerhalb der Grafikreferenz den Wert für das Attribut *Border=* bitte auf Null.

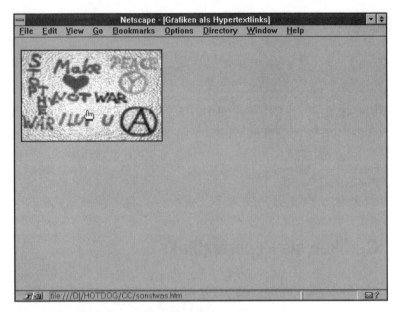

Abb. 7.8: Eine Grafik als Hypertext-Link

Die obige Referenz würde sich also wie folgt ändern:

```
<IMG SRC="FILE://LOCALHOST/D:/HOTDOG/GRAFFI_4.GIF" BOR-
DER=0>
```

Wenn Sie regelmäßig durch das World Wide Web surfen, werden Sie so-genannte *Maps* kennen. Eine einzige Grafik dient als Verweis auf eine Reihe von Dokumenten.

Eine solche Map wird dadurch erstellt, dass Sie der Grafikreferenz das Attribut *ISMAP* hinzufügen.

Beispiel

```
<!DOCTYPE HTML PUBLIC "-//IETF//DTD HTML//EN//3.2">
<HTML>
<BODY>
```

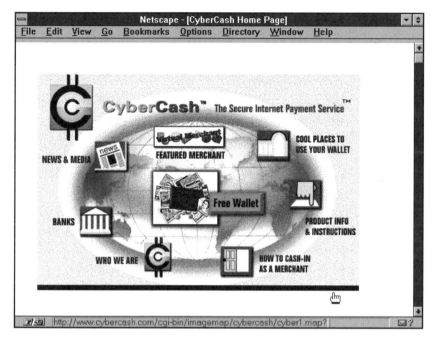

Abb. 7.9: Eine einzige Grafik mit Verweisen auf eine Reihe von Dokumenten

```
<IMG SRC="WELCOME.GIF" ISMAP>
</BODY>
</HTML>
```

Damit der Leser Ihres Dokuments die verschiedenen Links, die sich hinter einer solchen Map verbergen, nutzen kann, muss Ihr Dokument auf einem World Wide Web-Server gespeichert sein; und darüber hinaus muss ein sogenanntes CGI-Skript installiert sein, dass die jeweilige Cursor-Position auf Seiten des Lesers abfragt. CGI steht dabei für *Common Gateway Interface*. Ein CGI-Skript ist ein ausführbares Programm, das zum Beispiel die Weiterverarbeitung von HTML-Formularen ermöglicht. Diese Skripte können in einer Reihe von Programmiersprachen erstellt werden, etwa mit *C++* oder mit dem im Internet beliebten *Perl*. Kaum jemand von Ihnen wird wohl einen Internet-Server zuhause haben. Dennoch brauchen Sie auf Maps nicht verzichten. Im folgenden

Abschnitt werden Sie zwei Tricks kennenlernen, um eine Map auf anderem Weg in Ihre HTML-Seiten einzufügen.

Für die erste Möglichkeit erstellen Sie zunächst eine Grafik, die Sie mit einem Bildverarbeitungsprogramm in mehrere Abschnitte aufteilen. Dazu können Sie zum Beispiel CorelDRAW! oder auch Paintshop Pro verwenden. Jeden der erzeugten Abschnitte speichern Sie als eine separate Grafik ab, zum Beispiel als MAP1.GIF bis MAP3.GIF. Um nun eine Grafik zu erzeugen, die sich äußerlich nicht von einer »richtigen« Map unterscheidet, verwenden Sie eine Tabelle als Hilfsmittel. Die einzelnen Grafiken werden später in jeweils einer Zelle der Tabelle eingetragen. Deshalb ist es wichtig, dass Sie die Werte für Cellspacing und Cellpadding auf Null setzen. Andernfalls würden sich zwischen den einzelnen Bestandteilen des Gesamtbildes störende Leerräume befinden, was den beabsichtigten Effekt wieder zunichte machen würde.

In jeder der Tabellenzellen tragen Sie nun den Hypertextlink, auf den ein Teil Ihrer »Map« verweisen soll, zusammen mit seiner Grafikreferenz in der richtigen Reihenfolge ein. Also steht der ganz linke Teil Ihrer »zerschnittenen« Grafik als erste Zelle, der mittlere als zweite Zelle, usw. Damit nun die Grafik auch wieder richtig zusammengesetzt wird, müssen Sie als Zellenbreite für jede Zelle genau die Breite in Pixeln des jeweiligen Bildes einfügen. Diesen Wert erfahren Sie zum Beispiel in Paint Shop Pro, wenn Sie sich das Fenster für *Image Information* anzeigen lassen. Achten Sie bitte darauf, dass Sie die Grafik ohne einen Rahmen einfügen, also dem Attribut *Border=* den Wert 0 zuweisen. Schauen Sie sich einmal das folgende Listing an:

Beispiel

```
<!DOCTYPE HTML PUBLIC "-//IETF//DTD HTML//EN//3.2">
<HTML>
<BODY>
<TABLE BORDER=0 CELLSPACING=0 CELLPADDING=0>
<TR>
```

```
<TD WIDTH=114>
<A HREF="SONSTWAS.HTM">
<IMG SRC="FILE://LOCALHOST/D:/HOTDOG/MAP1.GIF" BOR-
DER=0></A>
<TD WIDTH=118>
<A HREF="LESEN.HTM"><IMG
SRC="FILE://LOCALHOST/D:/HOTDOG/MAP2.GIF" BORDER=0></A>
<TD WIDHT=114>
<A HREF="SPIELE.HTM"><IMG
SRC="FILE://LOCALHOST/D:/HOTDOG/MAP3.GIF" BORDER=0></A>
</TR>
</TABLE>
</BODY>
</HTML>
```

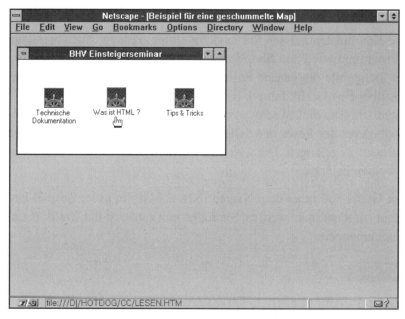

Abb. 7.10: Kein optischer Unterschied zu einer Map ist festzustellen: Die mit Hilfe der
Tabellenfunktion »erschummelte« Map

Das Ergebnis sieht doch recht ansprechend aus, oder?

Der Netscape Navigator und der Internet Explorer bieten noch eine andere Möglichkeit an, zu einer Map zu kommen. Beide Produkte unterstützen sogenannte *Client-Side Image Maps*. Wie es der Name bereits vermuten lässt, handelt es sich dabei um vollwertige Image Maps, die unabhängig von der verwendeten Server Software oder CGI-Skripts sind.

Die Erstellung einer solchen Map ist denkbar einfach:

Dazu verwenden Sie das neue Attribut *USEMAP* innerhalb der Grafikreferenz, sowie den neuen Tag *<MAP>...</MAP>* innerhalb des Dokuments. Mittels dieses Tags legen Sie eine Definition für eine Map an. In dieser Definition wird festgelegt, welche Koordinaten einer Grafik sensitiv sind, das heißt: welche Koordinaten als Verweis auf ein anderes Dokument dienen sollen und wie die Namen dieser Dokumente lauten.

Diese Koordinaten müssen Sie zunächst einmal kennen. Auch hier kann ein Programm wie Paint Shop Pro weiterhelfen, denn es zeigt Ihnen in einer Statuszeile die genaue Position des Cursors an, wenn Sie mit der Maus über eine Grafik fahren. In Abbildung 7.11 wurde dieser Vorgang verdeutlicht. Die dicken schwarzen Rahmen markieren die Bereiche, innerhalb derer der Leser der Seite klicken kann, um zu einem anderen Dokument zu gelangen. Die jeweilige Position des Cursors sehen Sie in den weißen Feldern.

Diese Grafik soll unter dem Namen INHALT.GIF in unser Bespiel-Dokument aufgenommen werden. Sie fügen nun zunächst die Grafik in unser Dokument ein:

Beispiel

```
<!DOCTYPE HTML PUBLIC "-//IETF//DTD HTML//EN//3.2">
<HTML>
<BODY>
```

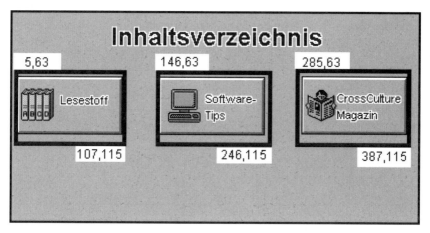

Abb. 7.11: Ermittlung der Cursor-Position für eine Map

```
<IMG SRC="INHALT.GIF" USEMAP="#BEISPIELMAP" BORDER=0>
</BODY>
</HTML>
```

Wie Sie sehen, unterscheidet sich die Definition einer Grafik als Map nur unwesentlich von einer gewöhnlichen Grafikreferenz. Sie müssen dem zusätzlichen Attribut *USEMAP=* nur den Namen Ihrer Map-Definition mit einem vorangestellten Doppelkreuz hinzufügen.

Nun müssen Sie diese Map definieren. Dazu verwenden Sie das Paar *<MAP>...</MAP>*. Dem einleitenden Tag wird als Attribut der Name der zu verwendeten Map in Anführungszeichen hinzugefügt. Die Definition für diese Map erhält für unser Beispiel den Namen *BEISPIELMAP*. Jeder einzelne Bereich der Karte soll ein anderes HTML-Dokument aufrufen. Sie sind natürlich nicht auf Links zu Dokumenten festgelegt. Selbstverständlich lassen sich auch alle anderen Verweise verwenden, die Sie bereits kennengelernt haben. Unsere Definition sähe also zum Beispiel so aus:

Beispiel

```
<!DOCTYPE HTML PUBLIC "-//IETF//DTD HTML//EN//3.2">
<HTML>
<BODY>
<MAP NAME="BEISPIELMAP">
<AREA SHAPE="RECT" COORDS="5,63,107,115" HREF="SONST-
WAS.HTM">
<AREA SHAPE="RECT" COORDS="146,63,246,115" HREF="NOCH-
WAS.HTM">
<AREA SHAPE="RECT" COORDS="285,63,387,115" HREF="ET-
WAS.HTM">
</MAP>
</BODY>
</HTML>
```

Wie Sie unschwer erkennen können geben Sie für jeden einzelnen anklickbaren Bereich an:

➤ Die Form des Bereiches mittels AREA SHAPE. Diesem Tag können Sie verschiedene Werte – in Anführungszeichen eingeschlossen – zuweisen. In unserem Falle handelt es sich um ein Rechteck (engl. Rectangle).

➤ Die Koordinaten durch das Attribut *COORDS*. Die einzelnen Koordinaten werden nur durch Kommata voneinander getrennt.

➤ Schließlich der Verweis auf das entsprechende andere Dokument mittels des bereits bekannten *HREF*.

Der gesamte Quelltext für das Dokument aus Abbildung 7.12 lautet:

Beispiel

```
<!DOCTYPE HTML PUBLIC "-//IETF//DTD HTML//EN//3.2">
<HTML>
<BODY>
```

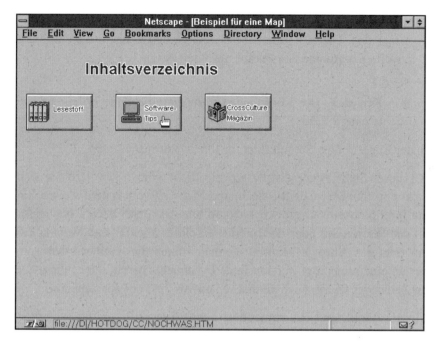

Abb. 7.12: Unsere Beispiel-Map

```
<IMG SRC="INHALT.GIF" USEMAP="#BEISPIELMAP" BORDER=0>
<MAP NAME="BEISPIELMAP">
<AREA SHAPE="RECT" COORDS="5,63,107,115" HREF="SONST-
WAS.HTM">
<AREA SHAPE="RECT" COORDS="146,63,246,115" HREF="NOCH-
WAS.HTM">
<AREA SHAPE="RECT" COORDS="285,63,387,115" HREF="ET-
WAS.HTM">
</MAP>
```

Netscape hat für *Area Shape* mehrere mögliche Werte vorgeschlagen:

-➤ POLY

Dies steht für Polygon, also einem unregelmäßigen Vieleck. Die Koordinaten müssen dabei jeweils die Eckpunkt der Figur benennen.

- CIRCLE

  Ein Kreis. Die Koordinaten bezeichnen den Kreismittelpunkt. Die zweite Koordinate den Radius des Kreises.

- RECT

  Ein Rechteck. Die Koordinaten bezeichen die linke obere und die rechte untere Ecke.

In der Regel sollten Sie mit *Rect* für Ihre Maps auskommen.

An dieser Stelle nochmals der ausdrückliche Hinweis: Sofern Sie sich dazu entschließen, Client-Side Image Maps zu verwenden, weisen Sie auf Ihrer Startseite ausdrücklich darauf hin, dass der Netscape Navigator ab der Version 2.0 oder der Internet Explorer ebenfalls ab Version 2.0 zur richtigen Anzeige benötigt werden. Halten Sie darüber hinaus am besten eine reine Text-Version Ihres Dokuments bereit, oder führen Sie die Links der Grafik noch einmal separat als Text auf der Seite auf.

Mosaic, ein in den USA immer noch sehr beliebtes Programm, verarbeitet zum Beispiel diese besonderen Maps nicht.

7.7 Hintergrundgrafiken

Zu den wohl beliebtesten Erweiterungen, die Netscape HTML hinzugefügt hat, gehören grafische Seitenhintergründe. Das triste Einerlei einfarbiger Hintergründe des Browserfensters gehört damit der Vergangenheit an.

Das Hintergrundbild wird über das ganze Anzeigefenster hinweg wiederholt. Sofern Sie Microsoft Windows verwenden, kennen Sie diesen Effekt. Sie können dort ebenfalls eine Grafik als Hintergrundbild verwenden, die dann als *Kachel* verwendet wird.

Eine Grafik, die Sie zum Hintergrundbild bestimmen, gilt für das gesamte HTML-Dokument, in dem sie bestimmt wurde. Möchten Sie, dass alle Ihre Seiten den gleichen Hintergrund verwenden, etwa zur Einbindung eines Firmenlogos, müssen Sie die Grafik in jeder einzelnen HTML-Datei erneut festlegen.

Eine Hintergrundgrafik bestimmen Sie innerhalb des Tags *<BODY>*. Um etwa die Grafik HINTER.GIF als Hintergrundbild zu bestimmen, geben Sie ein:

```
<BODY BACKGROUND="HINTER.GIF">
```

Sofern sich die Grafik in einem anderen Verzeichnis befindet – oder gar auf einem anderen Laufwerk – geben Sie bitte den relativen bzw. absoluten Pfadnamen an, wie Sie es bereits in diesem Kapitel gesehen haben.

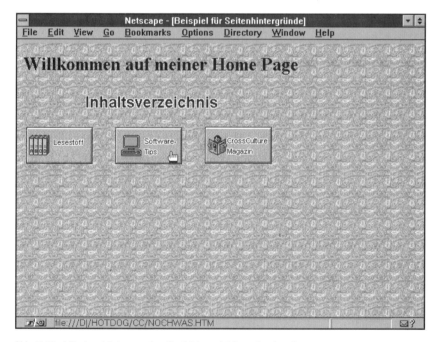

Abb. 7.13. Mit einer Hintergrundgrafik sieht es gleich professioneller aus.

Tip
Machen Sie dem Leser das Leben nicht unnötig schwer. Benutzen Sie sehr helle Grafiken, vor deren Hintergrund sich der Fließtext immer noch gut abhebt. Haben Sie den Eindruck, das Bild sei zu dunkel, vergrößern Sie die Werte für die Helligkeit und verringern Sie den Kontrast. Derartige Manipulation beherrschen zum Beispiel Corel Photopaint oder Paint Shop Pro.

Lange Übertragungszeiten sind lästig. Verwenden Sie eine möglichst kleine Datei für den Hintergrund. Vielleicht reicht schon ein 1 x 1 cm großer Ausschnitt aus einer größeren Grafik?

7.8 Neuerungen seit HTML 3.0

Für HTML 3.2 wurden eine Reihe von Neuerungen vorgeschlagen, die an dieser Stelle ebenfalls behandelt werden sollen. Allerdings wurden diese bei der Niederschrift des Manuskripts noch von keinem Browser unterstützt. Dennoch seien sie der Vollständigkeit halber erwähnt.

Grafiken einfügen in HTML 3.2

Für HTML 3.2 ist ein neuer Tag vorgeschlagen worden, der leistungsfähiger ist als *<IMG>*, nämlich *<FIG>* Die Verwendung entspricht dem bereits vorgestellte IMG.

Beispiel

```
<!DOCTYPE HTML PUBLIC "-//IETF//DTD HTML//EN//3.2">
<HTML>
<BODY>
```

```
<FIG SRC="AUTO.GIF">
Dies ist eine Abbildung meines neuen Wagens.<P>
</FIG>
</BODY>
</HTML>
```

Es wird Ihnen aufgefallen sein, dass es sich bei FIG nicht um einen Tag handelt, der alleine steht, sondern um ein Elemente-Paar. Sie müssen also ein abschließendes *</FIG>* eingeben. Innerhalb des von den beiden Elementen eingeschlossenen Bereiches können beliebige andere Elemente stehen, also zum Beispiel Fließtext oder auch Überschriften. Dieser Text wird dann so ausgerichtet werden, dass er die Grafik umfließt.

Grafiken ausrichten in HTML 3.2

Mit Hilfe des *<FIG>*-Tag erhalten Autoren von HTML-Dokumenten einige leistungsfähige Möglichkeiten, eine Grafik auszurichten. Die Ausrichtung wird bestimmt durch das bereits vorgestellte Attribut *ALIGN=*. Folgende Werte können ALIGN zugewiesen werden:

- LEFT
  Die Grafik wird am linken Textrand ausgerichtet.

- RIGHT
  Richtet die Grafik am rechten Textrand aus.

- CENTER
  Zentriert eine Grafik.

- BLEEDLEFT
  Die Abbildung wird am linken Fensterrand ausgerichtet. Dieses zusätzliche Attribut ist nötig, weil HTML 3.0 die Einrückung von Absätzen erlauben soll.

- BLEEDRIGHT
  Die Grafik wird am rechten Fensterrand ausgerichtet.

Grafiken beschriften in HTML 3.2

Grafiken, die mit dem *<FIG>*-Tag eingefügt wurden, können mit einer erläuternden Beschriftung versehen werden. Innerhalb des Elemente-Paares *<FIG>* und *</FIG>* können stehen:

➤ <CAPTION>...</CAPTION>
   Es handelt sich hier um eine logische Textauszeichnung. Der Browser des Lesers bestimmt also letztendlich das Erscheinungsbild der Angaben, die Sie hier machen. *<CAPTION>* formatiert eine *Bildüberschrift*.

➤ <CREDIT>...</CREDIT>
   Dieses Paar schließt zusätzliche Bildangaben ein. Zum Beispiel könnten Sie hier einen Copyrightvermerk einfügen.

Beispiel

```
<!DOCTYPE HTML PUBLIC "-//IETF//DTD HTML//EN//3.2">
<HTML>
<BODY>
<FIG SRC="MOUNT.GIF" ALIGN=BLEEDLEFT>
<CAPTION>Das Himalaya-Gebirge</CAPTION>
<CREDIT>Foto mit freundlicher Genehmigung von National
Geographic</CREDIT>
</FIG>
</BODY>
</HTML>
```

Grafiken skalieren in HTML 3.2

Die von Netscape eingeführte Erweiterung, Grafiken in der Größe verändern zu können, wurde in HTML 3.2 übernommen. Auch der *<FIG>*-Tag kennt die Attribute *WIDTH=* und *HEIGHT=*, denen Werte in Pixeln zugewiesen werden können.

Die beiden Attribute werden in den einleitenden Tag eingetragen:

Beispiel

```
<!DOCTYPE HTML PUBLIC "-//IETF//DTD HTML//EN//3.2">
<HTML>
<BODY>
<FIG SRC="AUTO.GIF" WIDTH=200 HEIGHT=180>
<CAPTION>Hier sehen Sie mein Auto</CAPTION>
</FIG>
</BODY>
</HTML>
```

7.9 Eine Frage des Formats

Welches Grafikformat sollten Sie für Ihre HTML-Seiten benutzen? Welche Vorteile und Nachteile haben die Formate? In diesem Abschnitt geht es ganz allgemein um den Umgang mit den Grafiken.

Die Standard-Formate BMP und TIFF kennen Sie sicherlich. Als diese geschaffen wurden, hat niemand daran gedacht, dass Grafik-Dateien einmal über Tausende von Kilometern hinweg über Telefonleitungen transportiert werden müssen. Diese Formate beanspruchen eine Menge an Speicherplatz, der lange Datenübertragungszeiten erfordert. Es wurde an Wegen gearbeitet, um die Größe von Grafiken zu reduzieren.

Ein möglicher Weg ist die *Datenkompression* Ein solches Kompressionsverfahren lässt sich am besten anhand einer Textdatei erklären. Nehmen wir an, in einer Zeile stehen vier Worte mit einem doppelten S. Anstelle nun insgesamt acht Mal den Buchstaben S zu speichern, notiert das Kompressionsprogramm nur ein Kürzel wie 8 X S. Es werden also nur drei Zeichen anstatt acht gespeichert. Dadurch lässt sich die Größe einer Datei effektiv verkleinern.

Eine großen Schritt in Richtung der Größenreduzierung bedeutete die Einführung von anderen Verfahren, die im wörtlichen Sinne Daten vernichten, anstatt Sie zu komprimieren. Die meisten von Ihnen schränken die Farbvielfalt eines Bildes ein.

Normalerweise enthält ein Foto mehr Farben, als ein Betrachter wahrnehmen kann. Wählt man gezielt einen bestimmten Satz von Farben aus, eine Palette, kann eine große Zahl von *Redundanzen*, also überflüssigen Datenmaterial, vermieden werden.

Den prominentesten Vertreter dieses Umgangs mit Farbtabellen stellt das GIF-Format dar. Es arbeitet mit einer Farbtabelle, die bis zu 256 Farben enthalten kann. Neben der Farbreduzierung arbeitet dieses Format zusätzlich mit einer Datenkompression. Das GIF-Format eignet sich sehr gut für Grafiken, die wenig optische Informationen enthalten, also zum Beispiel Bilder mit Schrift.

Eine andere Möglichkeit der Verkleinerung nutzt das JPEG-Format. Das zugrundliegende Verfahren reduziert die Farbinformationen ohne die Wahrnehmung zu beeinträchtigen. Diese Arbeitsweise kommt der menschlichen Art des Sehens entgegen. Aus diesem Grunde eignen sich JPG-Dateien hervorragend für Landschaftsaufnahmen oder auch Porträts.

Für beide Dateien gilt, dass die Kompression erst am Abschluss des Bildverarbeitungsprozesses stehen sollte. Ein bereits komprimiertes Bild eignet sich nur sehr schlecht für die Weiterverarbeitung. Speichern Sie also eine selbsterstellte Grafik erst dann in einem der beiden Formate ab, wenn Sie sicher sind, keine Änderungen mehr vornehmen zu wollen.

Für welches der beiden Formate Sie sich entscheiden, ist nicht nur mehr oder weniger abhängig vom abgebildeten Gegenstand, sondern vom Zweck der Darstellung. Wie Sie gesehen haben, eignet sich nur das GIF89a Format zur Herstellung einer transparenten Grafik. Mit einer JPG-Datei ist dies noch nicht möglich.

Beiden Formaten ist gemein, dass Sie eine *Vorschaufunktion* bieten. Der Leser eines HTML-Dokuments, das sich auf einem Server des World Wide Web befindet, kann dadurch erahnen, wie das komplette Bild einmal aussehen wird. Dies hat für ihn den Vorteil, dass Sie ihm die Entscheidung überlassen, ob er die Übertragung beenden möchte oder die angebotene Information für ihn wichtig ist.

JPG-Dateien, die dem Betrachter diesen »Service« bieten sollen, müssen im sogenannten *Progressive*-JPEG-Format abgespeichert sein. In einem Bild befinden sich dann mehrere »Scans« ein und desselben Bildes. Während der Datenübertragung baut sich das Bild aus einem Mosaik von einzelnen Teilchen auf, die beim Laden immer kleiner und schärfer werden.

Alternativ dazu lassen sich auch Graphiken verwenden, die im GIF-Format *interlaced* abgespeichert worden sind. Dies bedeutet, dass die Zeilen eines Bildes nicht hintereinander dargestellt werden, sondern ähnlich wie bei einer Fernsehbildröhre zeilenweise versetzt. Dadurch erhält der Benutzer ein zunächst unscharfes Vorschaubild, dessen weitere Übertragung er stoppen kann.

Interessant für jeden HTML-Designer ist das GIF-Format darüber hinaus wegen der Möglichkeit, mehrere Einzelbilder in einer gemeinsamen Datei zu speichern. Auf diese Weise können kleine Animationen erstellt werden. Bereits das Format GIF87 hat diese Option angeboten. In der aktuelle Version GIF89a kann nun auch eine Steuerung eingefügt werden. Diese legt zum Beispiel fest, in welchem Zeitabstand die einzelnen Bilder angezeigt werden sollen. Es ist auch möglich, auf eine Eingabe des Benutzers zu warten, bevor der jeweils nächste Grafikteil gezeigt wird.

Obwohl die Bilddaten innerhalb eines GIFs komprimiert und die Farben reduziert wurden, neigen animierte GIFs dazu, schnell recht groß zu werden. Deshalb eignet sich dieses Format wohl am ehesten dazu, kleine Icons animiert darzustellen. Wir wollen nun einmal exemplarisch eine kleine GIF-Animation erstellen.

Dazu müssen zunächst die Einzelbilder angefertigt werden. Erstellen Sie Grafiken nach Ihrem Geschmack mit dem Grafikprogramm Ihrer Wahl. Für das Beispiel hat sich der Verfasser mangels Talent auf die zeichnerischen Fähigkeiten seiner Freundin verlassen.

Entsprechen die Bilder Ihrem Geschmack, speichern Sie sie im GIF-Format ab. Der nächste Schritt besteht nun darin, die Grafiken in einer einzigen Datei zusammenzuführen. Falls Ihr Zeichenprogramm diese Option nicht von sich aus bietet, können Sie auf einige Programme aus der Sharewareszene zurückgreifen, wie zum Beispiel das *GIF-Construction Set*.

Es werden nun abwechselnd die Bilder und Steuerungsblöcke in die neue Datei eingefügt. Mit Hilfe der Steuerungsblöcke bestimmen Sie den Verlauf der Animation. Dazu gehört nicht nur die Zeitspanne zwischen den einzelnen Bildern, sondern auch, was nach der Anzeige eines Bildes geschehen soll. Zum Beispiel ließe sich das erste wieder anzeigen, oder der Bildschirm einmal völlig löschen. Für jede eingefügte Grafik brauchen Sie einen Kontrollblock. Wenn Sie der Meinung sind, dass das Ergebnis Ihren Erwartungen entspricht, speichern Sie die neue Datei wieder als GIF-Datei ab. Mit Hilfe des Befehls VIEW lassen sich im Gif Construction Set auch gleich die Ergebnisse betrachten.

Die folgenden Abbildungen zeigen den Verlauf einer solchen kleinen Animation. Experimentieren Sie doch auch einmal damit!

Abb. 7.14: Das erste Bild einer Animation

Abb. 7.15: Das zweite Bild einer Animation

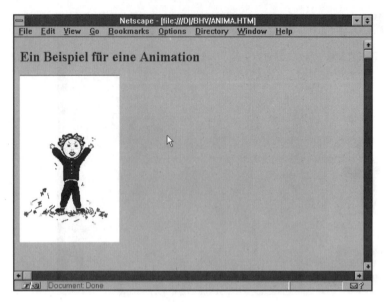

Abb. 7.16: Das dritte Bild einer Animation

7.10 Zusammenfassung und Fragen

Zusammenfassung

➤ Grafiken werden mit dem *<IMG>*-Tag eingefügt.

➤ Sofern sich die Grafik nicht im selben Verzeichnis befindet, müssen Sie den relativen bzw. absoluten Pfadnamen angeben. Beachten Sie bitte, dass der von der DOS-Umgebung her gewohnte Backslash \ zu einem gewöhnlichen Schrägstrich wird.

➤ Grafiken können einen Rahmen erhalten. Dazu wird das Attribut *BORDER=* verwendet. Die Maßeinheit sind Pixel.

➤ Grafiken können als Hypertext-Links dienen.

➤ Seit Netscape 2.0 können Sie Grafiken zu *Client-Sided Image Maps* machen, also sensitiven Grafiken, die auf andere Informationen verweisen, ohne dass eine Server-Software im Hintergrund arbeiten muss.

➤ Eine Erweiterung von Netscape ist die Möglichkeit, ein Hintergrundbild für jeweils ein HTML-Dokument zu bestimmen. Dies geschieht im *BODY*-Tag.

➤ In HTML 3.2 wird für das Einfügen von Grafiken der neue *<IMG>*-Tag vorgeschlagen. Dieser kann nicht mehr allein stehen, sondern benötigt das abschließende *</IMG>*.

➤ Der *<IMG>*-Tag bietet eine Reihe von weitergehende Möglichkeiten zur Beschriftung und Ausrichtung von Grafiken.

Fragen

1. Wie fügen Sie einen Text in ein HTML-Dokument ein, der anstelle einer Grafik gezeigt werden soll?

2. Eine Grafik soll von einem Rahmen umgeben werden, der 10 Pixel breit ist. Wie lautet die entsprechende Anweisung?

3. Ihre Grafikbeschriftung soll mittig und rechts neben der Abbildung beginnen. Wie muss der entsprechende Tag aussehen?

4. Worin unterscheiden sich *<ISMAP>* und *<USEMAP>* voneinander?

5. Wie versehen Sie Ihr Dokument mit einer Hintergrundgrafik?

6. Was bedeutet interlaced im Zusammenhang mit dem GIF-Format?

7. Wie verhindern Sie, dass der Browser um eine Grafik, die als Link dienen soll, einen Rahmen zieht?

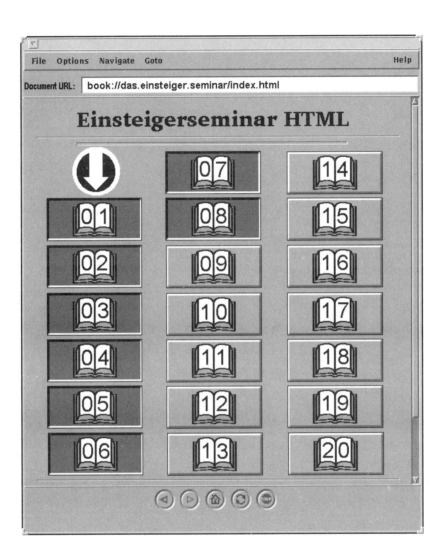

8 Formulare

Formulare? Haben wir nicht schon genug Bürokratie? Vielleicht legt diese Überschrift solche Fragen nahe. Es ist jedoch wichtig, dass HTML auch die Gestaltung von Formularen erlaubt. Denken Sie nur an die vielen Möglichkeiten innerhalb des World Wide Web, Suchanfragen nach Informationen oder interessanten Web Seiten starten zu können. Die entsprechenden Eingabemasken der Suchmaschinen sind mit den Formularfunktionen von HTML erstellt worden. Ohne Formulare wäre auch kaum ein Online-Kaufhaus in der Lage, sein Bestellwesen abwickeln zu können. Und schließlich: Mit Formularen können Sie, sofern Sie Ihre HTML-Seiten live in das Internet stellen, den Besucher Ihrer Home Page ganz gezielt Fragen stellen – wie ihm die grafische Gestaltung gefallen hat, welche Themen ihn interessieren und dergleichen.

8.1 Formulare definieren

Ein Formulare definieren Sie durch den einleitenden Tag *<FORM>*. Innerhalb des einleitenden Tags müssen zwei Angaben eingetragen werden:

➤ METHOD=

Mit dieser Angabe bestimmen Sie, wie das Formular weiterverarbeitet werden soll. Es gibt zwei Möglichkeiten. Sie lassen sich das ausgefüllte Formular per E-Mail zusenden, dann wählen Sie an dieser Stelle den Wert *POST.* Wählen Sie die zweite Möglichkeit *GET*, so werden die Angaben des Benutzers auf einem Internet-Server in einer *Umgebungsvariablen* abgespeichert. Ein CGI-Skript liest die Werte dieser Umgebungsvariablen aus und verarbeitet die Daten weiter, um sie zum Beispiel in eine Kundendatenbank zu schreiben.

➤ ACTION=

Action gibt die Adresse im Internet an, an die das Formular geschickt werden soll. Diese Internet-Adresse besteht zunächst aus dem *Protokolltyp*, zum Beispiel *http://*, und dem Namen des Server-Rechners. Hinzu kommt der Pfadname, der zu der Datei führt, auf die verwiesen wird, und schließlich der Name der Datei selbst.

Das Formular schließen Sie mit dem End-Tag *</FORM>* ab.

Beispiel

```
<!DOCTYPE HTML PUBLIC "-//IETF//DTD HTML//EN//3.2">
<HTML>
<BODY>
<FORM METHOD="POST" ACTION="HTTP://MYSERVER.DE/BIN-POST/
BATCH>
</FORM>
</BODY>
</HTML>
```

In unserem Beispiel würde das ausgefüllte Formular an den Server *Myserve.de* geschickt werden. Die Daten würden von der Datei *Batch*, die sich im Verzeichnis *Bin-Post* befindet, weiterverarbeitet.

Damit wäre ein noch leeres Formular definiert. Innerhalb des Paares *<FORM>* und *</FORM>* können nun Felder definiert werden, die vom Benutzer ausgefüllt werden. Sie können aber auch Grafiken und Text einbinden, um das Formular ansprechender zu gestalten oder zu erläutern.

8.2 Texteingabefelder

HTML kennt zwei verschiedene Arten von Eingabefeldern: *einzeilige* und *mehrzeilige*. Ein einzeiliges Eingabefeld wird durch den Tag

<INPUT> definiert. Jedes Eingabefeld muss einen eindeutigen Namen haben, wie Sie es sicherlich auch von Ihrer Datenbank gewohnt sind. Dieser Feldname wird durch das Attribut *NAME=* festgelegt.

Achtung! Der Name für ein Feld darf keine deutschen Umlaute und keine Leerzeichen enthalten. Der Name darf, um eindeutig zu sein, auch nur einmal im gesamten Dokument vorkommen.

Beispiel

```
<!DOCTYPE HTML PUBLIC "-//IETF//DTD HTML//EN//3.2">
<HTML>
<BODY>
<FORM METHOD="POST" ACTION="MAILTO:100101.2055@COMPU-
SERVE.COM">
<INPUT NAME="BENUTZER">
</FORM>
</BODY>
</HTML>
```

Damit hätten Sie ein einzeiliges Feld mit der Bezeichnung *Benutzer* geschaffen, dessen Inhalt als Mail an die spezifizierte E-Mail Adresse geschickt wird.

Sie können die Länge eines solchen Feldes beschränken. Dabei wird unterschieden zwischen der *angezeigten Feldlänge*, die durch das Attribut *SIZE=* festgelegt wird, sowie der *internen Feldlänge*, die Sie durch *MAXLENGHT=* definieren. Sie können also ein Feld definieren, das intern 100 Zeichen aufnehmen kann, von dem der Benutzer aber nur 40 Zeichen auf dem Monitor angezeigt bekommt. In einem solchen Fall wird übrigens automatisch gescrollt.

Verändern Sie das obige Listing einfach dementsprechend:

```
<!DOCTYPE HTML PUBLIC "-//IETF//DTD HTML//EN//3.2">
<HTML>
<BODY>
<FORM METHOD="POST" ACTION="MAILTO:100101.2055@COMPU-
SERVE.COM">
<INPUT NAME="BENUTZER" SIZE=40 MAXLENGHT=100>
</FORM>
</BODY>
</HTML>
```

Es gibt verschiedene *Typen* von einzeiligen Eingabefeldern. Diese Typen werden durch das Attribut *TYPE=* festgelegt. Die verschiedenen Typen tragen Sie bitte *ohne* Anführungszeichen ein.

Folgende Typen stehen zur Verfügung:

➤ Einfaches Textfeld

Hier wird auf die Eingabe von TYPE= verzichtet.

➤ TYPE=PASSWORD

Die Eingaben erfolgen verdeckt. Der Benutzer sieht nur Sternchen innerhalb des Eingabefeldes. Dieser Typ ist also ideal für vertrauliche Eingaben.

➤ TYPE=INT

Die Eingaben sollen *Ganzzahlen* sein. Sie können einen *Wertebereich* eingeben, aus dem Eingaben erlaubt sein sollen. Dies geschieht durch die ergänzenden Einträge *MIN=* und *MAX=*. Außerdem können Sie mit *SIZE=* auch noch die Stellenzahl begrenzen.

➤ TYPE=FLOAT

Dient zur Eingabe von *Dezimalkommazahlen*. Auch hier können Sie mit *SIZE=* die Stellenzahl festlegen.

➤ TYPE=DATE

Dient zur Eingabe eines Datums.

➤ **TYPE=URL**

In dieses Feld kann eine Internet-Adresse eingegeben werden.

Im folgenden Beispiel soll ein Formular mit allen diesen Elementen entwickelt werden:

Beispiel

```
<!DOCTYPE HTML PUBLIC "-//IETF//DTD HTML//EN//3.2">
<HTML>
<BODY>
<H3>Einsteigerseminar-Umfrage</H3>
<FORM METHOD="POST" ACTION="MAILTO:100101.2055@COMPU-
SERVE.COM">
Ihr Name: <INPUT NAME="BENUTZER" SIZE=40 MAXLENGHT=100><P>
Wann haben Sie uns zum ersten Mal besucht?: <INPUT
NAME=DATUM TYPE=DATE><P>
Welche Web-Seite finden Sie empfehlenswert?: <INPUT
NAME="SITE" TYPE=URL><P>
Vergeben Sie ein Passwort: <INPUT NAME="PW" TYPE=PASSWORD
SIZE=8 MAXLENGHT=8><P>
Welche Note w&uuml;rden Sie uns geben?: <INPUT NAME="NOTE"
TYPE=FLOAT SIZE=2><P>
Sch&auml;tzen Sie die Zahl an Web-Servern: <INPUT
NAME="ZAHL" TYPE=INT MIN=120000 MAX=12000000><P>
Vielen Dank f&uuml;r Ihre Mühe
</FORM>
</BODY>
</HTML>
```

Mehrzeilige Eingabefelder, die sich etwa ausgesprochen gut für Kritken oder Bemerkungen eignen, werden durch den Tag *<TEXTAREA>* begonnen. Auch ein mehrzeiliges Feld benötigt eine eindeutige interne Bezeichung, für die die gleichen Regeln gelten wie bei den einzeiligen Ein-

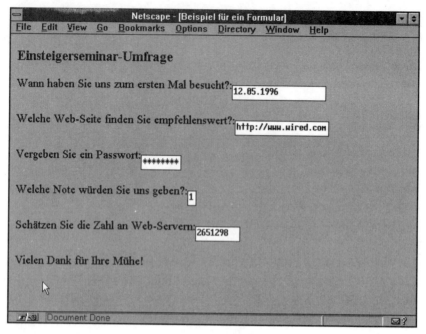

Abb. 8.1: Ein einfaches Formular nur aus einzeiligen Eingabefeldern

gabefeldern. Die Definition eines mehrzeiligen Eingabefelds muss mit dem End-Tag *</TEXTAREA>* abgeschlossen werden.

Beispiel

```
<!DOCTYPE HTML PUBLIC "-//IETF//DTD HTML//EN//3.2">
<HTML>
<BODY>
<FORM METHOD="POST" ACTION="MAILTO:100101.2055@COMPU-
SERVE.COM">
Hier bitte Ihre Bemerkungen: <TEXTAREA NAME="Kritik">
</TEXTAREA>
</FORM>
```

```
</BODY>
</HTML>
```

Sie können die Größe festlegen, die ein solches mehrzeiliges Eingabe-feld haben soll. Dazu dienen die beiden Angaben *ROWS=* und *COLS=*.

➤ Rows legt die Anzahl der angezeigten *Zeilen* fest.

➤ Cols bestimmt die Zahl der angezeigten *Spalten*.

Erweitern Sie entsprechend das Listing:

Beispiel

```
<!DOCTYPE HTML PUBLIC "-//IETF//DTD HTML//EN//3.2">
<HTML>
<BODY>
<FORM METHOD="POST" ACTION="MAILTO:100101.2055@COMPU-
SERVE.COM">
Hier bitte Ihre Bemerkungen: <TEXTAREA NAME="Kritik"
ROWS=10 COLS=50></TEXTAREA>
</FORM>
</BODY>
</HTML>
```

Wie Sie in Abbildung 8.2 sehen können, wurde unser Textfeld mit Scrollbalken ausgestattet. Dies liegt daran, dass die Benutzereingaben nicht zeilenweise umgebrochen werden. Dies führt aber gerade bei unerfahrenen Anwendern zu Verwirrung. Abhilfe schafft hier Netscape mit einer seiner Erweiterungen.

Der Netscape Navigator erlaubt, dem einleitenden *<TEXTAREA>* das Attribut *WRAP=* hinzuzufügen. Dieses Attribut kann drei Werte annehmen:

➤ VIRTUAL
Definiert einen *virtuellen Zeilenumbruch*. Die Eingaben des Benutzers werden dann zwar zeilenweise umgebrochen; beim Abschicken

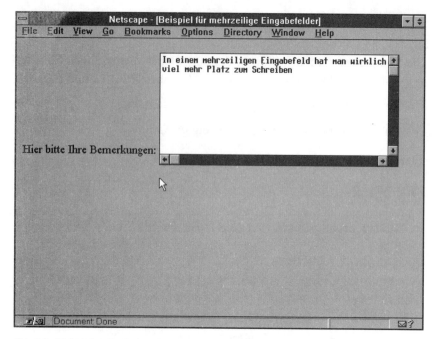

Abb. 8.2: Mehrzeilige Textfelder erlauben ausführliche Eingaben

des Formulars werden die Zeilenumbrüche jedoch nicht mit übertragen.

→ PHYSICAL

Defniniert einen *physikalischen Zeilenumbruch*. Dabei handelt es sich um einen »echten« Zeilenumbruch. Nicht nur die Eingaben werden sichtbar für den Benutzer umgebrochen, sondern die Zeilenumbrüche auch beim Abschicken des Formulars mit berücksichtigt.

→ OFF

Damit wird der Zeilenumbruch völlig ausgeschaltet. Dies ist die Voreinstellung des Netscape Navigators.

Ergänzen Sie das bereits verwendete Listing einmal um dieses Attribut:

Beispiel

```
<!DOCTYPE HTML PUBLIC "-//IETF//DTD HTML//EN//3.2">
<HTML>
<BODY>
<FORM METHOD="POST" ACTION="MAILTO:100101.2055@COMPU-
SERVE.COM">
Hier bitte Ihre Bemerkungen: <TEXTAREA NAME="Kritik"
ROWS=10 COLS=50 WRAP=PHYSICAL></TEXTAREA>
</FORM>
</BODY>
</HTML>
```

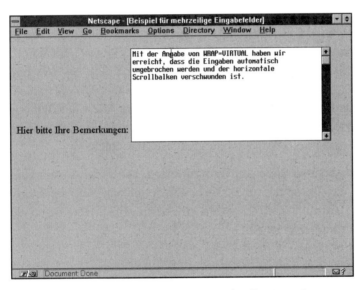

Abb. 8.3: Der automatische Zeilenumbruch kommt dem Benutzer entgegen

Wenn Sie dies wunschen, kann Ihr mehrzeiliges Textfeld schon eine
Eingabe enthalten. Schreiben Sie den gewünschten Text einfach zwischen die beiden Tags *<TEXTAREA>* und *</TEXTAREA>*.

8.3 Radio- und Checkbuttons

Ihre Formulare können beschriftete Buttons enthalten, von denen der Benutzer einen oder mehrere aktivieren kann. *Radiobuttons* sind kleine runde Buttons, von denen der Benutzer immer *nur einen markieren* kann. Dabei ist immer ein Button bereits ausgewählt.

Checkbuttons sind kleine rechteckige Buttons, von denen der Benuter ebenfalls einen oder mehrere auswählen kann. Sie werden »angekreuzt« und erinnern an Auswahlmöglichkeiten in einem Multiple-Choice-Fragebogen.

Checkbuttons werden ebenfalls durch den Tag *<INPUT>* eingeleitet. Zu einem Checkbutton werden sie durch das Attribut *TYPE=CHECKBOX*. Jeder einzelne Button erhält wiederum durch das Attribut *NAME=* eine eindeutige *Bezeichnung*. Diese Bezeichnung muss in *Anführungszeichen* stehen und darf keine deutschen Umlaute enthalten. Alle Checkbuttons, die die *gleiche Bezeichnung* haben, gehören zu einer *Gruppe*. Aus dieser kann der Benutzer keinen, einen oder mehrere auswählen.

Jedem Button können Sie einen *Wert* zuordnen. Dieser wird dann beim Abschicken des Formulars übertragen. Einen solchen Wert definieren Sie mit dem Attribut *VALUE=*. Den zu übertragenen Wert fügen Sie bitte in *Anführungszeichen* ein.

Beispiel

```
<!DOCTYPE HTML PUBLIC "-//IETF//DTD HTML//EN//3.2">
<HTML>
<BODY>
<FORM METHOD="POST" ACTION="MAILTO:100101.2055@
COMPUSERVE.COM">
Kreuzen Sie bitte an, welche Informationen Sie von uns
ben&ouml;tigen:<P>
<INPUT NAME="INFOS« TYPE=CHECKBOX VALUE="BROSCHUERE">
```

```
Infobrosch&uuml;re<P>
<INPUT NAME="INFOS" TYPE=CHECKBOX VALUE="KATALOG">
Katalog<P>
<INPUT NAME="INFOS" TYPE=CHECKBOX VALUE=
"PREISLISTE">Preisliste<P>
</FORM>
</BODY>
</HTML>
```

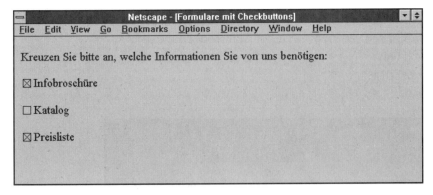

Abb. 8.4: Ein Formular mit Checkboxen

Analog zu diesem Vorgehen werden *Radiobuttons* erstellt. Diese erfordern die Angabe von *TYPE=RADIO* in dem Tag *<INPUT>*. Haben Sie eine Gruppe von Radiobuttons erstellt, indem Sie einer Reihe die gleiche Bezeichnung zugewiesen haben, kann der Benutzer nur einen der Buttons auswählen. Auch den Radiobuttons kann ein Wert, der beim Abschicken des Formulars übermittelt wird, mit *VALUE=* zugewiesen werden.

Beispiel

```
<!DOCTYPE HTML PUBLIC "-//IETF//DTD HTML//EN//3.2">
<HTML>
<BODY>
```

```
<H2>Fragebogen BHV-Einsteigerseminar</H2>
<FORM METHOD="POST" ACTION="MAILTO:100101.2055@
COMPUSERVE.COM">
1.   Wie finden Sie dieses Buch?<P>
1 <INPUT TYPE=RADIO NAME="Zensur" VALUE="1">
2 <INPUT TYPE=RADIO NAME="Zensur" VALUE="2">
3 <INPUT TYPE=RADIO NAME="Zensur" VALUE="3">
4 <INPUT TYPE=RADIO NAME="Zensur" VALUE="4">
5 <INPUT TYPE=RADIO NAME="Zensur" VALUE="5">
6 <INPUT TYPE=RADIO NAME="Zensur" VALUE="6"><P>
Benotung erfolgt wie im Schulnotensystem.
</FORM>
</BODY>
</HTML>
```

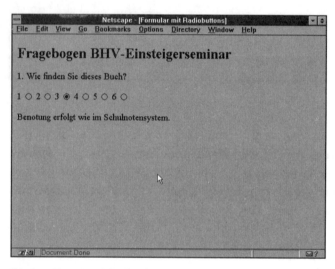

Abb. 8.5: Formular mit Radiobuttons

8.4 Listenfelder

Stellen Sie sich vor, Sie bieten den Lesern Ihre Formulars die Möglichkeit, eine Kleinanzeige in einer Zeitung aufzugeben. Dazu muss eine Rubrik genannt werden, in der die Annonce erscheinen wird. Wäre es nicht gut, wenn Sie dem Leser eine kleine Auswahlbox präsentieren könnten, aus der er die gewünschte Rubrik einfach anklickt? Genau dies bewirken Auswahllisten in HTML.

Sie leiten eine *Auswahlliste* mit dem Tag *<SELECT>* ein. Wie bereits an anderer Stelle mehrmals erwähnt, muss auch eine Auswahlliste über eine eindeutige interne Bezeichnung verfügen, in deren Namen keine deutschen Umlaute vorkommen dürfen. Diese Bezeichnung wird durch das Attribut *NAME=* bestimmt. Fügen Sie den Namen in Anführungszeihen ein. Mit *VALUE=* können Sie in Anführungszeichen einen Wert festlegen, der beim Abschicken des Formulars übertragen wird.

Die Angabe *SIZE=* legt fest, wie viele Einträge der Liste für den Benutzer sichtbar sein sollen. Size wird in den einleitenden Tag *<SELECT>* mit eingetragen.

Jeder einzelne Eintrag in einer Auswahlliste wird durch den Tag *<OPTION>* bestimmt. Unmittelbar darauf tragen Sie den Text ein, der in der Box erscheinen soll.

Schließen Sie eine Auswahlliste mit dem Tag *</SELECT>* ab.

Beispiel

```
<!DOCTYPE HTML PUBLIC "-//IETF//DTD HTML//EN//3.2">
<HTML>
<BODY>
<H4>Der Kleinanzeigenmarkt des Einsteigerseminars</H4>
<FORM METHOD="POST" ACTION="MAILTO:100101.2055@COMPU-
SERVE.COM">
<SELECT SIZE=1 NAME="RUBRIK">
```

```
<OPTION>Kaufe Hardware
<OPTION>Verkaufe Hardware
<OPTION>Tausche Hardware
<OPTION>Kaufe Software
<OPTION>Verkaufe Hardware
</SELECT>
</FORM>
</BODY>
</HTML>
```

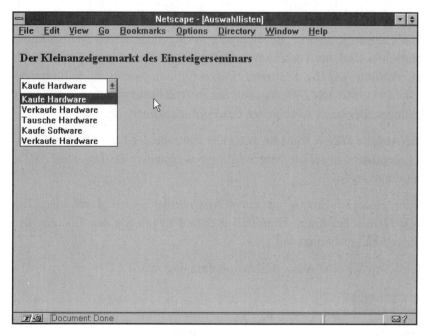

Abb. 8.6: So sieht eine Auswahlliste aus

Wenn Sie wollen, können Sie Einträge aus einer Auswahlliste bestimmen, die *bereits selektiert* sind. Dafür ergänzen Sie den entsprechenden Tag um den Zusatz *SELECTED*.

```
<!DOCTYPE HTML PUBLIC "-//IETF//DTD HTML//EN//3.2">
<HTML>
<BODY>
<FORM METHOD="POST" ACTION="MAILTO:100101.2055@
COMPUSERVE.COM">
<SELECT SIZE=1 NAME="RUBRIK">
<OPTION>Kaufe Hardware
<OPTION SELECTED>Verkaufe Hardware
<OPTION>Tausche Hardware
<OPTION>Kaufe Software
<OPTION>Verkaufe Hardware
</SELECT>
</FORM>
</BODY>
</HTML>
```

In diesem Beispiel würde der Eintrag »Verkaufe Hardware« bereits ausgewählt sein.

Per Voreinstellung kann in jeder Auswahlliste immer nur *ein Eintrag* ausgewählt werden. Diese Zahl kann aber nach Ihren Vorstellungen geändert werden. Eine *Mehrfachauswahl* erlauben Sie durch den Eintrag von *MULTIPLE* im einleitenden Tag von *<SELECT>*.

Beispiel

```
<!DOCTYPE HTML PUBLIC "-//IETF//DTD HTML//EN//3.2">
<HTMl>
<BODY>
<H2>Einsteigerseminar: Autoumfrage</H2>
<FORM METHOD="POST" ACTION="MAILTO:100101.2055@COMPU-
SERVE.COM">
<SELECT MULTIPLE NAME="MARKE" SIZE=1>
```

Formulare

```
<OPTION>BMW
<OPTION>Mercedes
<OPTION>VW
<OPTION>Opel
<OPTION>Porsche
</SELECT>
</FORM>
</BODY>
</HTML>
```

8.5 Ausführungsbuttons

Sie können Ihr Formular mit zwei verschiedenen Buttons abschließen. Der eine dient zum Abschicken des Formulars, der andere bricht den Vorgang ab und löscht die Eingabefelder.

Den Button für das *Abschicken* erstellen Sie durch den Tag *<INPUT>*, dem Sie das Attribut *TYPE=SUBMIT* hinzufügen.

Den Button für das *Abbrechen* erstellen Sie ebenfalls mit *<INPUT>*. Als Typ geben Sie hier *RESET* an.

Sie können beide Schalter mit eine *Beschriftung* Ihrer Wahl versehen. Diese wird dem Wert *VALUE=* zugeordnet und muss in *Anführungzeichen* stehen. Dieses Attribut tragen Sie ebenfalls innerhalb des *Input-Tags* ein.

Beispiel

```
<!DOCTYPE HTML PUBLIC "-//IETF//DTD HTML//EN//3.2">
<HTML>
<BODY>
<FORM METHOD="POST" ACTION="MAILTO:100101.2055@COMPU-
SERVE.COM">
```

```
<INPUT TYPE=SUBMIT VALUE="Formular abschicken"><P>
<INPUT TYPE=RESET VALUE="Ich hab's mir anders &uuml;ber-
legt">
</FORM>
</BODY>
</HTML>
```

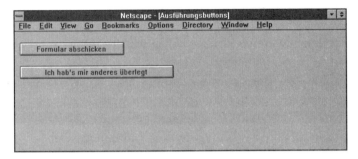

Abb. 8.7: Die beiden möglichen Ausführungsbuttons

In Abbildung 8.8 sehen Sie ein Formular mit allen vorgestellten Elementen.

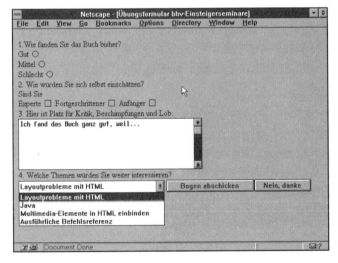

Abb. 8.8: Ein umfangreiches Formular

8.6 Zusammenfassung und Fragen

Zusammenfassung

→ Die Formularfunktion von HTML erlaubt die Gestaltung interaktiver Formulare.

→ Formulare werden durch die Tags *<FORM> und </FORM>* begrenzt.

→ Formulare können entweder als Mail gesendet oder an eine Umgebungsvariable weitergeleitet werden. Dazu dient das Attribut *METHOD=*, das sich innerhalb des einleitenden Tags *<FORM>* befindet. Method kann die beiden Werte *POST* (für das Senden per Mail) und *GET* (Weiterleiten an Umgebungsvariable) annehmen. Der Eintrag muss in Anführungszeichen gesetzt werden.

→ Wohin das Formular gesendet werden soll, bestimmen Sie durch das Attribut *ACTION=*. Auch dieses findet sich im einleitenden Formular-Tag. Hier geben Sie den Namen des Rechners, ein Verzeichnis und die Datei an, die das Formular weiterverarbeiten soll. Im Falle einer E-Mail reicht der Eintrag *ACTION="MAILTO:Adresse des Empfängers"* aus. Der Eintrag muss in Anführungszeichen gesetzt werden.

→ Formulare können einzeilige und mehrzeilige Eingabefelder enthalten.

→ Sie können Listenfelder erstellen, aus denen der Leser einen Eintrag auswählen kann.

→ In Formularen stehen Ihnen Radio- und Checkbuttons zur Verfügung. Von Radiobuttons einer Gruppe kann immer nur einer ausgewählt werden, aus einer Gruppe von Checkbuttons dagegen mehrere.

Fragen

1. Wie erstellen Sie ein mehrzeiliges Eingabefeld?
2. Wie wird eine Gruppe von Radiobuttons in Ihr Formular eingefügt?
3. Welche beiden Methoden, ein Formular weiterzuverarbeiten, kennen Sie?
4. Gibt es eine Möglichkeit, den eingegebenen Text vor unliebsamen Beobachtern zu verstecken?
5. Wie wird eine Auswahlliste formatiert?
6. Wie werden die einzelnen Elemente einer Auswahlliste bestimmt?
7. Wie wird ein Button erstellt, der den Inhalt des Formulars löschen soll und die Aufschrift »Ich habe kein Interesse« trägt?
8. Erstellen Sie bitte das Formular aus Abbildung 8.8. Bitte mit allen Tags, also auch *<BODY>*, *<TITLE>* und *<HTML>*. Zur Hilfe: Das Formular soll als E-Mail an die Adresse 100101.2055@compuserve.com geschickt werden. Die eindeutigen Namen für die Eingabefelder lauten: Für 1. Wertung, für 2. Level, für 3. Notes und für 4. Themen. Das Textfeld hat eine Größe von 5 Zeilen und 50 Spalten. Die Eingaben des Benutzers sollen umgebrochen werden.

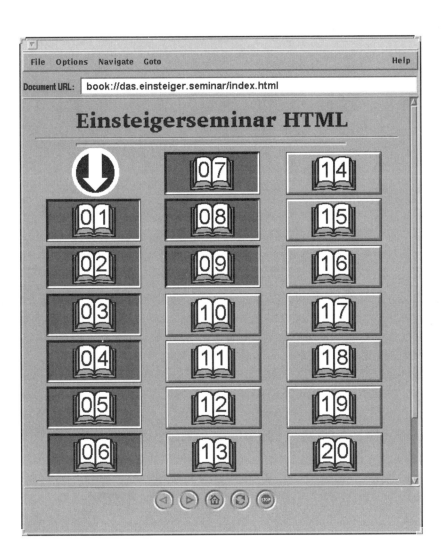

9 Frames

Frames sind eine Entwicklung der Firma Netscape, die mit Sicherheit die Gestaltung von HTML-Seiten stark beeinflussen wird.

Mit Hilfe von Frames (das englische Wort für Rahmen) können Sie das Bildschirmfenster in einzelnen Segmente aufteilen, die unabhängig voneinander unterschiedliche Inhalte präsentieren. In jedem Frame kann auf eine Datei verwiesen werden, die in einem anderen Frame gezeigt wird.

Gleich vorweg: Wir verlassen hiermit den Boden gesicherter Standards. Bisher ist die Frametechnologie nicht offiziell zu einem Standard in HTML erklärt worden. Gleichwohl erklärt Netscape – selbst Mitglied des WWW-Konsortiums, das für die Verabschiedung von neuen technischen Standards auf dem Gebiet HTML verantwortlich ist – man habe die Entwicklung der Frames im Konsortium angesprochen. Frames würden zu den zukünftigen Standards gehören.

Wo liegen die Anwendungsgebiete von Frames? In dieser Hinsicht sind Ihrer Kreativität keine Grenzen gesetzt. Sie können zum Beispiel in einem Teil des Bildschirms Ihre Lieblings-Verweise auf andere Internet-Angebote präsentieren, die dann in einem zweiten Bereich angezeigt werden. Bisher war es immer so, dass – sobald jemand einen Link aufgerufen hatte – der Bildschirminhalt vollständig verschwand, bevor sich eine neue Seite aufgebaut hatte. Mittels der Frames können ihre Verweise immer noch deutlich zu sehen sein. Oder Sie reservieren einen Bildschirmbereich für eine Leiste aus sensitiven Grafiken, die ständig vor Augen des Lesers bleibt, um ihm die Navigation durch das Angebot zu erleichtern.

Wichtig zu wissen ist, dass in jedem einzelnen Frame die gleichen Anzeigemöglichkeiten zur Verfügung stehen wie in einem einzelnen HTML-Dokument. Sie könnten in einem Bereich zum Beispiel ein Formular präsentieren (vgl. Kapitel 8), das es dem Benutzer erlaubt, nach einem Begriff, Artikel oder einer Web-Site zu suchen. Das Ergebnis der Suche könnte dann in einem anderen Teil des Bildschirms angezeigt werden.

Ein Tip: Wenn Sie die Beispiele im Kapitel abtippen, so beachten Sie bitte, dass einige das Vorhandesein von weiteren HTML-Dokumenten voraussetzen, die Sie dann ebenfalls erzeugen und speichern müssen. Richten Sie sich dazu am besten nach dem praktischen Beispiel aus Kapitel 9.6.

9.1 Frame-Sets definieren

Wenn Sie den Bildschirmbereich des Anzeigefensters aufteilen, haben Sie mindestens zwei Frames vor sich. Diese zusammengehörigen Frames werden als *Frame-Set* bezeichnet. Die Definition eines Frame-Sets wird anstelle des bisher verwendeten *<BODY>-Tags* in einem HTML-Dokument vorgenommen. Der allgemeine Aufbau eines Dokuments mit einem Frame-Set sieht dann so aus:

Beispiel

```
<!DOCTYPE HTML PUBLIC "-//IETF//DTD HTML//EN//3.2">
<HTML>
<FRAMESET ...>
Hier folgen die Definitionen der Frames
</FRAMESET>
</HTML>
```

Wie Sie sehen, wird die Definition eines Frame-Sets durch das Element *<FRAMESET>* eingeleitet und durch *</FRAMESET>* abgeschlossen. Stellen Sie sich Frames am besten als eine besondere Art von Tabellen vor, deren Zeilenhöhen und Spaltenbreiten Sie erst definieren müssen.

In den folgenden Beispielen werden mehrere Frames definiert:

```
<!DOCTYPE HTML PUBLIC "-//IETF//DTD HTML//EN//3.2">
<HTML>
<FRAMESET ROWS="30%,70%">
Durch das Kommando ergeben sich zwei Frames, deren Doku-
menten-Inhalt an dieser Stelle bestimmt wird.
</FRAMESET>
</HTML>
```

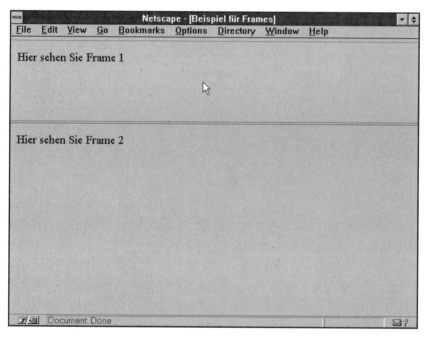

Abb. 9.1: Schematische Darstellung der einzelnen Frames aus Beispiel 1

Wie Sie sehen, bestimmen Sie durch den Wert *ROWS* im einleitenden Tag die *Höhe* der Zeilen. In unserem Beispiel werden 30% der Gesamthöhe des Anzeigefensters für den Frame 1 und 70% für den Frame 2 reserviert.

Beispiel 2

```
<!DOCTYPE HTML PUBLIC "-//IETF//DTD HTML//EN//3.2">
<HTML>
<FRAMESET ROWS="80,460">
Dadurch werden zwei andere Frames definiert, deren Inhalt
an dieser Stelle bestimmt wird
</FRAMESET>
</HTML>
```

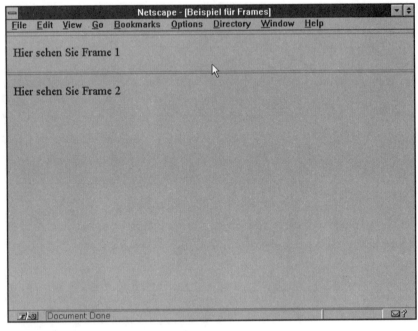

Abb. 9.2: Ein anderes Beispiel für Frames

Wie Sie sehen können Frames auch mit absoluten Zahlenwerten (gemessen in Pixeln) festgelegt werden.

Eine weitere sehr interessante Art und Weise der Festlegung von Frames besteht in der Möglichkeit, *Wildcards* zu benutzen.

Beispiel 3

```
<!DOCTYPE HTML PUBLIC "-//IETF//DTD HTML//EN//3.2">
<HTML>
<FRAMESET ROWS="120,*,140">
Dadurch werden drei andere Frames definiert, deren Inhalt
an dieser Stelle bestimmt wird
</FRAMESET>
</HTML>
```

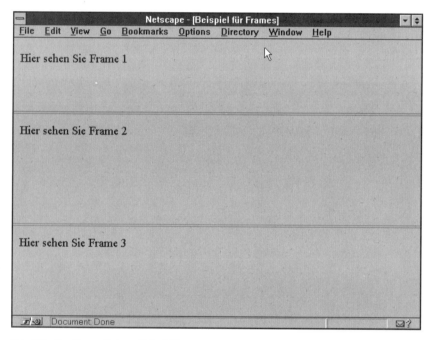

Abb. 9.3: Das Frame-Set aus Beispiel 3

In diesem Beispiel haben wir drei Reihen von Frames definiert. Die erste hat eine Größe von 120 Pixeln, die letzte von 140 Pixeln. Der mittlere Teil ist variabel. Seine Größe richtet sich nach der Größe des Anzeigefensters des Browsers.

Sie können nicht nur die Größe der Reihen festlegen, sondern auch die Größe der Spalten. Dafür nutzen Sie den Wert *COLS=* im einleitenden *Frame-Tag*.

Beispiel

```
<!DOCTYPE HTML PUBLIC "-//IETF//DTD HTML//EN//3.2">
<HTML>
<FRAMESET COLS="30%,70%">
Dadurch werden zwei Frames definiert, deren Inhalt an
dieser Stelle bestimmt wird
</FRAMESET>
</HTML>
```

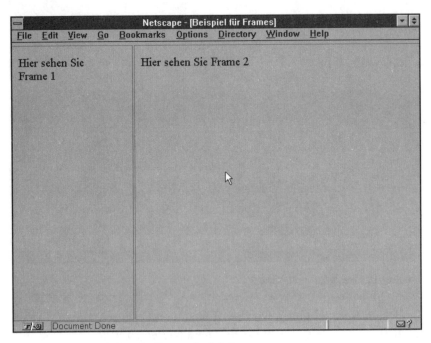

Abb. 9.4: Vertikale Aufteilung der Frames durch Cols

Auch bei der Angabe der Spalten können Sie absolute Zahlwerte – gemessen in Pixeln – und Wildcards benutzen.

Interessante Gestaltungsmöglichkeiten bietet eine Kombination aus den Aufteilungen für die Reihen und Spalten, wie Abbildung 9.5 zeigt.

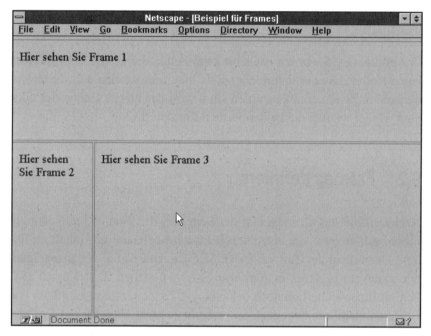

Abb. 9.5: Durch eine Kombination von Rows und Cols lassen sich sehr interessante Bildschirmaufteilungen erreichen

Wenn Sie eine solche Figur erstellen wollen, dann müssen Sie schrittweise vorgehen. Sie benutzen hierfür eine *Verschachtelung* der Frames. Schematisch sähe das so aus:

Beispiel

```
<!DOCTYPE HTML PUBLIC "-//IETF//DTD HTML//EN//3.2">
<HTML>
```

```
<FRAMESET>
Hier begint Frame 1
<FRAMESET>
Hier beginnt Frame 2
</FRAMESET>
</FRAMESET>
</HTML>
```

In Abbildung 9.5 wurden zunächst zwei Zeilen definiert. Dabei spielt es keine Rolle, dass die untere nochmals unterteilt werden soll. Nachdem die beiden Zeilen erstellt worden sind, wird das zweite Frame-Set definiert. Dabei werden die beiden Reihen formatiert.

9.2 Frames definieren

Nachdem Sie das Grundgerüst der Seite mit den Frame-Sets bestimmt haben, gilt es jetzt, die einzelnen Bildschirmbereiche mit Inhalt zu füllen. Dazu dient der Tag *<FRAME SRC=>*. Der Name der anzuzeigenden Datei muss dabei in *Anführungszeichen* stehen. Das Kürzel SRC kommt Ihnen sicherlich noch bekannt vor. Es ist uns beim Einfügen von Grafiken mehrfach begegnet. So erstaunt es nicht, dass für das Definieren von Frames auch die gleichen Regeln in Hinblick auf Dateinamen, relativen und absoluten Pfadnamen gelten wie für das Einfügen von Grafiken.

Sie haben die Möglichkeit, einen Frame zu definieren, ihn aber *leer* zu lassen. Dazu verwenden Sie den Tag *<NOFRAME>*. Der so erstellte Frame bleibt *unsichtbar*.

Sehen Sie sich einmal das Listing für die Frames aus Abbildung 9.5 an:

```
<!DOCTYPE HTML PUBLIC "-//IETF//DTD HTML//EN//3.2">
<HTML>
<TITLE>Beispiel f&uuml;r Frames</TITLE>
<FRAMESET ROWS="30%,50%">
    <FRAME SRC="Frame1.HTM">
    <NOFRAME>
    <FRAMESET COLS="20%,80%">
    <FRAME SRC="Frame2.HTM">
    <FRAME SRC="Frame3.HTM">
    </FRAMESET>
</FRAMESET>
</HTML>
```

Wie Sie sehen, wurde hier mit *<NOFRAME>* gearbeitet. Obwohl vier Frames definiert wurden, werden nur drei angezeigt.

Darüber hinaus können Sie einen Frame zwar definieren, ihn aber auch ohne Inhalt anzeigen lassen; zum Beispiel auf einer Startseite, die als Inhaltsverzeichnis dienen soll. Erst wenn der Leser einen Link auswählt, füllt sich einer der Frames mit Inhalt. Um diesen Effekt zu erreichen, lassen Sie *<SRC=>* einfach weg.

9.3 Eigenschaften von Frames

Da es sich bei Frames um eigene Bildschirmfenster handelt, verfügen diese auch über die Eigenschaften eines Bildschirmfensters, wie Sie es von Ihrem Windows-Desktop gewohnt sind.

Fenster können zum Beispiel *Scroll-Leisten* besitzen. Netscape stattet Frames immer dann mit einer Scroll-Leiste aus, wenn es der Inhalt erfordert, also der Fensterinhalt größer ist als das Fenster selbst. Sie können aber auch einem Fenster ausdrücklich eine Scroll-Leiste zuweisen oder die Darstellung der Scroll-Leiste unterbinden.

Um eine Scroll-Leiste einzufügen, wird in der Definition des Frames der Eintrag *SCROLLING=YES* eingefügt, also:

Beispiel

```
<!DOCTYPE HTML PUBLIC "-//IETF//DTD HTML//EN//3.2">
<HTML>
<TITLE>Beispiel f&uuml;r Frames</TITLE>
<FRAMESET ROWS="30%,50%">
<FRAME SRC="Frame1.HTM" SCROLLING=YES>
<NOFRAME>
<FRAMESET COLS="20%,80%">
<FRAME SRC="Frame2.HTM" SCROLLING=YES>
<FRAME SRC="Frame3.HTM" SCROLLING=YES>
</FRAMESET>
</FRAMESET>
</HTML>
```

Um das *Scrolling* von Fensterinhalten zu *unterbinden*, geben Sie bei *SCROLLING=* einfach *NO* ein.

Hinweis Haben Sie das Scrollen durch den Eintrag SCROLLING=NO unterbunden, können Inhalte, die größer sind als das Fenster, nicht mehr vollständig angezeigt werden!

Damit sind Ihre Gestaltungsmöglichkeiten in Hinblick auf die Frames aber noch nicht am Ende angelangt. Sofern Sie es wünschen, kann für jeden Frame der *Abstand* zwischen Text (oder einem anderen Fensterinhalt) und Fensterrand bestimmt werden.

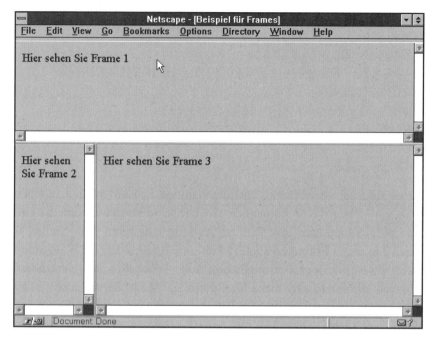

Abb. 9.6: Die Frames mit Scroll-Leisten

Um den *horizontalen Abstand* zwischen Text und Fensterrahmen festzulegen, fügen Sie der Definition eines Frames die Option *MARGIN-WIDTH=* hinzu. Hier wird von Ihnen ein Zahlenwert erwartet, gemessen in Pixeln. Die Option *MARGINHEIGHT=* bestimmt den Abstand zwischen Fensterinhalt und oberen bzw. unteren Fensterrahmen, also den *vertikalen Abstand*. Auch hier tragen Sie einen Wert in Pixeln ein.

Beispiel

```
<!DOCTYPE HTML PUBLIC "-//IETF//DTD HTML//EN//3.2">
<HTML>
<TITLE>Beispiel f&uuml;r Frames</TITLE>
<FRAMESET ROWS="30%,50%">
<FRAME SRC="Frame1.HTM" SCROLLING=YES MARGINWIDTH=10
```

```
MARGINHEIGHT=5>
<NOFRAME>
<FRAMESET COLS="20%,80%">
<FRAME SRC="Frame2.HTM" SCROLLING=YES MARGINWIDTH=14
MARGINHEIGHT=8>
<FRAME SRC="Frame3.HTM" SCROLLING=YES>
</FRAMESET>
</FRAMESET>
</HTML>
```

Da es sich bei den Frames um unabhängige Fenster handelt, können diese vom Leser des Dokuments in der Größe verändert werden. Es gibt aber auch Situationen, wo dies der Autor gerade nicht will. Vielleicht haben Sie einen Frame erzeugt, indem eine Image-Map die Navigation durch Ihre Dokumente ermöglichen soll. Wenn Sie nun verhindern möchten, dass der Leser diese Map durch die Vergrößerung eines anderen Fenster verdeckt, fügen Sie der Definition des Frames die Option *NORESIZE* hinzu.

Beispiel

```
<!DOCTYPE HTML PUBLIC "-//IETF//DTD HTML//EN//3.2">
<HTML>
<TITLE>Beispiel f&uuml;r Frames</TITLE>
<FRAMESET ROWS="30%,50%">
<FRAME SRC="Frame1.HTM" SCROLLING=YES MARGINWIDTH=10
MARGINHEIGHT=5>
<NOFRAME>
<FRAMESET COLS="20%,80%">
<FRAME SRC="Frame2.HTM" SCROLLING=YES MARGINWIDTH=14
MARGINHEIGHT=8>
<FRAME SRC="Frame3.HTM" SCROLLING=NO NORESIZE>
</FRAMESET>
</FRAMESET>
</HTML>
```

NORESIZE kann keinerlei Wert zugewiesen werden. Die Option steht, wie Sie im obigen Listing sehen, völlig selbständig.

9.4 Die Frames bekommen Namen

Die Vorstellung der Frame-Technik hätte kaum solches Aufsehen erregt, wenn nicht vom Inhalt des einen Frames auf einen anderen Rahmen verwiesen werden könnte. Damit dies möglich ist, muss der Autor aber Namen für die Frames festlegen können. Wie Sie auf einen Frame verweisen, erfahren Sie im nächsten Abschnitt. An dieser Stelle geht es erst einmal darum, Ihren Frames Namen zu geben.

Dazu wird der Definition eines Frames das Attribut *NAME=* hinzugefügt. Für die Namensgebung gelten einige Regeln, die beachtet werden müssen:

➤ Die Namen müssen in Anführungszeichen stehen.

➤ Sie dürfen nur aus Buchstaben und Ziffern und Unterstrichen bestehen.

➤ Vermeiden Sie Umlaute.

➤ Der Unterstrich darf nicht an der ersten Stelle stehen.

Ein gültiger Name für ein Frame wäre also In_halt, aber nicht _Inhalt.

Beispiel

```
<!DOCTYPE HTML PUBLIC "-//IETF//DTD HTML//EN//3.2">
<HTML>
<TITLE>Beispiel f&uuml;r Frames</TITLE>
<FRAMESET ROWS="30%,50%">
<FRAME SRC="Frame1.HTM" SCROLLING=YES  NAME="UEBERSICHT"
NORESIZE SCROLLING=NO>
<NOFRAME>
```

```
<FRAMESET COLS="20%,80%">
<FRAME SRC="Frame2.HTM" SCROLLING=YES NAME="TEXTANZEIGE">
<FRAME SRC="Frame3.HTM" SCROLLING=NO NORESIZE
NAME="GREETINGS">
</FRAMESET>
</FRAMESET>
</HTML>
```

Die Programmierer von Netscape haben einige *Fensternamen reserviert*.
Die folgenden Namen sind vorgesehen:

➤ _BLANK

Legen Sie einen Verweis auf ein Fenster mit diesem Namen, so wird
der Verweis in einem neuen Fenster angezeigt.

➤ _SELF

Das Ziel der Verweises wird im gleichen Fenster angezeigt, in dem
auch der Verweis stand.

➤ _PARENT

Das Verweisziel wird in einem übergeordneten Fenster angezeigt.
Sofern ein solches nicht existiert, wird das Verweisziel im gleichen
Fenster angezeigt wie der Verweis selbst.

➤ _TOP

Das Verweisziel wird im ersten Fenster einer Fensterhierarchie angezeigt. Falls kein übergeordnetes Fenster existiert, wird das Verweisziel im gleichen Fenster angezeigt wie der Verweis selbst.

9.5 Auf Frames verweisen

Nachdem Sie Ihren Frames Namen zugewiesen haben, kann nun über die Namen auf die einzelnen Frames verwiesen werden.

Dazu erstellen Sie einfach einen Link, wie Sie es im Kapitel über Hypertext kennengelernt haben. Sie ergänzen im einleitenden Tag einfach die zusätzliche Angabe *TARGET=*.

Als Wert für Target können Sie Ihre selbstgewählten Fensternamen, aber auch die reservierten Fensternamen verwenden.

Die Angabe des Fensternamens (Name des Frames) muss dabei in *Anführungszeichen* stehen.

Beispiel

```
<!DOCTYPE HTML PUBLIC "-//IETF//DTD HTML//EN//3.2">
<HTML>
<TITLE>Beispiel f&uuml;r Verweise auf Frames</TITLE>
<BODY>
Willkommen zu unserem Beispiel!
Wenn  Sie  mehr  &uuml;ber  den  Inhalt  erfahren  wollen,
w&auml;hlen Sie Inhalt aus:<BR>
<A HREF="INHALT.HTML" TARGET="UEBERSICHT">Inhalt</A>
</BODY>
</HTML>
```

In diesem Beispiel verweisen Sie auf das Dokument INHALT.HTML, das in dem Frame mit dem Namen UEBERSICHT angezeigt werden soll.

9.6 Ein Layout mit Frames

Nachdem wir nun eine ganze Menge Theorie zum Thema Frames gehört haben, werden wir jetzt anhand eines praktischen Beispiels einmal ein komplettes Layout mit Frames erstellen.

➤ Erstellen Sie bitte drei HTML-Dokumente beliebigen Inhalts. Speichern Sie diese unter den Namen ART_1.HTM, ART_2.HTM und ART_3.HTM ab. Es soll eine Begrüßungsseite präsentiert werden. Erstellen Sie eine HTML-Datei mit dem Namen WELCOME.HTM.

➤ Sie wollen in Ihre Seiten eine Grafik integrieren. Im Listing wird sie LOGO.GIF heißen. Speichern Sie ein Bild Ihrer Wahl unter diesem Namen oder fügen Sie den Namen Ihrer Grafik anstelle von LOGO.GIF an der entsprechenden Stelle ein.

➤ Als nächstes erstellen Sie ein HTML-Dokument mit dem Namen INHALT.HTM, etwa so:

Beispiel

```
<!DOCTYPE HTML PUBLIC "-//IETF//DTD HTML 3.0//EN"
"html.dtd">
<HTML>
<HEAD>
<TITLE> &Uuml;bersicht </TITLE>
</HEAD>
<BODY>
<B>&Uuml;bersicht</B>
<A HREF="ART_1.HTM" TARGET="TEXT">Unser erster Artikel
</A><P>
<A HREF="ART_2.HTM" TARGET="TEXT">Unser zweiter Artikel
</A><P>
<A HREF="ART_3.HTM" TARGET="TEXT">Unser dritter Artikel
</A>
```

```
</BODY>
</HTML>
```

Dieses HTML-Dokument soll als Inhaltsverzeichnis dienen. Sie verweisen darin auf die gerade erstellten Dokumente. Diese soll jeweils in einem Frame mit dem Namen TEXT angezeigt werden.

➤ Nun erstellen Sie die Frames unseres Layouts.

Beispiel

```
<!DOCTYPE HTML PUBLIC "-//IETF//DTD HTML//EN//3.2">
<HTML>
<TITLE>Unser erstes Layout mit Frames</TITLE>
<FRAMESET ROWS="20%,75%">
<FRAME SRC="LOGO.HTM" NAME="LOGO" NORESIZE SCROLLING=NO>
<NOFRAME>
<FRAMESET COLS="20%,80%">
<FRAME SRC="INHALT.HTM" SCROLLING=Yes NAME="UEBERSICHT">
<FRAME SRC="WELCOME.HTM" SCROLLING=YES NAME="TEXT">
</FRAMESET>
</FRAMESET>
</HTML>
```

Speichern Sie bitte diese Datei unter einem beliebigen Namen ab, zum Beispiel als FRAME.HTM.

➤ Wie Sie sicherlich bemerkt haben, wird in unseren Frames auf ein Dokument mit dem Namen LOGO.HTM verwiesen. Dieses sollen Sie abschließend noch erstellen. Darin enthalten ist die bereits erwähnte Grafik.

Beispiel

```
<!DOCTYPE   HTML   PUBLIC   "-//IETF//DTD   HTML   3.0//EN"
"html.dtd">
<HTML>
```

```
<HEAD>
</HEAD>
<BODY>
<IMG SRC="LOGO.GIF">
</BODY>
</HTML>
```

Sofern sich alle Dokumente und Grafiken innerhalb eines Verzeichnisses befinden, sind Sie bereits am Ende angelangt. Rufen Sie Netscape auf und überzeugen Sie sich selbst. Das Ergebnis sollte aussehen wie in Abbildung 9.7.

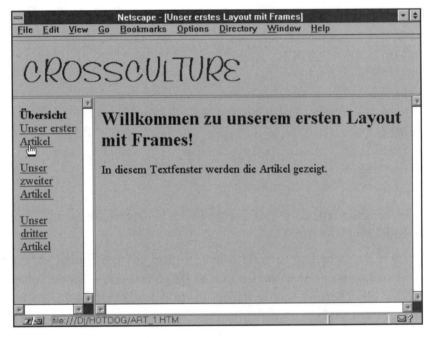

Abb. 9.7: Ihr erstes Layout mit Frames

Wenn Sie nun auf einen Verweis der Übersicht im linken Fenster klikken, sollte der Inhalt des entsprechenden Dokuments im größeren rechten Bereich angezeigt werden, wie in Abbildung 9.8 dargestellt.

Kapitel 9

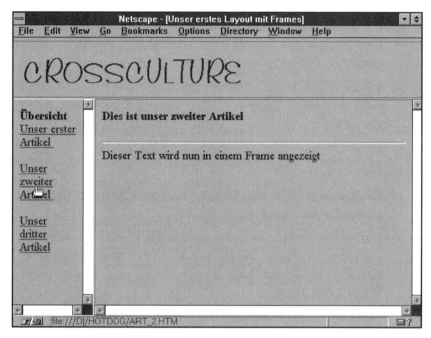

Abb. 9.8: Tatsächlich, es funktioniert!

9.7 Zusammenfassung und Fragen

Zusammenfassung

➤ Frames sind unabhängige Bildschirmbereiche innerhalb des Anzeigefensters im Browser.

➤ Frames können horizontal und vertikal aufgeteilt werden.

➤ Die Definition eines Sets von Frames wird anstelle des Elements *<BODY>* vorgenommen.

➤ Ein Frame wird definiert durch das Element *<FRAME SRC=>*.

➤ Für jeden Frame kann individuell eingestellt werden, ob im Fenster gescrollt werden kann oder ob die Fenster in der Größe variabel behandelt werden.

➤ Jedem Frame kann ein Name zugewiesen werden, auf den dann von einem anderen HTML-Dokument verwiesen werden kann.

Fragen

1. Definieren Sie bitte ein Frameset aus zwei Frames mit der horizontalen Aufteilung 15% und 85%.

2. Definieren Sie bitte zwei Frames für das Frameset aus Frage 1. Frame 1 verweist auf ein Dokument mit dem Namen INHALT.HTM, Frame 2 auf ein Dokument mit dem Namen WELCOME.HTM.

3. Was bewirkt das Attribut NAME innerhalb einer Frame-Definition?

4. Wie erzwingen Sie das Anzeigen von Scrollbalken in einem Frame?

5. Wie unterbinden Sie, dass der Leser einen Frame in der Größe verändern kann?

6. Erstellen Sie bitte die Frames aus Abbildung 9.9. Hinweis: Das jeweils obere bzw. linke Fenster sollen 20% des Anzeigefensters zugewiesen bekommen.

7. Wie legen Sie den Abstand zwischen Fensterinhalt und Fensterrahmen fest?

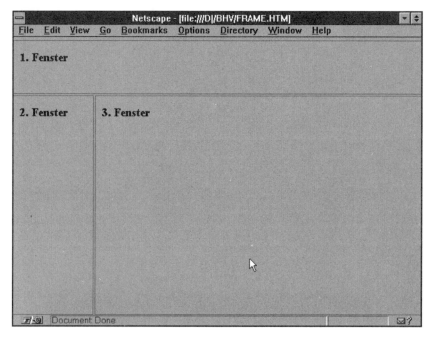

Abb. 9.9: Frameset für Frage 6.

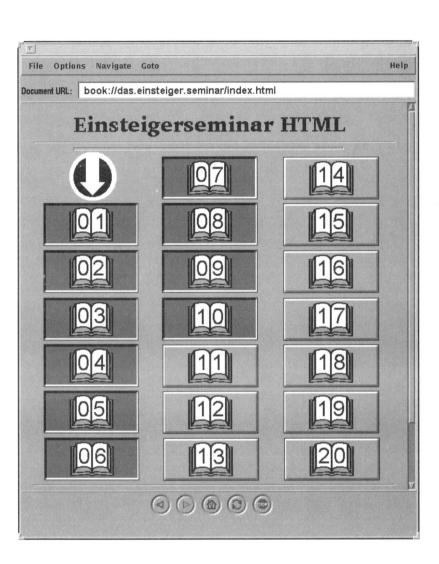

10 Farben in HTML verändern

Alle Beispiele gingen bisher immer von den voreingestellten Farben des verwendeten Browsers aus. Meist handelt es sich dabei um schwarze Schrift vor einem weißen oder grauen Hintergrund. Durch das Einfügen von Hintergrundgrafiken lassen sich zwar sehr ansprechende Seiten erstellen, aber es bleibt doch immer bei der gleichen langweiligen schwarzen Schrift.

In HTML können Sie jedoch auch die Farben des Textes verändern. Wie dies im einzelnen erfolgen kann, ist vom Kontext abhängig – dass heißt davon, ob Sie innerhalb einer Tabelle arbeiten oder die Farbe des Textes global im ganzen Dokument verändern wollen. Allen diesen Farbänderungen ist jedoch gemein, dass Sie grundsätzlich zwei Optionen haben: eine bestimmte Farbe oder eine Farbkombination zu erstellen:

1. Sie verwenden *hexadezimale Farbcodes.*

2. Sie geben einen Farbnamen an.

Was heißt das nun? Netscape und der Internet Explorer kennen eine Reihe von Farben, denen mehr oder weniger ausdrucksstarke Namen gegeben worden sind. Diese Namen sind bis auf einen Satz von 16 Grundfarben von Browser zu Browser unterschiedlich. Weise ich einer Passage meines HTML-Dokuments die Farbe Cadetblue (ein hellblauer Farbton) zu, kann der Internet Explorer nichts damit anfangen und stellt meine Seite falsch dar. Ein mühevoll abgestimmtes Layout wirkt dann vielleicht völlig unausgewogen oder sogar hässlich.

Anders sieht es aus, wenn Sie mit hexadezimalen Farbcodes arbeiten. Was heißt das?

10.1 Hexadezimale Farbcodes

Jede Farbe, die Sie am Monitor sehen, setzt sich aus unterschiedlichen Anteilen der drei Farben Rot, Grün und Blau zusammen. Man spricht hier auch von dem *RGB-Wert* der Farbe

Jede Farbdefinition innerhalb eines HTML-Dokuments in der hexadezimalen Schreibweise hat folgendes Schema:

#XXXXXX

Es handelt sich um ein Doppelkreuz und jeweils (in dieser Reihenfolge) zwei Stellen für den Rot-Wert, den Grün-Wert und schließlich den Blau-Wert der Farbe.

Erlaubt sind dabei die folgenden 16 (daher auch der Name Hexadezimal vom griechischen Hexa=Sechs und Dezima=10) Werte:

Hexadezimale Ziffer	Dezimale Ziffer
0	0
1	1
2	2
3	3
4	4
5	5
6	6
7	7
8	8
9	9
A	10
B	11
C	12
D	13

Hexadezimale Ziffer	Dezimale Ziffer
E	14
F	15

Da für jeden Farbwert zwei Ziffern zur Verfügung stehen, wobei jede Ziffer 16 verschiedene Zustände haben kann, gibt es also 256 unterschiedliche mögliche Werte für einen Farbwert (16x16), also insgesamt 16,7 Millionen unterschiedliche Farben (256x256x256).

Es mag fast unmöglich erscheinen, aus dieser Fülle von Möglichkeiten auf Anhieb den gewünschten Farbton zu erhalten, aber inzwischen gibt es eine Reihe von Produkten auf dem Shareware-Markt, mit denen sich die Farben über kleine Schalter stufenlos mischen lassen. Das Ergebnis in hexadezimaler Schreibweise wird dann angezeigt und lässt sich in das Dokument übernehmen.

Wenn Sie sicher sein wollen, dass Ihre ausgewählten Farben auch tatsächlich so dargestellt werden, wie Sie sich das gedacht haben, empfehle ich Ihnen, die hexadezimale Schreibweise zu benutzen.

10.2 Browserspezifische Farbnamen

Wie bereits erwähnt, kennen der Netscape Navigator und der Internet Explorer die Möglichkeit, Farbnamen direkt einzugeben, ohne den Umweg über hexadezimale Codes zu nehmen. Besonders Netscape hat sich auf diesem Gebiet hervorgetan. Es würde etwas zu weit führen, an dieser Stelle alle möglichen Farbnamen aufzuführen, zumal Sie ja nur Abbildungen in Schwarz-Weiß vor sich haben. Dennoch an dieser Stelle wenigstens die Übersicht über die 16 Grundfarben, deren Farbnamen auch der Internet Explorer versteht. Die Namen sind dabei von hell nach dunkel geordnet:

Name	Beschreibung
White	Weiße Schrift
Aqua	Ein recht helles Blau
Fuchsia	Ein rötlich-blauer Farbton
Blue	Ein leuchtender Blauton
Yellow	Leuchtendes Gelb
Lime	Heller Grünton
Red	Helles Rot
Silver	Ein silbergrauer Farbton
Gray	Grau
Teal	Ein matt wirkendes dunkleres Grün
Purple	Lila
Navy	Metallisch wirkendes Blau
Olive	Oliv
Green	Helles Grün
Maroon	Brauner Farbton
Black	Schwarz

10.3 Textvorder- und Hintergrundfarben

Es kann in einem Dokument eine Farbe für den Text im Vordergrund und eine für den Hintergrund festgelegt werden. Diese Einstellungen gelten jeweils für ein Dokument im Ganzen. Denkbar ist es, jede Seite individuell zu gestalten oder auch jede Seite gleich.

 Erschweren Sie Ihrem Publikum nicht unnötig das Lesen. Wählen Sie für die Schriftart immer einen stark zum Hintergrund kontrastierenden Farbton aus.

Sie legen eine Farbe für den *Seitenhintergrund* im einleitenden Tag *<BODY>* fest. Dazu fügen Sie das Attribut *BGCOLOR=* hinzu.

Beispiel

```
<HTML>
<BODY BGCOLOR=#0099CC>
Dies ist ein Test.
</BODY>
</HTML>
```

In diesem Beispiel wird die Seite mit einem dunkelblauen Hintergrund ausgestattet.

Hinweis
Ihre Einstellungen für den Seitenhintergrund sind von den Voreinstellungen des Browsers unabhängig. Im obigen Beispiel wäre der Hintergrund selbst dann dunkelblau, wenn der Benutzer die Standardfarben seines Browsers seinen Wünschen angepasst hätte.

Für die Farbwahl des Seitenvordergrunds, also des Textes, stehen mehrere Möglichkeiten zur Verfügung:

➤ Sie legen die Farbe für den eigentlichen *Textkörper* fest, also für den Fließtext, die Überschriften usw.

➤ Sie können die Farbe für einen *noch nicht besuchten Link* bestimmen.

➤ Die Farbe für bereits *besuchte Links* ist ebenfalls wählbar.

➤ Verweisen, die der Leser gerade anklickt, kann ebenfalls eine bestimmte Farbe zugewiesen werden.

Um die Farbe des Textkörpers festzulegen, fügen Sie dem Tag *<BODY>* das Attribut *TEXT=* hinzu.

Beispiel

```
<HTML>
<BODY TEXT=#CC3300>
Dieser Text erscheint in rot.
</BODY>
</HTML>
```

Das Attribut *LINK=* legt die Farbe für einen noch nicht besuchten Links fest. Auch dieses Attribut wird innerhalb von *<BODY>* eingetragen.

Beispiel

```
<HTML>
<BODY LINK=#66FF00>
Dieser Text erscheint in Grün.
</BODY>
</HTML>
```

Um die Farbe für einen bereits besuchten Link zu bestimmen, benutzen Sie bitte das Attribut *VLINK=*.

Beispiel

```
<HTML>
<BODY VLINK=#FFFFCC>
</BODY>
</HTML>
```

Ein Link, den der Leser des Dokuments anklickt, verändert seine Farbe, die durch das Attribut *ALINK=* definiert werden kann.

Beispiel

```
<HTML>
<BODY ALINK=#FFCC00>
</BODY>
</HTML>
```

10.4 Farben für einzelne Passagen festlegen

Wenn Sie dies wollen, kann die Farbe für Fließtext, Tabellen, Listen oder Überschriften auch innerhalb eines Dokuments gewechselt werden. Dazu wird das Attribut *<COLOR=* in den einleitenden Tag *<FONT>* eingetragen. Das Paar *<FONT>...</FONT>* kann auch Eigenschaften der verwendeten Schrift festlegen, wie Sie noch sehen werden.

Beispiel

```
<!DOCTYPE HTML PUBLIC "-//IETF//DTD HTML 3.0//EN"
"html.dtd">
<HTML>
<BODY>
Dies ist ein Text in einem normalen Font. <FONT
COLOR=#FF0066>Ab hier beginnt eine rote Textpassage.
</FONT> Nun folgt wieder normaler Text.
</BODY>
</HTML>
```

Bitte beachten Sie auch hier, eine Schriftfarbe zu wählen, die sich deutlich von Ihrer verwendeten Hintergrundgrafik bzw. Hintergrundfarbe abhebt.

10.5 Die Farbe in Tabellen ändern

Der Internet Explorer erlaubt seit der Version 2.0 die Farben für die Rahmen und Zellenhintergründe einer Tabelle zu verändern. Andere Browser unterstützen diese Funktion (noch) nicht

Um die Farbe für den *Rahmen* der Tabelle zu verändern, wird das Attribut *BORDERCOLOR=* in den einleitenden Tag *<TABLE>* eingefügt.

Erlaubt sind dabei die vordefinierten Farbnamen und jede beliebige hexadezimale Notation.

Beispiel

```
<!DOCTYPE HTML PUBLIC "-//IETF//DTD HTML 3.0//EN"
"html.dtd">
<HTML>
<BODY>
<TABLE BORDER BORDERCOLOR=#3333FF>
<TR>
<TH>M&auml;nnliche Vornamen
<TH>Weibliche Vornamen
</TR>
<TR>
<TD>Sven
<TD>Inge
</TR>
<TR>
<TD>Rolf
<TD>Gabriele
</TR>
</TABLE>
</BODY>
</HTML>
```

Interessant ist die Möglichkeit, einen Schatten-Effekt bei der Farbauswahl des Rahmens zu erreichen. Dazu werden zwei Farben definiert: eine dunklere und eine hellere. Um einen Schattierungseffekt zu erreichen, verwenden Sie anstelle des Attributs *BORDERCOLOR* die beiden Attribute *BORDERCOLORDARK=* für die dunklere Farbe und *BORDERCOLORLIGHT=* für den helleren Ton.

```
<!DOCTYPE HTML PUBLIC "-//IETF//DTD HTML 3.0//EN"
"html.dtd">
<HTML>
<HEAD>
<TITLE>Beispiel f&uuml;r Tabellenfarben</TITLE>
</HEAD>
<BODY>
<TABLE BORDER BORDERCOLORDARK=#0000BF
BORDERCOLORLIGHT=#00BFBF WIDTH=95% HEIGHT=60%>
<TR>
<TH>Umsatz 1995
<TH>Umsatz 1994
</TR>
<TR>
<TD ALIGN=CENTER>123.456
<TD ALIGN=CENTER>123.789
</TR>
</TABLE>
</BODY>
</HTML>
```

Ihre Gestaltungsmöglichkeiten in Bezug auf Tabellen werden beim Internet Explorer noch weiter ausgeweitet, denn er erlaubt die Definition von Farben für Zellhintergründe oder die gesamte Tabelle.

Die Farbe für den Hintergrund einer Tabelle verändern Sie im einleitenden Tag *<TABLE>* mit dem uns schon bekannten Attribut *BGCOLOR=*.

Beispiel

```
<!DOCTYPE HTML PUBLIC "-//IETF//DTD HTML 3.0//EN"
"html.dtd">
<HTML>
```

```
<HEAD>
<TITLE>Beispiel f&uuml;r Tabellenfarben</TITLE>
</HEAD>
<BODY>
<TABLE BORDER BGCOLOR=#00BFBf WIDTH=95% HEIGHT=60%>
<TR>
<TH>Land
<TH>Hauptstadt
</TR>
<TR>
<TD ALIGN=CENTER>Deutschland
<TD ALIGN=CENTER>Berlin
</TR>
<TR>
<TD ALIGN=CENTER>&Ouml;sterreich
<TD ALIGN=CENTER>Wien
</TR>
</TABLE>
</BODY>
</HTML>
```

Um die Farbe einer einzelnen Daten- oder Kopfzelle zu ändern, wird das gleiche Attribut *BGCOLOR* in den entsprechenden Tag *<TH>* oder *<TD>* eingetragen.

Hinweis   Die Farbe, die Sie einer Daten- oder Kopfzelle zuweisen, hat Vorrang vor den Angaben zur Hintergrundfarbe einer Tabelle.

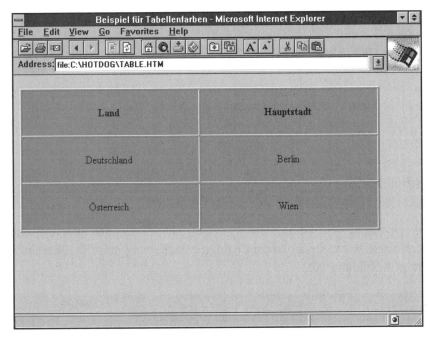

Abb. 10.1: Tabelle mit farbigen Hintergrund

Beispiel

```
<!DOCTYPE HTML PUBLIC "-//IETF//DTD HTML 3.0//EN"
"html.dtd">
<HTML>
<HEAD>
<TITLE>Beispiel f&uuml;r Tabellenfarben</TITLE>
</HEAD>
<BODY>
<TABLE BORDER WIDTH=95% HEIGHT=60%>
<TR>
<TH BGCOLOR=#FFFF00>Name
<TH BGCOLOR=#FFFF00>Position
</TR>
```

```
<TR>
<TD ALIGN=CENTER BGCOLOR=#CCCC99>H.Kahl
<TD ALIGN=CENTER BGCOLOR=#CCCC99>Leitung
</TR>
<TR>
<TD ALIGN=CENTER BGCOLOR=#9999CC>D. Storb
<TD ALIGN=CENTER BGCOLOR=#9999CC>Sekretariat
</TR>
</TABLE>
</BODY>
</HTML>
```

Wenn Sie wollen, können Sie jeder einzelnen Zelle eine andere Farbe zuweisen, wie es in in diesem Listing gemacht worden ist. Das Ergebnis zeigt Abbildung 10.2.

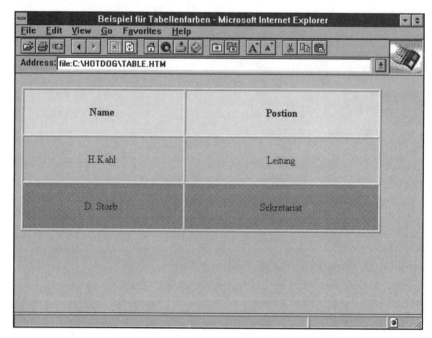

Abb. 10.2: Jede Zelle lässt sich mit einer eigenen Farbe anzeigen

10.6 Zusammenfassung und Fragen

Zusammenfassung

➤ Farbänderungen können Sie entweder durch die Benennung von Farben vornehmen oder durch die Angabe von hexadezimalen Farbcodes. Wenn Sie sich für die Bezeichnung im Klartext entscheiden, sind Sie allerdings von den definierten Farbnamen des verwendeten Browsers abhängig.

➤ Die Farbe für den Seitenhintergrund wird innerhalb des Elements *<BODY>* durch das Attribut *BGCOLOR=* festgelegt.

➤ Für die Farbe des Seitenhintergrundes stehen mehrere Möglichkeiten zur Auswahl. Veränderbar sind die Farbe für den Fließtext, für besuchte und für noch nicht besuchte Links. Auch diese Eintragungen werden in dem Element *<BODY>* vorgenommen.

➤ Die Farbe von einzelnen Textpassagen nehmen Sie durch das Attribut *COLOR=* vor, das innerhalb des Elements *<FONT>* eingetragen wird.

➤ Innerhalb einer Tabelle können Sie die Farbe für den Rahmen verändern. Dies geschieht im einleitenden Tag *<TABLE>* durch Hinzusetzen des Eintrages *BORDERCOLOR=*.

➤ Auch der Hintergrund einer Tabelle kann farblich verändert werden. Sie ändern die Hintergrundfarbe global für die gesamte Tabelle durch *BGCOLOR=* im einleitenden *<TABLE>*.

➤ Der Internet Explorer erlaubt darüber hinaus die Festlegung der Farbe für einzelne Daten- oder Kopfzellen. In die entsprechenden Tag wird dann zusätzlich *BGCOLOR=* notiert.

Fragen

1. Wofür steht RGB?

2. Welche beiden Möglichkeiten, eine Farbe zu bestimmen, bieten der Netscape Navigator und der Internet Explorer?

3. Wie bestimmen Sie eine Farbe für den Seitenhintergrund?

4. Wie verändern Sie die Farbe einer einzelnen Textpassage?

5. Wie erreichen Sie einen Schattierungseffekt bei Tabellenrahmen im Internet Explorer?

6. Wie verändern Sie die Hintergrundfarbe einer Tabelle?

7. Wie wird die Farbe für einen noch nicht besuchten Link geändert?

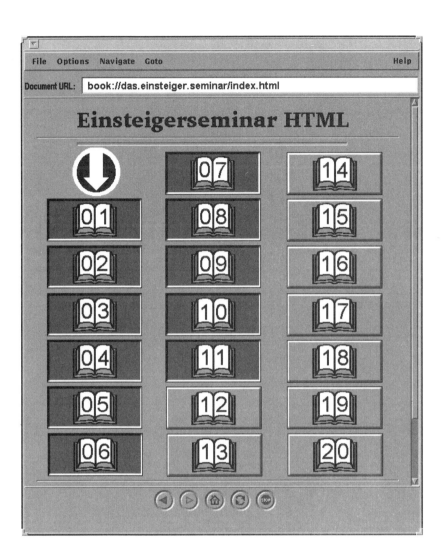

11 Weitere Absatz- und Zeichenformatierungen

Im bisherigen Verlauf dieses Einsteigerseminars haben Sie eine Menge Zeichenformatierungen kennengelernt. Sie haben Tags kenengelernt, mit denen sich Zeichen *physisch* und *logisch* hervorheben lassen. Sie haben gesehen, wie sich Absätze erstellen lassen. Doch bietet HTML noch eine Reihe weitere Formatierungen an, die Ihren Dokumenten erst den richtigen letzten Schliff geben. Um diese HTML-Befehle soll es in desem Kapitel gehen.

11.1 Schriftarten

Der Microsoft Explorer unterstützt seit der Version 2.0 die Möglichkeit, für den Fließtext eine andere Schriftart zu verwenden, als der Anwender in seinem Browser als Standardschriftart festgelegt hat.

Um eine Schriftart für einen Abschnitt festzulegen, benutzen Sie das Element *<FONT FACE=>*. Der Abschnitt wird dann mit dem Element *</FONT>* abgeschlossen. Den gewünschten Schriftartnamen geben Sie von Anführungszeichen eingeschlossen im Klartext im einleitenden Tag ein.

Beispiel

```
<!DOCTYPE HTML PUBLIC "-//IETF//DTD HTML//EN//3.2">
<HTML>
<HEAD>
<TITLE>Schriftart festlegen</TITLE>
</HEAD>
<BODY>
```

```
<FONT FACE="ARIAL">Wenn Sie den Internet Explorer benut-
zen, sehen Sie diesen Text nun in der Schriftart
Arial.</FONT>
</BODY>
</HTML>
```

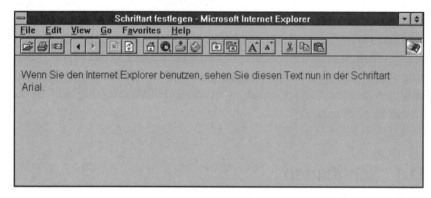

Abb. 11.1: So erhalten Texte ein ganz anderes Aussehen

Aus verständlichen Gründen ist die Angabe einer Schriftart nur dann
wirksam, wenn die entsprechende Schriftart auch auf dem Rechner des
Lesers installiert ist. Es lassen sich aber weitere Schriftarten festlegen,
die anstelle der festgelegten angezeigt werden sollen. Dazu geben Sie
weitere Schriftnamen an, getrennt durch Kommata.

```
<FONT FACE="Arial, Helvetica, Courier>Beispieltext</FONT>
```

> **Tip** Wenn Sie sicherstellen wollen, dass Ihr Text auch wirk-
> lich so dargestellt wird, wie Sie sich das gedacht haben,
> benutzen Sie am besten nur Schriftarten, die weit verbrei-
> tet sind, wie Arial, Times, Courier.

Die Angaben zur Schriftart lassen sich beliebig mit Angaben zur Schriftfarbe kombinieren:

Beispiel

```
<!DOCTYPE HTML PUBLIC "-//IETF//DTD HTML//EN//3.2">
<HTML>
<HEAD>
<TITLE> Kombination von Schriftarten und Schriftfarben
</TITLE>
</HEAD>
<BODY>
<FONT FACE=ARIAL,COURIER COLOR=RED>Dieser Textabschnitt
wird im Microsoft Explorer rot dargestellt.</FONT><BR>
<FONT FACE=TIMES NEW ROMAN,ARIAL COLOR=#CCOOFF>Dieser Ab-
schnitt erscheint in einer ganz anderen Farbe und Schrift-
art.</FONT><BR>
<FONT FACE=ARIAL COLOR=#OOFFFF>Während dieser Abschnitt
wieder eine andere Farbe besitzt.
</BODY>
</HTML>
```

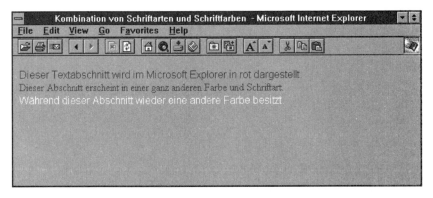

Abb. 11.2: Vom typographischen Standpunkt aus fürchterlich, aber dennoch für HTML beeindruckend: mehrere Schriftarten und -farben in einem Dokument

11.2 Schriftgrößen

Netscape hat HTML dahingehend erweitert, dass nun auch Schriftgrößen für einzelnen Passagen oder den gesamten Fließtext bestimmt werden können. Die Angaben zur Schriftgröße sind *relativ* zu sehen, denn letztendlich bestimmt jeder Leser durch die Voreinstellungen seines Browsers selbst, in welcher Schriftgröße er den Fließtext lesen möchte.

Netscape unterstützt insgesamt sieben verschiedene Schriftgrößen. Um die *Basis-Schriftgröße* für ein Dokument oder einen Abschnitt festzulegen, benutzen Sie die Elemente *<BASEFONT SIZE=>...</BASE-FONT>* Standardmäßig ist ein Wert von 3 vorgegeben, es kann aber jede beliebige andere Zahl zwischen 1 und 7 ausgewählt werden.

Erstellen Sie dazu ein Beispiel. Die Voreinstellung für Fließtext im Netscape Navigator ist in unserem Fall Times New Roman in der Größe 12 Punkt.

Beispiel

```
<!DOCTYPE HTML PUBLIC "-//IETF//DTD HTML//EN//3.2">
<HTML>
<HEAD>
<TITLE>Basisfont festlegen</TITLE>
</HEAD>
<BODY>
<BASEFONT SIZE=5>Hier sehen Sie Flie&szlig;text mit der
Basisgr&ouml;&szlig;e 5.</BASEFONT>
</BODY>
</HTML>
```

Das Ergebnis sehen Sie in Abbildung 11.3. Die dargestellte Schriftart ist deutlich größer als 12 Punkt.

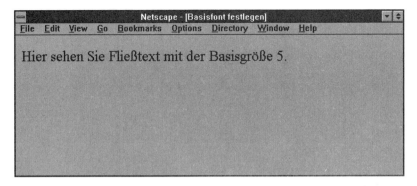

Hier sehen Sie Fließtext mit der Basisgröße 5.

Abb. 11.3: Ein Text mit Basisfontgröße 5

Um die Schriftgröße eines Abschnittes zu verändern, haben Sie zwei Möglichkeiten.

➤ Sie beziehen sich auf die von Ihnen definierte Basisschriftgröße.

➤ Sie verwenden eine gültige Größe zwischen 1 und 7.

Die Schriftgröße eines Abschnitts wird durch das Attribut *SIZE=* zum *<FONT>* bestimmt.

Beispiel

```
<!DOCTYPE HTML PUBLIC "-//IETF//DTD HTML//EN//3.2">
<HTML>
<HEAD>
<TITLE>Schriftgr&ouml;&szlig;e festlegen</TITLE>
</HEAD>
<BODY>
<FONT SIZE=4>Wie Sie sehen, ist diese Schrift deutlich
gr&ouml;&szlig;er, als die Schrift des n&auml;chsten
Abschnitts.</FONT><BR>
<FONT SIZE=1>Die hier verwendete Schrift ist deutlich
kleiner als im vorherigen Abschnitt</FONT>
</BODY>
</HTML>
```

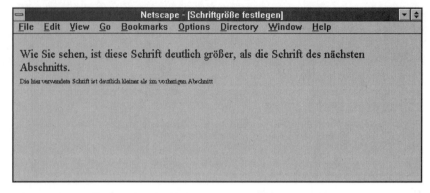

Abb. 11.4: Unterschiedliche Schriftgrößen innerhalb eines Dokuments

Um sich auf die Basisschriftgröße zu beziehen, wird Ihrem Zahlwert innerhalb des Tags einfach nur ein *Plus-* oder *Minuszeichen* vorangestellt. Diese Angaben beziehen sich dann auf die Normalgröße.

Beispiel

```
<!DOCTYPE HTML PUBLIC "-//IETF//DTD HTML//EN//3.2">
<HTML>
<HEAD>
<TITLE>Schriftgr&ouml;&szlig;e bezogen auf Basisfont</
TITLE>
</HEAD>
<BODY>
<FONT SIZE=+4>Dieser Text ist rie&szlig;ig!</FONT><P>
W&auml;hrend dieser Abschnitt in der normalen
Schriftgr&ouml;&szlig;e angezeigt wird.<P>
<FONT SIZE=-1>Diese Schrift ist deutlich kleiner als der
normale Font</FONT><P>
<FONT SIZE=+1>Dieser letzte Abschnitt ist wieder etwas
gr&ouml;&szlig;er.</FONT>
</BODY>
</HTML>
```

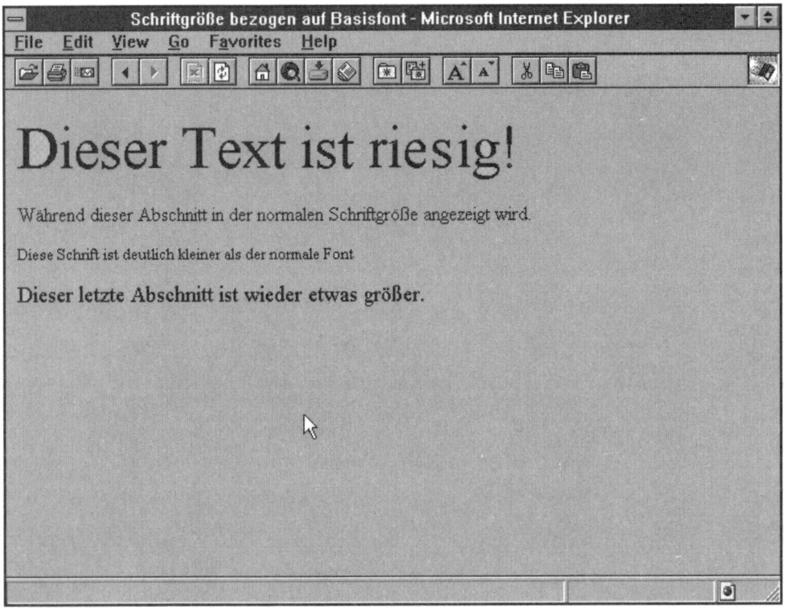

Abb. 11.5: Ein Potpourri von Schriftgrößen

Die Angaben zur Schriftgröße sind mit Angaben zur Schriftfarbe innerhalb des einleitenden Tags kombinierbar:

```
<FONT SIZE=+3 COLOR=#FFCCC>Test</FONT>
```

11.3 Zeilenumbrüche vermeiden

Der Browser wird den gesamten Fließtext des HTML-Dokuments automatisch umbrechen. Der Zeilenumbruch ist dabei abhängig von der Größe des Anzeigefensters. Netscape und der Internet Explorer unterstützen einen Tag, der einen Zeilenumbruch verhindert. Die Elemente *<NOBR>...</NOBR>* begrenzen einen Abschnitt, in dem kein Zeilenumbruch durchgeführt wird. Der Anwender muss die horizontale Scroll-Leiste benutzen, um den gesamten Text sehen zu können.

```
<!DOCTYPE HTML PUBLIC "-//IETF//DTD HTML//EN//3.2">
<HTML>
<HEAD>
<TITLE>Eine Seite ohne Zeilenumbr&uuml;che</TITLE>
</HEAD>
<BODY>
<NOBR>Liebe Leser! Diese Zeile ist eine sehr lange Zeile.
Der gesamte Inhalt wird in eine einzige Zeile geschrieben
und Sie m&uuml;&szlig;en schon horizontal scrollen, um den
gesamten Textdieser Zeile lesen zu k&ouml;nnen.</NOBR><BR>
Ab dieser Zeile wird der Text wieder automatisch umgebro-
chen.
</BODY>
</HTML>
```

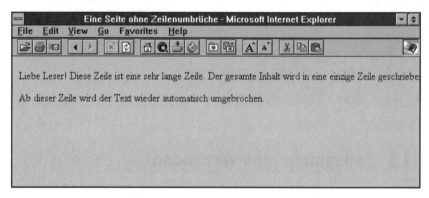

Abb. 11.6: Ausgeschalteter Zeilenumbruch

Allerdings lassen sich auch in solchen Passagen Zeilenumbrüche bewusst vom Autoren setzen. Dazu benutzen Sie das Element *<WBR>*. Mit Hilfe dieser beiden Elemente kann der Autor den Zeilenumbruch völlig unabhängig von der Größe des Anzeigefensters steuern.

```
<!DOCTYPE HTML PUBLIC "-//IETF//DTD HTML//EN//3.2">
<HTML>
<HEAD>
<TITLE>Erzwungener Zeilenumbruch</TITLE>
</HEAD>
<BODY>
<NOBR>Dieser Abschnitt wurde mit &lt;NOBR&gt; formatiert.
Dennoch ist es m&ouml;glich<WBR>an dieser Stelle einen
Zeilenumbruch einzuf&uuml;gen. Damit kann der Autor die
Absatzaufteilung unabh&auml;ngig von der Gr&ouml;&szlig;e
des Anzeigefensters vornehmen.<WBR>Diese Zeile ist wieder
kurz.</NOBR>
</BODY>
</HTML>
```

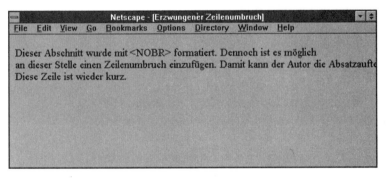

Abb. 11.7: Erzwungener Zeilenumbruch trotz *<NOBR>*

Vorformatierte Texte

Im vorherigen Abschnitt haben Sie einen Weg kennengelernt, wie sich das Aussehen eines HTML-Dokuments unabhängig von der Größe des Anzeigefensters des Browsers steuern lässt. Der dazu verwendete **Tag** wird allerdings bisher nur vom Netscape Navigator und dem **Internet Explorer** unterstützt.

Eine vom Browser unabhängige Möglichkeit, den Zeilenumbruch und damit in hohem Maße das Layout des Dokuments zu bestimmen, bietet das Paar *<PRE>...</PRE>*. Dabei handelt es sich um die Abkürzung für *Preformatted*, also *vorformatiert*.

Text, den Sie zwischen den einleitenden und abschließenden Tag eintragen, wird genauso angezeigt, wie Sie ihn in Ihrem Editor oder Ihrer Textverarbeitung festgelegt haben:

- Zeilenumbrüche im Quelltext werden auch als Zeilenumbrüche innerhalb des HTML-Dokuments interpretiert

- Tabulatoren werden als Leerschritte interpretiert. *Ihre Verwendung wird allerdings nicht empfohlen.*

- Der Text wird dabei in einer dicktengleichen Schrift angezeigt

- Innerhalb eines mit *<PRE>* formatierten Abschnitts dürfen Sie verwenden

- Elemente, die die Schrift hervorheben, wie *<B>* oder *<I>*

- Hypertextverweise

Beispiel

```
<!DOCTYPE HTML PUBLIC "-//IETF//DTD HTML//EN//3.2">
<HTML>
<HEAD>
<TITLE>Beispiel f&uuml;r vorformatierte Texte</title>
</HEAD>
<BODY>
<H2>Auf dieser Seite sehen Sie vorformatierten Text</H2>
<PRE>
Auch wenn es sich hier um vorformatierten Text handelt,
k&ouml;nnen Sie Verweise auf andere Dokumente plazieren:
<A HREF="HTTP://WWW.HOTWIRED.COM">HotWired</A>
```

Über diesen Link erreichen Sie Hot Wired!
Auch <B>fette</B> Schrift ist möglich!<p>

Selbst mit Überschriften läßt sich arbeiten:
<H3>Hier sehen Sie eine Überschrift</H3>
Anschließend geht es weiter im vorformatierten Text.
</PRE>
</BODY>
</HTML>

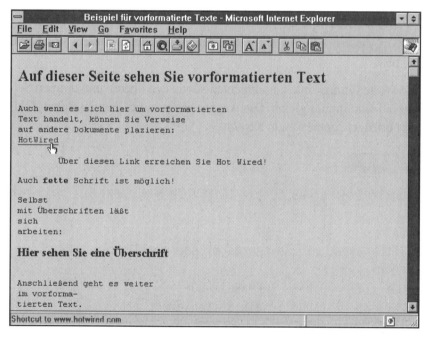

Abb. 11.8: Ihr Text erscheint so, wie Sie Ihn eingegeben haben

11.4 Seitenränder festlegen

Bisher konnte in HTML der Seitenrand eines Dokuments nicht festgelegt werden. Der Internet Explorer von Microsoft schafft hier Abhilfe, denn er erlaubt, den Seitenrand genau einzustellen.

Der Seitenrand wird innerhalb des Tags *<BODY>* festgelegt. Dieser kann mit mehreren Atributen erweitert werden:

➤ *LEFTMARGIN=*
   Mit diesem Attribut legen Sie den *linken und* rechten Seitenrand fest.

➤ *TOPMARGIN=*
   Mit diesem Attribut legen Sie den *oberen und* unteren Seitenrand fest.

Die Werte für den linken und rechten sowie den oberen und unteren Seitenrand sind immer gleich. Die Angabe muss mit einem absoluten Zahlwert erfolgen, gemessen in *Pixeln*.

Beispiel

```
<!DOCTYPE HTML PUBLIC "-//IETF//DTD HTML//EN//3.2">
<HTML>
<HEAD>
<TITLE>Layout mit Seitenr&auml;ndern</TITLE>
</HEAD>
<BODY LEFTMARGIN=80 TOPMARGIN=60>
<H2>Beispiel f&uuml;r ein Seitenlayout mit
R&auml;ndern</H2>
Auf dieser Seite wurden mit den neuen M&ouml;glichkeiten
gearbeitet, die der Internet Explorer durch &lt;BODY LEFT-
MARGIN=&gt; bietet.<P>
Denn wie Sie sehen, kann innerhalb des Internet Explorers,
der Seitenrand genau eingestellt werden.
```

```
</BODY>
</HTML>
```

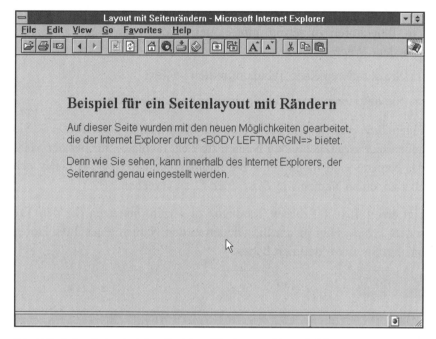

Abb. 11.9: Seitenränder einstellen: Der Internet Explorer macht es möglich

11.5 Tabulatoren setzen

Ein lang gehegter Wunsch von HTML-Autoren scheint in Erfüllung ge-
gangen. Ein neu vorgeschlagenes HTML-Element erlaubt nämlich das
Setzen von Tabulatoren. Bisher mussten Sie ja, um Texte in tabellari-
scher Form darzustellen, gleich eine ganze Tabelle erstellen. Wie Sie gesehen haben, ist dies mit einer nicht unerheblichen Schreibarbeit verbunden. Tabulatoren können bei der Erstellung einer einfachen
Übersicht einer Menge Mühe ersparen. Allerdings werden Tabulatoren
noch von keinem Browser unterstützt. Es ist allerdings anzunehmen,

dass in einer der nächsten HTML-Spezifikationen Tabulatoren zum festen Bestandteil von HTML gehören werden. Aus diesem Grunde soll an dieser Stelle darauf eingegangen werden.

Um Tabulatoren zu setzen, gibt es gemäß des Vorschlages zwei verschiedene Wege:

➤ Sie definieren einen Tabulator mitten im Text.

➤ Sie definieren einen Tabulator einer bestimmten Weite.

Einen *Tabulator im Text* definieren Sie durch den Tag *<TAB ID=>*. Sie geben hier zusätzlich einen Namen für den Tabulator an. Bei der Wahl des Namens sind Ihnen keine Beschränkungen auferlegt; es bietet sich aber an, einen Namen wie *TAB1* oder *T1* zu vergeben.

Um einen Text auf diesen Tabulator zu setzen, benutzen Sie den Tag *<TAB TO=>*. Hier geben Sie wiederum den Namen eines Tabulatoren an, den Sie zuvor definiert haben.

Beispiel

```
<!DOCTYPE HTML PUBLIC "-//IETF//DTD HTML//EN//3.2">
<HTML>
<BODY>
In diesem Text soll ein Tabulator gesetzt werden, und zwar
genau an dieser Stelle:<TAB ID=TAB1><BR>
<TAB TO=TAB1>Dieser Text erscheint hier, weil er auf Tab
gesetzt wurde.
</BODY>
</HTML>
```

Es ist vorgesehen, Tabulatoren einer bestimmten Weite setzen zu können. Der entsprechende lautet: *<TAB INDENT=>*.

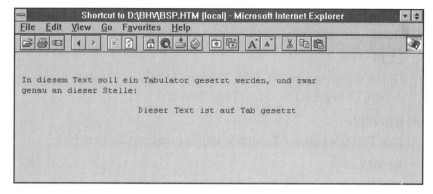

Abb. 11.10: So sähe das Ergebnis unseres Listings aus

Hier geben Sie einen Wert ein, der in *en* gemessen wird. Dieser Wert kommt aus dem Schriftsatz. Es würde an dieser Stelle zu weit führen, eine genaue Erklärung zu geben, woher sich der Wert ableitet. Für Sie ist allerdings wichtig zu wissen, das 2 en 1 pt entsprechen. Pt ist die Abkürzung der typographischen Maßeinheit Punkt, die ungefähr 0,376 mm entspricht.

```
<!DOCTYPE HTML PUBLIC "-//IETF//DTD HTML//EN//3.2">
<HTML>
<BODY>
In diesem Beispiel soll ein Text um 20 Punkt
einger&uuml;ckt werden:<BR>
<TAB INDENT=40>Dadurch erscheint der Text an dieser
Stelle.
</BODY>
</HTML>
```

Wenn Sie in Ihrer Textverarbeitung schon einmal mit Tabulatoren gearbeitet haben, wissen Sie, dass Sie den Fließtext unterschiedlich an den Tabulatoren ausrichten können. Auch die vorgeschlagenen HTML-Elemente sehen diese Option vor.

Dazu wird das bereits bekannte Attribut *ALIGN=* verwendet. Folgende Ausrichtungen sind möglich:

➤ LEFT

Durch diese Angabe wird der Text am Tabulator linksbündig ausgerichtet, er beginnt also exakt links davon.

➤ CENTER

Der Text wird an der Tabulatorposition zentriert ausgerichtet.

➤ RIGHT

Der Text beginnt auf der rechten Seite des Tabulators.

➤ DECIMAL

Diese Ausrichtung ist für Zahlen mit einem Komma, also zum Beispiel Währungsbeträge interessant. Der Text wird dann um das Komma herum ausgerichtet.

Beispiel

```
<!DOCTYPE HTML PUBLIC "-//IETF//DTD HTML//EN//3.2">
<HTML>
<BODY>
<H2>Beispiel f&uuml;r Tabulatoren</H2>
In dieser Zeile setzen wir einen Tabulator:<TAB
ID=T1>Hier.<BR>
Danach wird der Text dann ausgerichtet:
<TAB TO=T1 ALIGN=LEFT>Linksb&uuml;ndig.
<TAB TO=T1  ALIGN=RIGHT>Rechtsb&uuml;ndig.
<TAB TO=T1 ALIGN=CENTER>Zentriert
<TAB TO=T1 ALIGN=DECIMAL>18,50 DM (Dezimal)
</BODY>
</HTML>
```

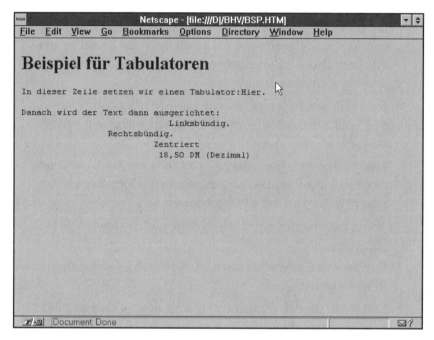

Abb. 11.11: Beispiele für Tabulatoren

11.6 Zusammenfassung und Fragen

Zusammenfassung

➤ Der Internet Explorer erlaubt, Ihren Texten verschiedene Schriftarten zuzuweisen, ohne die Einstellungen des Browser zu berücksichtigen. Die Angabe kann in Klartext erfolgen.

➤ Die Angaben zur Schriftart lassen sich mit Angaben zur Schriftfarbe kombinieren.

➤ Sie können in HTML eine relative Schriftgröße vergeben. Diese kann mittels *<BASEFONT>* für das gesamte Dokument gelten oder mit *<FONT SIZE=>* für einzelne Passagen.

Weitere Absatz- und Zeichenformatierungen   247

- Ihr gesamter Text wird vom Browser als Fließtext behandelt und in Abhängigkeit vom Anzeigefenster des Browsers umbrochen. Diese automatischen Zeilenumbrüche können mit *<NOBR>* unterbunden werden.

- Innerhalb von Passagen, die Sie mit *<NOBR>* formatiert haben, sind vom Autor gesetzte Zeilenumbrüche mit *<WBR>* möglich.

- Das Layout einzelner Passagen kann vom Autor bestimmt werden, indem er den Text zu einem vorformatierten Text macht. Dazu wird der *<PRE>* benutzt.

- Vorformatierte Texte werden in einer dicktengleichen Schrift angezeigt.

- Der Internet Explorer gestattet es, Seitenränder – gemessen in Pixeln – festzulegen.

- Die Werte für den rechten und linken, bzw. oberen und unteren Seitenrand sind dabei immer gleich.

- Ein Vorschlag sieht vor, in einem HTML-Dokument Tabulatoren zu setzen.

- Die Tabulatoren können mitten im Text definiert werden, oder genau positoniert.

- Der am Tabulator positionierte Text kann – wie in einer Textverarbeitung – ausgerichtet werden, und zwar links-, rechtsbündig und zentriert.

Fragen

1. Woran sollten Sie denken, wenn Sie eine Schriftart für einen Text bestimmen?

2. Welche Werte sind bei der Festlegung einer relativen Schriftgröße erlaubt?

3. Wie lautet die Befehlszeile, wenn die Schriftart eines Abschnitts um den Faktor 3 größer sein soll als die Standardschrift?

4. Sie wollen eine Passage in der Schriftart Arial erscheinen lassen. Sollte die Schriftart nicht installiert sein, soll der Font Courier New verwendet werden. Wie lautet die entsprechende Formatierung?

5. Wie setzen Sie einen Zeilenumbruch in einem Abschnitt, in dem der automatische Zeilenumbruch ausgeschaltet worden ist?

6. Der linke Seitenrand eines Dokuments soll auf 80 Pixel gesetzt werden. Der obere Seitenrand bei 20 Pixeln. Wie lauten die entsprechenden Anweisungen und in welchen werden Sie eingetragen?

7. Sie wollen den Seitenrand rechts auf 40 und den linken Seitenrand auf 70 festlegen. Wie sieht die Formatierungsanweisung aus?

8. Wie definieren Sie einen Tabulator an einer beliebigen Stelle im Dokument?

9. Wie setzen Sie Schrift auf diesen Tabulator?

10. Sie wollen Text auf einen um 25 Punkt eingerückten Tabulator setzen. Wie lautet der HMTL-Befehl dafür?

Document URL: book://das.einsteiger.seminar/index.html

Einsteigerseminar HTML

12 Video und Sound

Grafiken lassen sich schon seit geraumer Zeit in HTML-Dokumente einbinden. Grundsätzlich ist es möglich, fast jeden beliebigen Dateityp in
ein solches Dokument zu integrieren, allerdings muss im Browser hinterlegt sein, was mit einer Datei dieses Typs passieren soll.

Der Internet Explorer aus dem Hause Microsoft hat als erster Browser
die Autoren mit der Möglichkeit versorgt, Videos im AVI-Format in
seine Dokumente einzubinden.

Sie binden ein Video durch den *Tag* *<IMG>* ein, dem als Attribut
DYNSCR= hinzugefügt wird. Vom Prinzip unterscheidet sich der Tag
nicht von der bereits bekannten Option, Bilder einzufügen.

Beispiel

```
<!DOCTYPE HTML PUBLIC "-//IETF//DTD HTML//EN//3.2">
<HTML>
<HEAD>
<TITLE>Beispiel f&uuml;r eine Videoeinbindung</TITLE>
</HEAD>
<BODY>
<H2>Video einbinden</H2>
Hier wird ein Video eingebunden:<P>
<IMG DYNSRC="TEST.AVI">
</BODY>
</HTML>
```

Der Name der entsprechenden Datei muss also wie gewohnt in *Anführungszeichen* stehen. Bei der Angabe des Dateinamens gelten die gleichen Regeln wie für das Einfügen von Grafiken. Denken Sie also daran,
eventuell einen *relativen* oder *absoluten Pfadnamen* anzugeben.

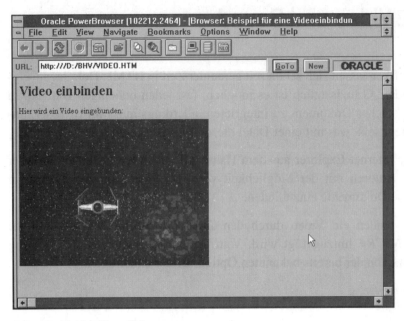

Abb. 12.1: Ein eingefügtes Video

Nun gehen eine Reihe von Internet-Surfern nicht mit dem Explorer auf die Datenreise. Netscape unterstützt derzeit die Videoeinbindung noch nicht. Seien Sie also einfach so nett, und bieten Sie Benutzern anderer Browser eine alternative Grafik an. Dazu benutzen Sie wieder das Element *<IMG>*. Dieses wird neben der Videoeinbindung um eine Grafikreferenz, wie wir Sie kennen, also mit *SRC=*, erweitert:

Beispiel

```
<!DOCTYPE HTML PUBLIC "-//IETF//DTD HTML//EN//3.2">
<HTML>
<HEAD>
<TITLE>Beispiel f&uuml;r Video und Alternative</TITLE>
</HEAD>
<BODY>
An dieser Stelle sehen Sie mein neuestes Video. F&uuml;r
```

```
alle, die den Internetexplorer nicht verwenden, biete ich
eine sch&ouml;ne Grafik:<P>
<IMG DYNSRC="TEST.AVI" SRC="GRAFIK.GIF">
</BODY>
</HTML>
```

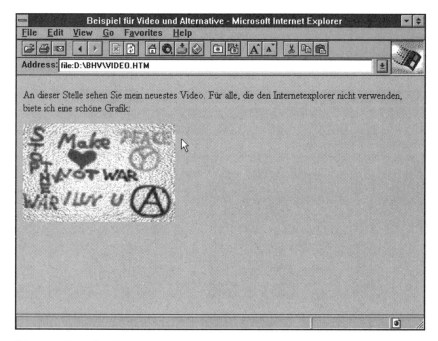

Abb. 12.2: Bieten Sie Alternativen zur Videoeinbindung an

Wenn Sie dem Leser Ihres Dokuments die Möglichkeit an die Hand geben wollen, den Ablauf des Films zu kontrollieren, können Sie zusätzlich *Steuerungselemente* einblenden lassen. Dazu wird die nun bereits
bekannte Videoreferenz um die Option *CONTROLS* erweitert:

Beispiel

```
<!DOCTYPE HTML PUBLIC "-//IETF//DTD HTML//EN//3.2">
<HTML>
```

```
<HEAD>
<TITLE>Seite mit Video und Kontrollschaltfl&auml;chen
</TITLE>
</HEAD>
<BODY>
Dieses Video k&ouml;nnen Sie auch anhalten!<BR>
<IMG DYNSRC="VIDEO.AVI" CONTROLS>
</BODY>
</HTML>
```

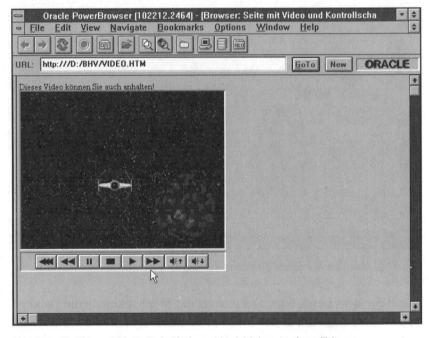

Abb. 12.3: Ein Video mit Kontrollschaltfächen wirkt gleich benutzerfreundlicher

Microsoft hat vorgesehen, die Größe des angezeigten Videos variabel zu gestalten. Innerhalb der Referenz können Sie durch die Attribute *WIDTH=* und *HEIGHT=* die *Anzeigebreite* und *Anzeigehöhe* des Clips bestimmen. Die Angabe zur Größe erfolgt in Pixeln.

Bedenken Sie dabei jedoch, dass Sie eine umso gröbere Auflösung erhalten, je größer Sie das Video anzeigen lassen. Im schlimmsten Fall sieht der Leser nichts weiter als sich bewegende bunte Farbflecken auf seinem Monitor. Eine falsch dimensionierte Größe kann darüber hinaus zu einer verzerrten Wiedergabe führen. Gehen Sie also mit den Attributen vorsichtig um.

Beispiel

```
<!DOCTYPE HTML PUBLIC "-//IETF//DTD HTML//EN//3.2">
<HTML>
<HEAD>
<TITLE>Seite mit Video und Kontrollschaltfl&auml;chen
</TITLE>
</HEAD>
<BODY>
Dieses Video k&ouml;nnen Sie auch anhalten!<BR>
<IMG DYNSRC="VIDEO.AVI" WIDTH=320 HEIGHT=240>
</BODY>
</HTML>
```

Hinweis Die Übertragung von Videos belastet das Internet hochgradig. Wenn Sie bereits selber Erfahrungen im Umgang mit AVI-Dateien besitzen, wissen Sie, dass bereits einige Sekunden Film einen Umfang von mehreren Megabyte annehmen können, die dann übertragen werden müssen. Überlegen Sie also genau, ob Sie wirklich ein Video einfügen wollen. Sofern dies der Fall ist, beschränken Sie sich auf eine möglichst kurze Sequenz.

Das Video wird sofort nach Abruf der HTML Datei abgespielt. Wenn Sie dem Leser einen Hinweis geben, kann mit der Wiedergabe gewartet werden, bis er mit der Maus über das Anzeigefenster des Videos fährt.

Um den Beginn der Videosequenz auf diese Weise zu bestimmen, fügen Sie der Videoreferenz das Attribut *START=MOUSEOVER* hinzu:

```
<IMG DYNSRC="VIDEO.AVI" START=MOUSEOVER>
```

Um die Ressourcen des Internets zu schonen, bietet es sich an, kurze Sequenzen zu übertragen, die dann wiederholt abgespielt werden. Der Browser fordert die Datei dann nicht wieder vom Server an, sondern entnimmt sie seinem eigenen *Cache*, einem Zwischenspeicher auf der Festplatte.

Um ein Video mehrmals abzuspielen existiert der Parameter *LOOP=*, der der Videoreferenz hinzugefügt wird. Diesem Parameter können mehrere Werte zugewiesen werden:

➤ Ein beliebiger *Zahlwert*. Die Zahl gibt an, wie oft ein Video abgespielt werden soll.

➤ Infinite. Mittels des Wertes *Infinite* legen Sie fest, dass das Video in einer Endlosschleife abgespielt wird, bis der Leser eine andere Datei aufruft.

Beispiel

```
<!DOCTYPE HTML PUBLIC "-//IETF//DTD HTML//EN//3.2">
<HTML>
<HEAD>
<TITLE>Beispiel-Seite f&uuml; mehrfaches Abspielen</TITLE>
</HEAD>
<BODY>
Das Video auf dieser Seite wird insgesamt f&uuml;nfmal
abgespielt werden!<BR>
<IMG DYNSRC="VIDEO2.AVI" LOOP=5>
</BODY>
</HTML>
```

Die Einbindung von Videoclips unterscheidet sich von der Syntax her nur unwesentlich vom Einfügen von Grafiken. So sind Sie wahrscheinlich nicht allzu sehr davon überrascht, dass fast alle anderen Zusatzangaben, die beim Einbinden einer Grafik verwendet werden können, auch bei einer Videoreferenz gestattet sind. Das sind zum Beispiel Angaben zum Rahmen, die Festlegung eines alternativ angezeigten Textes und Angaben zur Ausrichtung von Text.

Um bewegte Bilder auf den Bildschirm des Lesers zu zaubern, sind Sie nicht allein auf das Einfügen von Videos angewiesen. Der Internet Explorer sieht eine Alternative vor, die sich *Marquee-Texte* oder *Lauftext* nennt. Arbeiten Sie selber unter Windows, so kennen Sie wahrscheinlich den Bildschirmschoner MARQUEE. Er lässt frei wählbare Texte endlos über den Bildschirm scrollen, wenn Sie einmal untätig am PC sitzen.

Als Erweiterung von HTML hat Microsoft Lauftexte nach dem Muster des Marquee-Bildschirmschoners eingeführt. Um einen Lauftext zu erstellen, verwenden Sie das Elemente-Paar *<MARQUEE>* und *</MARQUEE>*. Der von diesen beiden Elementen begrenzte Text wird dann als Lauftext gezeigt.

Beispiel

```
<!DOCTYPE HTML PUBLIC "-//IETF//DTD HTML//EN//3.2">
<HTML>
<HEAD>
<TITLE>Beispiel f&uuml;r Lauftext</TITLE>
</HEAD>
<BODY>
Auf dieser Seite erscheint ein Lauftext!<P>
<MARQUEE>bhv-Einsteigerseminar!</MARQUEE>
</BODY>
</HTML>
```

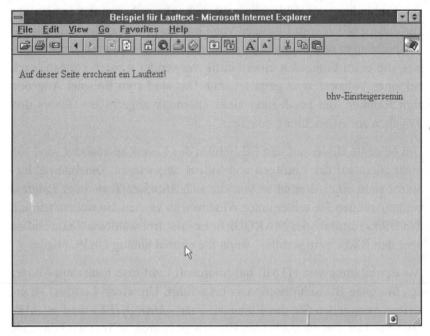

Abb. 12.4: Der Lauftext aus unserem Beispiel

Marquee kennt eine Reihe von Optionen. Zunächst einmal gehören dazu verschiedene *Laufrichtungen*, die durch das Attribut *DIRECTION=* festgelegt werden. Das Atrribut wird in den einleitenden Tag eingetragen. Zwei mögliche Wert gibt es:

➤ LEFT

Dieser Wert ist der Standardwert. Der Text scrollt von links nach rechts über den Bildschirm.

➤ RIGHT

Alternativ können Sie den Text von rechts nach links laufen lassen.

Beispiel

```
<!DOCTYPE HTML PUBLIC "-//IETF//DTD HTML//EN//3.2">
<HTML>
```

```
<HEAD>
<TITLE>Beispiel f&uuml;r Lauftext</TITLE>
</HEAD>
<BODY>
Auf dieser Seite erscheint ein Lauftext!<BR>
<MARQUEE DIRECTION=RIGHT>HTML ist nicht schwer!</MARQUEE>
</BODY>
</HTML>
```

Das *Verhalten* des Lauftextes wird mittels des Parameters *BEHAVIOR=* festgelegt. Auch dieser Parameter wird im einleitenden *<MARQUEE>* notiert. Folgende Alternativen stehen zur Auswahl:

➤ SLIDE
  Der Text scrollt von einem Bildschirmrand herein und bleibt dann stehen.

➤ SCROLL
  Der Text läuft immer wieder über den Bildschirm.

➤ ALTERNATE
  Der Text läuft abwechselnd zwischen beiden Seiten hin und her.

Sie können als Autor festlegen, vor welchem Hintergrund Ihr Text ablaufen soll. Dies erreichen Sie durch den Parameter *BGCOLOR=*, der Ihnen bereits aus dem Kapitel über Farbänderungen innerhalb von HTML-Dokumenten bekannt sein dürfte. Dieser Parameter kann jeden beliebigen hexadezimalen Wert annehmen oder einen der vordefinierten Farbnamen. Sie können die Größe des Marquees selber bestimmen, indem Sie eine größere Schrift für den Lauftext verwenden. Dazu benutzen Sie den Tag *<FONT SIZE=>*, den Sie im vorherigen Kapitel kennengelernt haben.

Beispiel

```
<!DOCTYPE HTML PUBLIC "-//IETF//DTD HTML//EN//3.2">
<HTML>
```

```
<HEAD>
<TITLE>Beispiel f&uuml;r Lauftext</TITLE>
</HEAD>
<BODY>
Auf dieser Seite erscheint ein gro&szlig;er Lauftext:<P>
<FONT SIZE=+5 COLOR=YELLOW><MARQUEE BGCOLOR=RED>Dies ist
ein großer Lauftext!</MARQUEE></FONT>
</BODY>
</HTML>
```

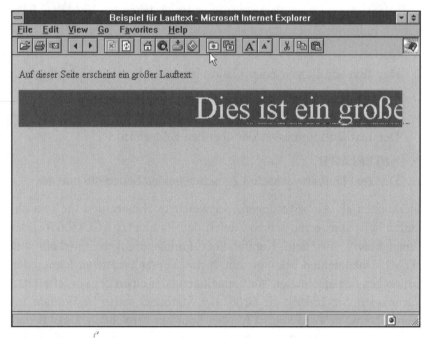

Abb. 12.5: Ein recht großer Lauftext

In unserem Beispiel haben Sie bestimmt, dass der Lauftext mit gelber Schrift in der relativen Größe 5 vor rotem Hintergrund gezeigt wird.

Dem Autor steht es frei, zu bestimmen, in welcher *Geschwindigkeit* der Text über den Bildschirm laufen soll. Dazu dient das Attribut *SCROLL-*

DELAY=. Diesem kann ein beliebiger Zahlenwert zugeordnet werden. Scrolldelay gibt die Zeispanne in Milisekunden an, die zwischen jeder einzelnen Phase der Bewegung des Textes vergehen soll.

Komplettiert wird diese Option durch das Attribut *SCROLLAMOUNT=*. Auch diesem Attribut kann ein beliebiger Zahlwert zugewiesen werden. Es handelt sich dabei um die Anzahl von Pixeln, die der Lauftextes in jeder Phase der Bewegung auf dem Bildschirm vorankommt.

Beispiel

```
<!DOCTYPE HTML PUBLIC -//IETF//DTD HTML//EN//3.2">
<HTML>
<HEAD>
<TITLE>Beispiel f&uuml;r schnellen Lauftext</TITLE>
</HEAD>
<BODY>
Auf dieser Seite erscheint ein schneller Lauftext!<BR>
<FONT SIZE=7 COLOR=YELLOW><MARQUEE SCROLLAMOUNT=50
SCROLLDELAY=5 BGCOLOR=RED >bhv-Einsteigerseminar!
</MARQUEE></FONT>
</BODY>
</HTML>
```

Einen Hauch von Multimedia lässt ein weiteres Element aufkommen, das ebenfalls nur der Internet Explorer unterstützt. Es handelt sich um die Option *Hintergrundmusik* beim Aufruf der HTML-Seite abspielen zu lassen. Es können Dateien im WAV-Format oder auch im MIDI-Format als Hintergrundmusik dienen. Um ein Musikstück Ihrer Wahl zur Hintergrundmusik zu machen, benutzen Sie den neuen *Tag* *<BGSOUND>*, der innerhalb des *Dateikopfes* stehen muss, also zwischen den Elementen *<HEAD>* und *</HEAD>*. Innerhalb dieses Tags wird dann das abzuspielende Stück referenziert.

```
<!DOCTYPE HTML PUBLIC "-//IETF//DTD HTML//EN//3.2">
<HTML>
<HEAD>
<TITLE>Beispiel f&uuml;r eine Hintergrundmusik</TITLE>
<BGSOUND SRC="HELLO.WAV">
</HEAD>
<BODY>
Wenn Sie den Internet Explorer benutzen, h&ouml;ren Sie
jetzt
Musik!
</BODY>
</HTML>
```

Dabei spielt es keine Rolle, ob sich die Klangdatei auf Ihrem Rechner befindet oder ob Sie eine Datei von abspielen wollen, die sich auf einem weit entfernten Rechner befindet. Ein Verweis wie

```
<BGSOUND SRC="HTTP://IRGENDWO.COM/SOUNDS/MUSIK.WAV">
```

wäre also durchaus möglich.

Wie eine Videoeinbindung kann auch eine Hintergrundmusik einmalig, mehrmals oder endlos wiedergegeben werden. Um die Anzahl der Wiederholungen festzulegen, benutzen Sie das Attribut *LOOP=*, dem Sie einen beliebigen Zahlenwert oder *INFINITE* zuweisen können.

```
<!DOCTYPE HTML PUBLIC "-//IETF//DTD HTML//EN//3.2">
<HTML>
<HEAD>
<TITLE>Beispiel f&uuml;r Hintergrundmusik</TITLE>
<BGSOUND SRC="BYE.WAV" LOOP=10>
</HEAD>
```

```
<BODY>
Der Internet Explorer von Microsoft l&auml;&szlig;t Sie
auf dieser Seite Musik h&ouml;ren!
</BODY>
</HTML>
```

Die Wiedergabe von Musik klappt natürlich nur, wenn der PC des Lesers mit entsprechender Hardware, also einer Soundkarte, ausgestattet ist, die auch richtig konfiguriert wurde.

12.1 Zusammenfassung und Fragen

Zusammenfassung

➤ Der Internet Explorer hat HTML um die Möglichkeit erweitert, Videos in einem HTML-Dokument zu plazieren, die im Browserfenster abgespielt werden.

➤ Sie können dem Leser dabei sogar Kontrollschaltflächen für die Bedienung an die Hand geben.

➤ Ein Video wird durch den gleichen Tag in ein HTML-Dokument eingefügt wie eine Grafik. Allerdings findet ein anderes *Attribut* Anwendung, nämlich *DYNSRC=*.

➤ Um Benutzern von Browsern, die keine Videos darstellen können, möglichst attraktive Seiten zu bieten, kann eine alternativ darzustellende Grafik benannt werden.

➤ Die Anzeigebreite und -höhe des Videos lassen sich mit den Attributen *WIDTH=* und *HEIGHT=* genauer bestimmen.

➤ Die Übertragung von Videofilmen belastet die Kapazitäten des Internets erheblich. Wenn man auf die Darstellung nicht verzichten kann oder will, sollte zumindest ein möglichst kurzer Clip gewählt werden.

➤ Eine andere Erweiterung der Darstellungsmöglichkeiten von HTML durch den Internet Explorer sind *Lauftexte*. Diese werden durch den besondern Tag *<MARQUEE>...</MARQUEE>* eingefügt.

➤ Es lassen sich die Vorder- und Hintergrundfarben des Lauftextes ebenso verändern, wie die Geschwindikeit, mit der der Text durch das Anzeigefenster läuft, die Schriftgröße oder die Laufrichtung selbst.

➤ Der Internet Explorer ermöglicht es, dass beim Aufruf einer HTML-Seite eine Hintergrundmusik abgespielt wird. Dabei kann es sich um MIDI- oder WAV-Dateienhandelt.

➤ Eine Hintergrundmusik wird durch den Tag *<BGSOUND=>* eingefügt.

Fragen

1. Wie binden Sie ein Video mit dem Namen *Tiefight.avi* ein? Der Leser des Dokuments soll auch Steuerungsschaltflächen zur Verfügung gestellt bekommen.

2. Wie lautet das Attribut, um die Wiedergabe des Videos erst dann beginnen zu lassen, wenn der Leser mit der Maus darauf zeigt?

3. Ein Video soll insgesamt 9 mal abgespielt werden. Wie lautet der entsprechende Tag?

4. Fügen Sie eine Klangdatei als Hintergrundmusik in Ihr Dokument ein!

5. Fügen Sie einen Lauftext in Ihr Dokument ein.

6. Wie würde die entsprechende Formatierung lauten, wenn der Text vom rechten zum linken Bildschirmrand laufen soll?

7. Der Text soll zwischen beiden Bildschirmseiten hin und her laufen. Wie erreichen Sie dies?

8. Was bewirken die Attribute *SCROLLDELAY* und *SCROLL-AMOUNT?*

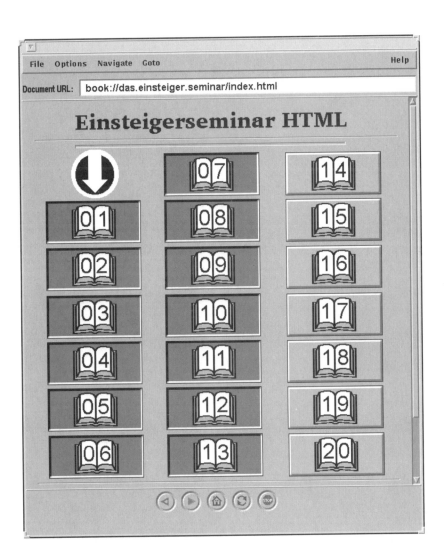

Einsteigerseminar HTML

Document URL: book://das.einsteiger.seminar/index.html

13 Der Dateikopf

Bereits im 1. Kapitel wurde kurz auf den Dateikopf eines HTML-Dokuments eingegangen. Zur Erinnerung:

➤ Ein HTML-Dokument kann einen Dateikopf (Header) enthalten, der durch den *<HEAD>...</HEAD>* begrenzt wird.

➤ Innerhalb des Dateikopfes kann ein Titel für das Dokument festgelegt werden (durch *<TITLE>...</TITLE>*), der im Fensterrahmen des Browsers angezeigt wird.

Der Dateikopf kann aber noch eine Reihe anderer Informationen aufnehmen, die an dieser Stelle vorgestellt werden sollen.

13.1 Ein Index-Dokument erstellen

Der *<ISINDEX>* macht Ihr Dokument zu einem *Index-Dokument*, das der Leser für die Suche nach einem oder mehreren Stichworten verwenden kann.

Dies funktioniert aber nur und hat auch nur dann einen Sinn, wenn das Dokument

➤ auf einem Server mit einer entsprechenden Datenbankanwendung installiert ist

➤ und für das Dokument auch ein Index erstellt worden ist.

Der Tag kennt ein zusätzliches Attribut, das den Namen und den Ort der Index-Datei festlegt: *HREF=*. Dieses kennen Sie ja nun schon zur Genüge aus dem Kapitel über Hypertextverknüpfungen. Bei der Festlegung einer Index-Datei gelten die gleichen Regeln wie für das Einfügen von Links: Befindet sich die Index-Datei im gleichen Verzeichnis wie das HTML-Dokument, so reicht die Angabe des Namens aus. Sofern sie

sich an einem anderen Ort befindet, muss der *relative* oder *abolute Pfadname* angegeben werden. Diese Angaben werden von Anführungszeichen eingeschlossen.

Beispiel

```
<HTML>
<HEAD>
<ISINDEX HREF="ask.idx">
</HEAD>
<BODY>
</BODY>
</HTML>
```

Sie können dem Leser den Umgang mit einem solchen Index-Dokument
erleichtern, wenn Sie ihm ein *Eingabefeld* präsentieren, in das er nur
noch den gewünschten Begriff einzutragen hat. Zu diesem Zweck brauchen Sie den Tag *<ISINDEX>* nur um das Attribut *PROMPT=* zu erweitern. Dies führt dazu, dass der Browser beim Aufruf der Seite ein Eingabefeld generiert, wie Sie es schon von den Formularen her kennen.

Beispiel

```
<HTML>
<HEAD>
<ISINDEX HREF="ask.idx" PROMPT>
</HEAD>
<BODY>
</BODY>
</HTML>
```

Wenn Sie wollen, kann dem Benutzer Ihres Indexes ein Text Ihrer Wahl
angezeigt werden. Dafür weisen Sie dem Attribut Prompt mit
PROMPT= den Text zu. Dieser muss in *Anführungszeichen* stehen.

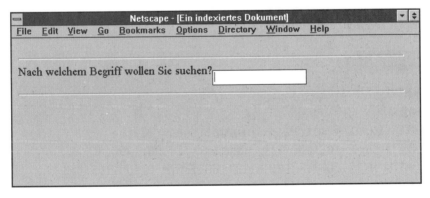

Abb. 13.1: Vom Browser erstellte Eingabemaske

Beispiel

```
<HTML>
<HEAD>
<ISINDEX HREF="ask.idx" PROMPT="Nach welchem Begriff wol-
len Sie suchen?">
</HEAD>
<BODY>
</BODY>
</HTML>
```

Abb. 13.2: Vom Autor bestimmter Fragetext

13.2 Meta-Informationen

Der Dateikopf kann eine Reihe weitere Informationen über die Datei selbst enthalten. Man spricht dabei von sogenannten *Meta-Informationen*. Diese fügen Sie mittels des *Tags <META>* ein. Es lässt sich dabei festlegen, ob diese zusätzlichen Informationen, sofern Ihr Dokument auf einem World-Wide-Web-Rechner hinterlegt ist, an die Browser übertragen wird oder nicht.

Die Meta-Informationen haben immer denselben Aufbau:

➤ Sie bestimmen die Art der Information, nämlich interne oder zu übertragende.

➤ Sie legen den Inhalt der Information fest.

Soll die Information mittels des Hypertext-Transmission-Protokolls (HTTP) an den Browser übertragen werden notieren Sie innerhalb des Tags *<META>* das Attribut *HTTP-EQIV=*.

Soll es sich um eine lokale Information handeln, kommt das Attribut *NAME=* zur Anwendung. Der Name der Information muss dabei in *Anführungszeichen* stehen.

Der eigentliche Inhalt der Information wird in beiden Fällen durch das Attribut *CONTENT=* bestimmt. Auch hier muss der Inhalt in *Anführungszeichen* gestellt werden.

Beispiel

```
<HTML>
<HEAD>
<TITLE>Datei mit Meta-Informationen</TITLE>
<META NAME="GEAENDERT" "CONTENT="14.06.1996">
<META HTTP-EQUIV="ERSTELLT" CONTENT="01.06.1996">
</HEAD>
<BODY>
```

```
</BODY>
</HTML>
```

In diesem Beispiel würde die Meta-Information mit den Namen ER-STELLT an den Browser übertragen werden, während es sich bei der Information GEAENDERT um eine rein lokale, persönliche Information des Autoren handelt.

Mit einem Trick kann der Tag *<META>* dazu verwendet werden, eine Dia-Show zu erstellen. Diesen Hinweis verdanke ich meinem Kollegen Stefan Münz, dem ich an dieser Stelle dafür danken möchte.

Eine solche Dia-Show ist besonders effektiv im Zusammenspiel mit Frames. In einem Frame können Sie Informationen anbieten, während in einem anderen automatisch verschiedene Bilder, zum Beispiel Logos, Slogans oder dergleichen präsentiert werden.

Für unser Beispiel erstellen Sie insgesamt vier Dateien. Beginnen Sie zunächst mit der ersten Datei, in der die Frames defininiert werden:

Beispiel

```
<!DOCTYPE HTML PUBLIC "-//IETF//DTD HTML 3.0//EN"
"html.dtd">
<HTML>
<HEAD>
<TITLE>Inhalt </TITLE>
</HEAD>
<FRAMESET ROWS="20%,75%">
<FRAME SRC="FILE://LOCALHOST/D:/BHV/_WELCOME.HTM"
NAME="WILLKOMMEN" NORESIZE SCROLLING=NO>
<FRAME SRC="FILE://LOCALHOST/D:/BHV/_DIA1.HTM"
NAME="DIAFENSTER">
</FRAMESET>
</HTML>
```

Wie Sie sehen, wurden zwei Frames definiert, die die Namen WILL-KOMMEN und DIAFENSTER erhalten haben. Unsere Dia- oder auch Slide-Show soll in dem zweiten Fenster ablaufen, während im ersten Frame ein allgemeiner Begrüßungstext präsentiert werden soll. Dieser Text befindet sich in einer separaten Datei, die _WELCOME.HTM genannt werden soll. Alle Dateien befinden sich auf dem Laufwerk D im Verzeichnis BHV. Erstellen Sie die erste Datei mit dem folgenden Listing:

Beispiel

```
<!DOCTYPE HTML PUBLIC "-//IETF//DTD HTML 3.0//EN"
"html.dtd">
<HTML>
<HEAD>
<TITLE>Willkommen </TITLE>
</HEAD>
<BODY>
<H2>Willkommen zur Dia-Show mit HTML!</H2>
</BODY>
</HTML>
```

Nun geht es darum, das erste Dia der Show zu erstellen. Die Datei soll _DIA1.HTM genannt werden. Sehen Sie sich das Listing einmal an:

```
<!DOCTYPE HTML PUBLIC "-//IETF//DTD HTML 3.0//EN"
"html.dtd">
<HTML>
<HEAD>
<META HTTP-EQUIV="REFRESH"
CONTENT="10;URL=FILE://LOCALHOST/D:/BHV/_DIA2.HTM">
<TITLE>Dia 1</TITLE>
</HEAD>
<BODY>
<H3>Hier sehen Sie das erste Dia</H3>
```

```
</BODY>
</HTML>
```

Im Dateikopf haben Sie innerhalb des Elements *<Meta>* zunächst definiert, dass die Meta-Information an den Browser übermittelt wird. Dazu wurde der Eintrag *HTTP-EQUIV* benutzt. Der Parameter *REFRESH* legt nun fest, dass der Inhalt neu aufgebaut werden soll. Der Inhalt unserer Information, nach dem Eintrag *CONTENT*, verweist zum einen auf eine Datei namens _DIA2.HTM und legt durch den Parameter 10 fest, dass 10 Sekunden vergehen sollen, bis der Inhalt aufgefrischt werden soll. Nach dieser Zeitspanne wird also die Datei _DIA2.HTM aufgerufen.

Diese hat den folgenden Aufbau:

Beispiel

```
<!DOCTYPE HTML PUBLIC "-//IETF//DTD HTML 3.0//EN"
"html.dtd">
<HTML>
<HEAD>
<META HTTP-EQUIV="REFRESH"
CONTENT="10;URL=FILE://LOCALHOST/D:/BHV/_DIA3.HTM">
<TITLE> Dia 2 </TITLE>
</HEAD>
<BODY>
<H3>Hier sehen Sie das zweite Dia</H3>
</BODY>
</HTML>
```

Wenn Sie die beiden Listings vergleichen, werden Sie feststellen, dass sie sich außer in ihrem Textkörper auch in dem Eintrag der Meta-Information unterscheiden. Hier allerdings nur an einer einzigen Stelle, nämlich bei dem Verweis auf die Datei. Innerhalb der Datei _DIA2.HTM wird auf eine dritte Datei verwiesen, nämlich _DIA3.HTM. Sobald die wieder eingestellten 10 Sekunden vergangen sind, wird diese Datei aufgerufen. _DIA3.HTM ist so aufgebaut:

Beispiel

```
<!DOCTYPE HTML PUBLIC "-//IETF//DTD HTML 3.0//EN"
"html.dtd">
<HTML>
<HEAD>
<META HTTP-EQUIV="REFRESH"
CONTENT="10;URL=FILE://LOCALHOST/D:/BHV/_DIA1.HTM">
<TITLE> Dia 3 </TITLE>
</HEAD>
<BODY>
<H3>Hier sehen Sie das dritte Dia </H3>
Gleich erscheint wieder das erste.
</BODY>
</HTML>
```

Auch diese Datei unterscheidet sich abgesehen vom Textkörper nur an einer einzigen Stelle von ihrem Vorgänger. In der Datei _DIA3.HTM wird wieder auf die Datei _DIA1.HTM verwiesen. Nach dem Ablauf der 10 Sekunden wird also diese erste Datei wieder aufgerufen. Sie haben damit eine Endlosschleife programmiert. Der Inhalt des Frames DIAFENSTER wird also so lange wechseln, bis der Browser beendet wird oder eine andere Datei aufgerufen worden ist.

Sehen Sie sich die Slideshow einmal an.

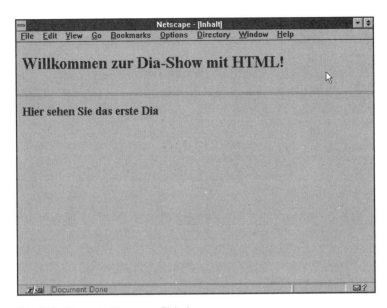

Abb. 13.3: Das erste Dia unserer Slideshow...

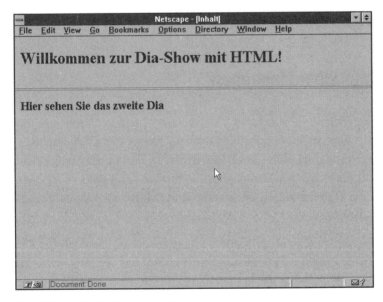

Abb. 13.4: ...wird abgelöst vom zweiten.

Der Dateikopf

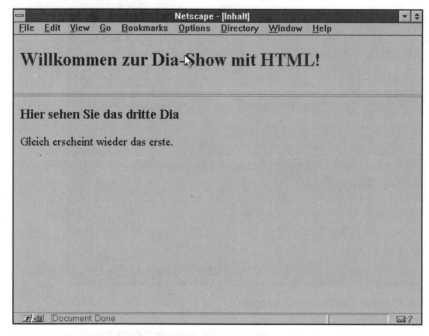

Abb. 13.5: Schließlich erscheint das dritte.

13.3 Datenbasis festlegen

Innerhalb des Dateikopfes lässt sich seit Version 3.0 eine *Datenbasis* definieren. Sie können innerhalb der Datei nochmals die URL angeben, unter der sie erreichbar sein wird. Der Browser, der auf das Dokument zugreift und diese Information ausliest, kann dann in Fehlersituationen besser auf die Dateien zugreifen, auf die innerhalb des Dokuments verwiesen wird.

Um die Datenbasis festzulegen, notieren Sie innerhalb des Dateikopfes den neuen *Tag <BASE>*. Dieser wird ergänzt um das Attribut *HREF=*, das Ihnen inzwischen im Zusammenhang mit Hypertextverweisen zur Genüge bekannt ist.

Beispiel

```
<!DOCTYPE HTML PUBLIC "-//IETF//DTD HTML 3.0//EN"
"html.dtd">
<HTML>
<HEAD>
<BASE HREF="HTTP://MYHOST/PAGES/INHALT.HTM">
<TITLE>Dokument mit Datenbasis</TITLE>
</HEAD>
<BODY>
</BODY>
</HTML>
```

Nehmen Sie an, in Ihrem Dokument befände sich der Verweis:

```
<A HREF="_INDEX.HTM">Zum Inhalt</A>
```

Der verwendete Browser würde im Fehlerfall das Dokument unter der URL

```
<A HREF="HTTP://MYHOST/PAGES/_INDEX.HTM">
```

suchen.

13.4 Zusammenfassung und Fragen

Zusammenfassung

➤ Der Dateikopf kann neben dem Titel des Dokuments eine Reihe weiterer Informationen bereithalten.

➤ Über das Element *<ISINDEX>* kann das HTML-Dokument zu einem Index-Dokument werden, das vom Leser nach einem oder mehreren Stichworten durchsucht werden kann.

- Mit Hilfe des Elements *<META>* kann eine Dia-Show erstellt werden.

- Über *<BASE HREF=>* kann eine Datenbasis für Ihr Dokument bestimmt werden. Diese Datenbasis kann verhindern, dass beim Referenzieren von Grafiken oder anderen Verweisen Probleme auftreten.

Fragen

1. Legen Sie einen Index für ein Dokument fest. Die Index-Datei soll sich im gleichen Verzeichnis wie das HTML-Dokument befinden und den Namen ind.idx tragen.

2. Lassen Sie suchen in einem Index-Dokument mit der Eingabezeile: *Welcher Begriff soll gefunden werden?*

3. Legen Sie eine Datenbasis für ein Dokument fest!

Einsteigerseminar HTML

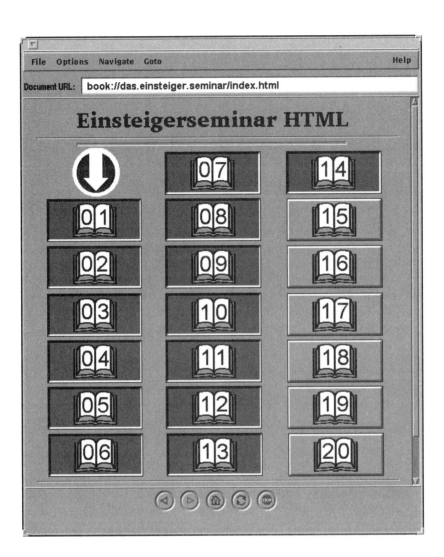

14 Java und JavaScript

Über kaum ein Thema ist in den letzen Monaten soviel geschrieben worden, wie über *Java*. Es handelt sich dabei um eine Programmiersprache, die von der Firma SUN entwickelt worden ist. Nach Meinung von Experten ist Java in der Lage, die Computerwelt zu revolutionieren. Mit Java ist die Erstellung dynamischer HTML-Seiten möglich, die bisher nicht zu realiseren waren. Auf den folgenden Seiten werden Sie keinen Crash-Kursus in Java erhalten, jedoch erfahren, woraus Java-Applikationen bestehen und wie Sie diese in Ihre HTML-Seiten einfügen.

14.1 Was ist Java?

Die Entwickler bezeichnen Java als einfache, objektorientierte, plattformunabhängige und multithreadfähige Programmiersprache. Schauen Sie sich die einzelnen Attribute einmal genauer an:

→ Einfach
Im Gegensatz zu HTML ist Java eine richtige Programmiersprache. Wenn Sie also noch nie etwas mit der Programmierung von Software im Sinn hatten, wird Java Ihnen wahrscheinlich alles andere als einfach erscheinen. Java orientiert sich an C++, einer der Computersprachen, die heute von den meisten Programmierern zur Erstellung ihrer Projekte verwendet werden. Allerdings haben die Entwickler bei SUN darauf Wert gelegt, einige Funktionen, die den Zugang zu C++ erschweren oder nicht sehr häufig benötigt werden, zu vereinfachen oder wegzulassen. In C++ erfahrene Programmierer werden sich schnell in Java zurechtfinden.

➤ Objektorientiert

Unter »objektorientiert« versteht man eine bestimmte Art der Soft-
wareprogrammierung. Anstatt jedes Mal wieder das Rad neu erfin-
den zu müssen, bieten objektorientierte Computersprachen die Möglichkeit, einmal erstellte kleine Programme, die *Objekte*, in andere
Programme einzubauen und darauf zurückzugreifen.

➤ Plattformunabhängig

Das wirklich revolutionäre Moment an Java ist die Möglichkeit, dass
absolut identischer Programmcode auf den unterschiedlichsten
Rechnerplattformen laufen kann. Entwickler müssen nicht für jede
Plattform eine Anwendung programmieren, kompilieren und debug-
gen (schreiben, ausführbar machen und von Fehlern befreien). Aus
dem gleichen Programmcode macht erst ein *Interpreter*, der für verschiedene Rechnerplattformen erhältlich ist, auf den unterschiedlichen Rechnern ein ausführbares Programm. Software-Entwickler
brauchen sich also keine Gedanken mehr darüber zu machen, ob auf
einem Rechner nun DOS, Mac-OS oder ein anderes Betriebssystem
läuft: Sie können sich auf ihre Hauptaufgabe konzentrieren, das Programmieren.

➤ Mulithreadfähig

Unter »Multithreadfähigkeit« wird die Eigenschaft eines Programms
verstanden, sich um mehrere Prozesse gleichzeitig zu kümmern. Sie
könnten beispielsweise die Rechtschreibprüfung ihres Dokuments
durchführen, während Sie gleichzeitig noch einige Umformatierun-
gen vornehmen. Die »Multithreadfähigkeit« ist für eine Programmiersprache, die bereits in Hinblick auf das Internet entwickelt worden ist, von großem Vorzug. Dadurch nämlich besitzt das Programm
eine höhere Ablaufgeschwindigkeit und ermöglicht so geringere
Wartezeiten.

Die genannten Eigenschaften machen Java zu einer überaus geeig-
neten Programmiersprache für das Internet. So wird es Sie kaum
wundern, dass die Hersteller (fast) aller Browser Java in Lizenz genommen habe: Netscape, Oracle, Spyglass, Microsoft usw.

14.2 Wie ist Java aufgebaut?

Mit Java lassen sich eigenständige Programme schreiben, wie zum Beispiel ein Web-Browser, aber auch kleinere Applikationen, die *Applets* genannt werden. Dabei handelt es sich um kleine Programme, die in Java geschrieben wurden und sich in HTML-Dokumente einbinden lassen.

Leser Ihrer HTML-Seiten, deren Browser nichts mit Java-Applets anfangen können, werden von den kleinen Programmen nichts bemerken. Kein Fehlercode oder kein unschöner Platzhalter zerstört die Optik Ihres Dokuments. Wird ein Applet übertragen, wird sein Code geprüft. Ist er fehlerfrei, wird das Programm vom Interpreter ausgeführt.

Ein Java-Applet kann an einer beliebigen Stelle einer HTML-Seite eingebunden werden. Dabei kann das Applet in einem Teil des Browser-Fensters ausgeführt werden oder den Bildschirm vollständig einnehmen. Die Möglichkeiten der Applets sind vielfältig: Sie können damit zusätzliche interaktive Elemente in Ihrem Dokument schaffen oder kleine Animationen ablaufen lassen.

Um ein Java-Applet richtig in eine HTML-Seite einfügen zu können, ist es zunächst wichtig, zu verstehen, woraus sich eine solche Applikation aufbaut:

- ➤ *Java Klassen-Dateien*
  Diese Dateien tragen die Endung *.CLASS. In ihnen ist der kompilierte Programmcode für das Applet gespeichert. Der Programmcode wird auch *Bytecode* genannt. Er ensteht, wenn ein Java-Programm mit dem Java-Compiler bearbeitet wurde. Sie benötigen die Klassen-Dateien, um das Applet in Ihrem HTML-Dokument auszuführen.

- ➤ *Java Source-Code*
  Die Dateien mit dem Quellcode. Sie haben die Datei-Endung *.JAVA. Diese Dateien sind noch nicht vom Compiler bearbeitet

worden. Um ein Applet ablaufen zu lassen, benötigen Sie diese Dateien nicht, wohl aber, wenn Sie ein Applet an Ihre Bedürfnisse anpassen wollen.

➤ *Daten-Dateien*

Wenn Sie eine Animation abspielen wollen, benötigen Sie entsprechende Grafiken. Zu einem Applet können eine Reihe weiterer Dateien gehören, die für den Ablauf wichtig sind. Die Formate sind unterschiedlich: *.GIF, *.JPG, *.AU.

Wenn Sie nicht selbst programmieren wollen, werden Sie es in der Regel mit Klassen-Dateien zu tun haben. Die gilt zum Beispiel dann, wenn Sie eines der vielen Java-Applets, die im Internet angeboten werden, in Ihr HTML-Dokument einfügen. Sie brauchen das Applet dann nur noch zu einzubinden und eventuell einige Parameter übergeben.

In einigen Fällen bekommen Sie wohl nur den Source-Code. Einige Programmierer stellen diesen zur Verfügung, um dem Anwender die Möglichkeit zu geben, das Programm nach seinen Wünschen umzugestalten. Sie benötigen dann aber auch den entsprechenden Java-Compiler für Ihre Rechnerplattform. Die Firma SUN bietet ein Java Development Kit (JDK) für verschiedene Plattformen an. Benutzer von Windows 3.1 müssen allerdings darauf verzichten. Dies liegt daran, dass Windows in der Version 3.1 nicht multithreadfähig ist. SUN ging bei der Entwicklung von Java aber davon aus, dass das jeweilige Betriebssystem multithreadfähig ist.

14.3 Einbinden eines Applets in HTML

Für das Einbinden eines Applets in ein HTML-Dokuments gibt es die Elemente *<APPLET>...</APPLET>*.

```
<!DOCTYPE HTML PUBLIC "-//IETF//DTD HTML//EN//3.2">
<HTML>
<HEAD>
<TITLE>Ein Beispiel f&uuml;r ein Applet</TITLE>
<BODY>
<APPLET CODE="BeispielApplet.class"></APPLET>
</BODY>
</HTML>
```

Mit dem Attribut *CODE=* geben Sie also den Namen des entsprechenden Applets an. Die Angaben müssen in Anführungszeichen stehen.

Sie können das Applet nur in einem bestimmten Bereich des Anzeigefensters ablaufen lassen, dessen Ausmaß sich pixelgenau festlegen lässt. Dazu werden die bereits bekannten Attribute *WIDTH* und *HEIGHT* verwendet.

Beispiel

```
<!DOCTYPE HTML PUBLIC "-//IETF//DTD HTML//EN//3.2">
<HTML>
<BODY>
<APPLET CODE="BhvApplet.class" WIDTH=200 HEIGHT=80>
</APPLET>
</BODY>
</HTML>
```

Hier würde ein Applet mit dem Namen BHV in einem 200 x 80 großen Bildschirmbereich gestartet werden.

Eine weitere Möglichkeit der Einflussnahme bieten die Attribute *VSPACE=* und *HSPACE=*. Beide erfordern Zahlenwerte (gemessen in Pixeln) und legen fest, wieviel Rand um ein Applet auf der Seite gelassen werden soll.

```
<!DOCTYPE HTML PUBLIC "-//IETF//DTD HTML//EN//3.2">
<HTML>
<BODY>
<APPLET CODE="BhvApplet.class" HSPACE=20 VSPACE=10>
</APPLET>
</BODY>
</HTML>
```

Je mehr Java sich verbreiten wird, desto mehr fertige Applets werden Sie über das Internet beziehen können. Die Klassen-Dateien müssen sich nicht notwendigerweise auf Ihrem Rechner befinden. Es lassen sich auch Applets einbinden, die auf einem anderen Server gespeichert sind. Um ein Applet einzubinden, das an einem anderen Ort gespeichert ist, wird das Attribut *CODEBASE=* benutzt.

Beispiel

```
<!DOCTYPE HTML PUBLIC "-//IETF//DTD HTML//EN//3.2">
<HTML>
<BODY>
<APPLET CODEBASE="HTTP://www.beispiel.com/Applets/"
CODE="BspApplet.class">
</APPLET>
</BODY>
</HTML>
```

Wie Sie sehen, geben Sie mit dem Attribut *CODEBASE* die URL des entsprechenden Applets an. Auch diese Angaben stehen, wie gewohnt, in Anführungszeichen.

14.4 Übergabe von Parametern

Als HTML-Editor können Sie mit einem Applet mehr machen, als nur seine Größe und die Randeinstellungen festzulegen. Es lassen sich aus dem HTML-Dokument gezielt Parameter an das Programm übergeben.

Dazu werden zwei Informationen benötigt:

→ Der *Name des Parameters*.

→ Der dem Parameter zugewiesene *Wert*.

Um den Namen des Parameters festzulegen, wird der Tag *<PARAM NAME=>* benutzt. Die Angaben stehen in Anführungszeichen.

Den zugewiesenen Wert des Paramters geben Sie mittels des Attributs *VALUE=* an das Applet weiter. Dabei kann es sich um Text oder auch um Zahlen handeln. Die entsprechenden Werte stehen in Anführungszeichen.

Beispiel

```
<!DOCTYPE HTML PUBLIC "-//IETF//DTD HTML//EN//3.2">
<HTML>
<BODY>
<HEAD>
<TITLE>Beispiel f&uuml;r ein entferntes Applet</TITLE>
</HEAD>
<BODY>
<APPLET
CODEBASE="http://java.sun.com/JDK-prebeta1/applets/
NervousText"
CODE="NervousText.class" WIDTH=400 HEIGHT=350>
<PARAM NAME="text" VALUE="bhv Einsteigerseminar">
</APPLET>
```

```
</BODY>
</HTML>
```

Probieren Sie dieses Applet ruhig einmal aus. Sofern SUN das Verzeichnis nicht geändert hat, werden Sie eine kleine Überraschung erleben, wenn Sie Ihren Browser starten.

Das Element *<PARAM NAME=>* müssen Sie für *jeden* zu übergebenden Parameter wiederholen.

14.5 JavaScript

Wenn Sie hinter dem Namen JavaScript eine vereinfachte Version von Java vermuten, liegen Sie teilweise richtig. Bei JavaScript handelt es sich ursprünglich um eine Entwicklung der Firma Netscape, die damit den Forderungen vieler Internetanbieter nachkam, die nach einer einfach zu erlernenden Skriptsprache für das Internet verlangt hatten. Ein Abkommen zwischen SUN und Netscape im Dezember 1995 führt dazu, dass man gemeinsam diese Skriptsprache weiterentwickelte, die inzwischen von LiveScript in JavaScript umbenannt.

JavaScript ist eine *interpretierte* Computersprache. Der Programmcode wird nicht erst von einem Compiler wie in C++ oder Java selbst bearbeitet. Sie können Java-Script mit einem beliebigen Editor erstellen und dann in Ihre HTML-Seite aufnehmen.

JavaScript bietet HTML-Autoren eine Reihe interessanter Möglichkeiten:

➤ Sie können Formulare lokal auf ihr Richtigkeit prüfen lassen und den Leser über ein JavaScript darüber informieren, wenn er einen Fehler gemacht hat.

➤ Mit JavaScript lassen sich kleine Applikationen schreiben – wie zum Beispiel Taschenrecher oder dergleichen.

Vergleicht man JavaScript mit Java, fällt vor allem ein Unterschied ins Auge. Während es sich bei Java-Applets um *kompilierte* Programme handelt, werden JavaScripts vom Browser direkt interpretiert. Ein weiterer Unterschied: Java-Applets lassen sich in einem HTML-Dokument nur aufrufen, und Sie können Parameter an sie weitergeben. JavaScripts sind Bestandteil eines HTML-Dokuments.

Gerade der letzte Unterschied erleichtert aber den Umgang mit Java-Script. Sie können sich selbst die Grundlage eines Skripts ansehen, wenn Sie den Quellcode einer HTML-Seite betrachten. Bei einem Java-Applet macht Sie dieses Verfahren hingegen nicht unbedingt schlauer, da Sie nur sehen, *wie* das Applet in die Seite eingebunden wurde.

Einbinden eines JavaScripts in HTML

Ein JavaScript wird direkt in das HTML Dokument eingebunden, indem Sie es mit dem Tag *<SCRIPT>* einleiten. Dieses Element steht aber nicht allein, sondern wird durch das Attribut *LANGUAGE=* erweitert. Neben JavaScript gibt es nämlich noch eine konkurrierende Skriptsprache aus dem Hause Microsoft: *Visual Basic Script.* Mit dem Attribut LANGUAGE geben Sie also die von Ihnen verwendete Skriptsprache an. Diese Angabe steht in Anführungszeichen.

Beispiel

```
<!DOCTYPE HTML PUBLIC "-//IETF//DTD HTML//EN//3.2">
<HTML>
<HEAD>
<SCRIPT LANGUAGE="JavaScript">
Hier steht der Inhalt des Skripts
</SCRIPT>
<TITLE>Eine Seite mit einem Skript</TITLE>
</HEAD>
<BODY>
```

```
</BODY>
</HTML>
```

Es bietet sich an, ein Skript wie in obigem Beispiel innerhalb des Datei-kopfes zu erstellen, denn so ist gewährleistet, dass es von Anfang an zur Verfügung steht. Pflicht ist diese Herangehensweise allerdings nicht.

Damit ein Browser, der mit JavaScript nichts anfangen kann, Ihr Skript nicht versehentlich als HTML-Text ansieht, sollten Sie es als Kommen-tar kenntlich machen.

Beispiel

```
<!DOCTYPE HTML PUBLIC "-//IETF//DTD HTML//EN//3.2">
<HTML>
<HEAD>
<SCRIPT LANGUAGE="JavaScript">
<!---Beginn des Skripts
Hier steht der Inhalt des Skripts
Ende des Skript--->
</SCRIPT>
<TITLE>Eine Seite mit einem Skript</TITLE>
</HEAD>
<BODY>
</BODY>
</HTML>
```

Elemente von JavaScript

In diesem Abschnitt werden die grundlegenden Elemente von JavaScript vorgestellt. Für Nicht-Programmierer mögen die Hinweise auf den er-sten Blick furchtbar verwirrend erscheinen. Dennoch lohnt es, sich mit JavaScript zu beschäftigen, da Sie damit überaus interessante Home Pa-ges gestalten können.

JavaScript kennt folgende Elemente:

-➤ Funktionen

-➤ Objekte

-➤ Werte

Funktionen sind Ansammlungen von Anweisungen, wie mit Daten umgegangen werden soll.

Eine Funktion könnte zum Beispiel sein: Nimm einen Zähler und teile ihn durch einen Nenner. Die Funktion könnte den Namen Bruch tragen.

In JavaScript sähe das so aus:

Beispiel

```
<SCRIPT LANGUAGE="JavaScript"
function bruch(Zaehler, Nenner)
{var Ergebnis = Zaehler / Nenner;
return Ergebnis}
</SCRIPT>
```

Das Wort *function* leitet eine Funktion ein. Unmittelbar danach folgt der *Name der Funktion*. Es ist überaus nützlich, gerade bei längeren Skripts, wenn der Name der Funktion auch in etwa beschreibt, was die Funktion bewirkt. Sie verlieren dann nicht so schnell die Orientierung.

Auf den Funktionsnamen folgend wird eine geöffnete Klammer eingetragen. Werden *Parameter* benötigt, wie in unserem Beispiel hier Zähler und Nenner, werden diese hier notiert. Sind mehrere Parameter nötig, werden diese durch Kommata getrennt. Wollen Sie keine Parameter übergeben, lassen Sie auf die geöffnete gleich wieder eine schließende Klammer folgen

Hinweis Sowohl bei Funktionsnamen als auch Parametern unterscheidet JavaScript zwischen Groß- und Kleinschreibung. *UmsatzZahl* ist für das Skript etwas völlig anderes als *umsatzzahl*.

Den *Funktionsinhalt* notieren Sie bitten in *geschweiften Klammern*. Diese sind Pflicht! Welchen Inhalt eine Funktion haben soll, hängt von Ihnen ab. Sie können – wie in unserem Beispiel – darin Berechnungen anstellen oder auch auf vordefinierte Methoden von JavaScript zurückgreifen.

In JavaScript sind *Objekte* Konstruktionen von Variablen oder anderen Objekten. JavaScript liefert eine Reihe bereits vordefinierter Objekt, Sie können aber auch Ihre eigenen definieren.

Daneben kennt JavaScript noch eine Reihe von *Werten*. Dazu gehören: Zahlen (dezimale, hexadezimale), Null, Booleansche Werte wie *True* und *False* und schließlich *Strings*. Strings sind Zeichenketten, zum Beispiel *HELLO WORLD*. Strings werden in Anführungszeichen gesetzt. Einige reservierte Strings können Zeilenumbrüche, Leerzeichen oder Tabulatoren anzeigen.

Wie Sie im obigen Beispiel gesehen haben, lassen sich in JavaScript auch Berechnungen durchführen, also muss diese Sprache einige Operatoren kennen. Tatsächlich kennt JavaScript arithmetische Operatoren wie +, -, /, mit denen sich Berechnungen anstellen lassen. Außerdem kennt die Sprache logische Operatoren, mit denen Ausdrücke auf *Wahr* oder *Falsch* geprüft werden können, und Bedingungen, mit denen ein Ausdruck mit einem oder mehreren anderen Ausdrücken verglichen werden kann.

Wie jede Programmiersprache kommt auch JavaScript nicht ohne eine Reihe von festen Ausdrücken aus, mit denen der Ablauf des Programms gesteuert werden kann. So können Sie zum Beispiel Wiederholungen festlegen. Das bereits vorgestellte *function* gehört auch zu diesen Ausdrücken.

Ausdrücke in JavaScript

Da dieses Buch keine ausführliche Referenz von JavaScript sein will, werden in diesem Abschnitt nur die am häufigsten benutzen Ausdrücke vorgestellt.

var

Der Ausdruck *var* deklariert eine Variable. Dazu gehört ihr Name und ihr anfänglicher Wert.

Beispiel

```
var x=2
```

In diesem Fall wird der Variable x der Wert 2 zugewiesen.

if...else

Damit lassen sich *Wenn...Dann*-Abfolgen erstellen.

Beispiel

```
var x=5
if (x==1) {
    document.write ("x=1")
}
else {
    document.write ("x ist ungleich 1")
}
```

In unserem Beispiel wird der Variablen X der Wert 5 zugewiesen. Diese Variable wird zunächst darauf geprüft, ob sie gleich 1 ist. Wenn dies Fall ist, wird auf den Bildschirm x=1 geschrieben. In jedem anderen Fall wird die Meldung x ist ungleich 1 ausgegeben.

for

Dieser Ausdruck wird dazu benutzt, um Wiederholungen zu erstellen. Ein typisches Anwendungsbeispiel ist ein Zähler.

Beispiel

```
for (vat a = 10; a < 20; a++) {
    document.write (a)
}
document.write ("Hier ist das Ende")
```

Dieses kleine Listing würde am Bildschirm folgende Daten ausgeben:

```
10111213141516171819Hier ist das Ende
```

Die Variable a erhält den Startwert 10. Es wird geprüft, ob die Variable kleiner als 20 ist. Anschließend wird die Variable genau um den Wert 1 erhöht. Dies erreichen Sie durch den Ausdruck + +. Der Wert wird dann auf den Bildschirm ausgegeben, bevor die Schleife erneut durchlaufen wird.

while

Eine Schleife, die mit while gebildet wird, überprüft fortwährend eine Bedingung. Solange diese gültig ist, wird ein Prozess fortlaufend ausgeführt.

Beispiel

```
var a = 15
while (a<20) {
    document.write (a); a++
}
```

Das kleine Listing würde am Bildschirm ausgeben:

```
1516171819
```

break

Break unterbricht eine Schleife, die mit while oder for eingeleitet wurde, sofern eine bestimmte Bedingung erfüllt worden ist. Das Programm springt im Skript dann an die nächste Position, die der Schleife folgt.

continue

Auch continue unterbricht eine Schleife, aber im Gegensatz zu break, nicht vollständig. Statt dessen geht das Programm bei continue in einer Schleife, die durch while eingeleitet wurde, wieder zur Bedingung zurück.

return

Return legt den Wert fest, der von einer Funktion wieder zurückgegeben werden soll. Dieser Ausdruck ist un schon bei unserer Bruchfunktion begegnet.

Ein genauer Blick auf Objekte

Auch JavaScript gehört zu den objektorientierten Programmiersprachen, ist von der Konstruktion aber nicht ganz so kompliziert wie Java oder C++. Objekte sind in JavaScript Konstruktionen mit Eigenschaften, die Variablen oder andere Objekte sein können.

Zu JavaScript gehören eine Reihe von vordefinierten Objekten. Dies erleichtert dem Programmierer die Arbeit, weil er Grundfunktionen nicht erst wieder neu programmieren muss.

Eines der wichtigsten Objekte ist das *Stringobjekt*. Wenn Sie einen String einer Variablen oder einer Eigenschaft zuweisen, haben Sie ein Stringobjekt geschaffen.

Beispiel

```
samplestring = "Hallo Welt"
```

Einen String zu einem Objekt zu machen, hat den Vorteil, dass Objekte eigene Methoden haben können:

Beispiel

```
document.write(samplestring.toUpperCase())
```

Die würde aus unserem Beispielstring folgendes machen: HALLO WELT.

Ein anderes vordefiniertes Objekt ist das Math-Objekt. Dieses hält Eigenschaften und Methoden für mathematische Konstanten und Ausdrücke bereit, wie zum Beispiel Pi, Sinus oder Cosinus.

Wenn Sie eine HTML-Seite in den Netscape Navigator laden, besitzt diese selbst eine Reihe eigener Objekte:

➤ Window

Dieses Objekt enthält Eigenschaften für das Hauptanzeigefenster und für alle anderen Fenster, die durch den Tag *<FRAME>* erstellt wurden.

➤ Location

Dieses Objekt enthält die Eigenschaften der derzeitigen URL.

➤ History

Dieses Objekt enthält die Eigenschafter der vom Benutzer vorher besuchten URLs.

➤ Document

Dieses Objekt beinhaltet die Eigenschaften des aktuellen Dokuments, inklusive Titel, Links, Hintergrundfarben.

Eigene Objekte erstellen

Wie bereits gesagt, müssen Sie nicht auf die bereits vordefinierten Objekte zurückgreifen. Sie können Ihre eigenen erstellen.

Ein *Objekt* kann gut mit einer Vorlage verglichen werden. Es werden nur ganz allgemeine Eigenschaften definiert, das genaue Aussehen wird später bestimmt.

Erstellen Sie einmal das Objekt *Auto*. Es soll näher durch die Variablen Farbe, Baujahr und Hubraum definiert werden:

Beispiel

```
function auto (farbe, baujahr, hubraum) {
    this.farbe = farbe
    this.baujahr = baujahr
    this.hubraum = hubraum
}
```

Mit Hilfe von function haben Sie die Vorlage mit den Namen Auto erstellt. Um dieser Vorlage auch Eigenschaften zuzuordnen, benutzen Sie ein sogenanntes Array, eine Sammlung von Eigenschaften für ein einziges Objekt. Durch **this** werden mehrere Eigenschaften einem Objekt zugewiesen.

Ein Automobil des Typs Golf der Marke VW aus dem Baujahr 94 und 1,5 Liter Hubraum ist eine *Instanz* des Objektes Auto. Es handelt sich dabei ebenfalls um ein Objekt, da es sich aber von unserem ersten Objekt Auto ableitet, kann das Objekt Golf als Instanz des Objekts Auto betrachtet werden.

Erstellen Sie zwei neue Objekte, die sich vom Objekt Auto ableiten.

```
Golf = new auto ("schwarz", "1994", 1)
Corvette = new auto ("rot", "1993", 2)
```

Durch das Wort *new* haben Sie zwei neue Objekt geschaffen. Einen Golf aus dem Jahr 1994 mit 1 Liter Hubraum und der Farbe schwarz, sowie eine Corvette aus dem Jahr 1993, mit 2 Litern Hubraum und roter Farbe.

Im nächsten Schritt sollten Sie einmal versuchen, die Eigenschaften der beiden Autotypen, die Sie erstellt haben, auch auf dem Bildschirm des Browsers auszugeben.

Die Objekte sind bereits erstellt. Damit sie aber auch für den Leser sichtbar werden, benötigen Sie eine Funktion, die die Bildschirmausgabe möglich macht. Zum Schluss müssen Sie dafür sorgen, dass die Eigenschaften der beiden Objekte durch die Funktion, die die Bildschirmausgabe möglich macht, auch auf der Seite ausgegeben werden.

Hinweis Eine Funktion aus JavaScript macht sich auf Ihren HTML-Seiten erst dann bemerkbar, wenn sie aufgerufen worden ist.

Beispiel

```
<HTML>
<HEAD>
<SCRIPT LANGUAGE="JavaScript">
<!-- Ein Objekt Auto erstellen -->
function auto (baujahr, farbe, hubraum) {
    this.baujahr=baujahr
    this.hubraum=hubraum
    this.farbe=farbe
    this.displayauto=displayauto
}
```

```
<!-- Mit displayauto haben wir die Anzeige zu einer Me-
thode des Objektes auto gemacht. -->
<!-- Nun erstellen wir zwei Instanzen des Objekts auto -->
Golf = new auto ("1995", "schwarzes",2 )
Corvette = new auto ("1994","blaues" , 3)
<!-- nun erstellen wir eine Funktion für die Bildschirm-
ausgabe. Wir verwenden dafür eine bereits vordefinierte
Methode -->
function _ausgabe(string) {
   document.write("<HR><P>" + string)
}
<!-- Nun erstellen wir eine Funktion, die die Eigenschaf-
ten eines jeden Objektes des Types auto ausgeben kann -->
function displayauto () {
   var ergebnis = "Ein " + this.farbe + " " + "Auto aus dem
Jahre " + this.baujahr +
" " + "mit " + this.hubraum + " Liter Hubraum";
_ausgabe (ergebnis)
}
<!-- Nun rufen wir nur noch die Funktion auf, die die
Eigenschaften eines Objektes Auto anzeigen kann. -->
Golf.displayauto()
Corvette.displayauto()
</SCRIPT>
</HEAD>
</HTML>
```

Das Ergebnis sieht dann so wie in Abbildung 14.1 gezeigt aus.

Nachdem Sie jetzt ein wenig hinter die Kulissen von JavaScript geblickt haben, soll es im nächsten Abschnitt darum gehen, wie Sie in Ihrem HTML-Dokument ein JavaScript an einer ganz bestimmten Stelle oder nach einer bestimmten Aktion des Lesers ausführen lassen.

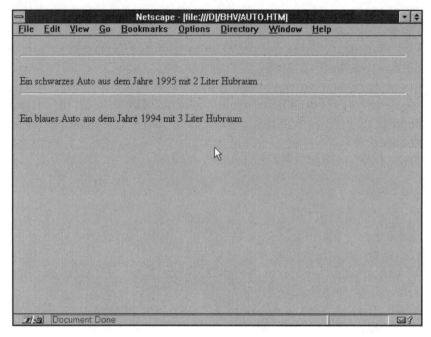

Abb. 14.1: Unser kleines Skript

Ereignisse in JavaScript

Interessant wird ein Computerprogramm erst dann, wenn man mit ihm in Interaktion treten kann. Oder würden Sie Ihre Textverarbeitung für gut befinden, wenn sich mit ihr nicht schreiben ließe, sondern Sie ihr nur beim Schreiben zusehen könnten?!

Der Ablauf eines JavaScripts wird immer dann ausgelöst, wenn der Benutzer etwas tut. Es werden sogenannte Ereignisse benötigt (Event Handler), die bestimmte Reaktionen auslösen. Ereignisse werden im HTML-Dokument selbst eingetragen, und zwar als Attribute eines Tags. Der allgemeine Aufbau sieht dann so aus:

```
<Tag eventHandler="JavaScript Code">
```

Ein interessantes Anwendungsbeispiel für JavaScript ist es, dem User in der Statuszeile des Browsers etwas anzuzeigen.

Ein Anwendungsfall: In einer HTML-Datei wollen Sie einen Link auf das fiktive Dokument *bhv.html* legen. Wenn der User darauf zeigt, soll eine Meldung in der Statuszeile erscheinen:

Beispiel

```
<HTML>
<HEAD>
<TITLE>Meldung in der Statuszeile</TITLE>
<SCRIPT LANGUAGE="JavaScript">
var Text = "Ausgezeichnet...Besuchen Sie den bhv-Verlag"
</SCRIPT>
</HEAD>
<BODY>
<A HREF="http://www.bhv.com/welcome.html" onMouseOver =
"window.status=Text; return true">
Willkommen zu bhv!
</A>
</BODY>
</HTML>
```

Den Text, der in der Statuszeile erscheinen soll, haben Sie in der Variablen *Text* definiert. Der Event-Handler gibt diesen Text dann aus, wenn mit der Maus auf den Link gezeigt wird.

Text in der Statuszeile ist mit JavaScript leicht möglich.

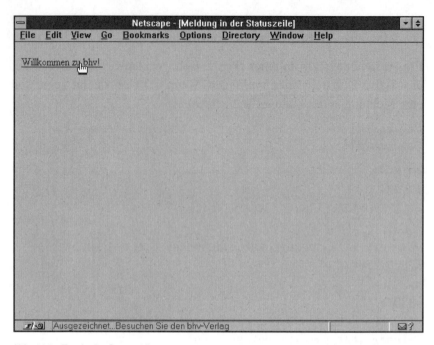

Abb. 14.2: Text in der Statuszeile ...

Es gibt eine Reihe von Event-Handlern. In der folgenden Tabelle sind einige aufgeführt:

Ereignis	Passiert wenn	Event-Handler
blur	Der Benutzer löscht eine Eingabe in einem Formularelement.	onBlur
change	Der Benutzer ändert eine Eingabe.	onChange
click	Der Benuter klickt auf ein Formularelement oder auf einen Link.	onClick
focus	Der Benutzer trägt in einem Formularfeld etwas ein.	onFocus
load	Benutzer lädt ein HTML-Dokument.	OnLoad
mouseover	Der Benutzer bewegt die Maus über einen Link oder anderen Anchor.	OnMouseOver

Ereignis	Passiert wenn	Event-Handler
select	Der Benutzer schickt ein Formular ab.	onSubmit
unload	Der Benutzer verlässt ein HTML-Dokument.	unLoad

Wie Sie sehen, handelt es sich sowohl bei Java als auch bei JavaScript um Programmiersprachen, mit denen sich viele Problemstellungen beim Design von Home Pages und anderen HTML-Dokumenten lösen lassen. Den Schluss unserer Ausführungen zu den beiden Sprachen sollen ganz konkrete Problemlösungen bilden, nämlich die Überprüfung von Eingaben in ein Formular.

Anwendungsbeispiel: Eingabeüberprüfung in einem Formular

Jeder Anbieter von Informationen im World Wide Web kennt falsch ausgefüllte Formulare. Sei es aus Jux, sei es aus Unkenntnis oder einfach aus der Freude daran, mit der Bedienung des Browser zurechtzukommen, werden viele Online-Formulare falsch oder unsinnig ausgefüllt.

JavaScript bietet die Möglichkeit, mit diesen ärgerlichen Vorkommnissen endlich Schluss zu machen. Betrachten Sie einmal das folgende Listing:

```
<HTML>
<HEAD>
<SCRIPT LANGUAGE="JavaScript">
function checkNum(str, min, max) {
    if (str == " ") {
        alert("Bitte geben Sie einen gültigen Wert ein!")
        return false
    }
    var num = 0 + str
    if (num < min || num > max) {
```

```
    alert("Bitte eine Nummer von 1 bis 5!")
      return false
  }
  return true
  }
  function danke() {
    alert("Danke für Ihre Auskunft")
  }
</SCRIPT>
</HEAD>
<BODY>
Wie w&uuml;rden Sie sich selbst einsch&auml;tzen?<P>
1.Anf&auml;nger<P>
2.Fortgeschrittener<P>
3.Nutze den PC beruflich<P>
4.Absoluter Profi<P>
5.Ich habe den PC erfunden.<P>
<P>
Bitte geben Sie die korrekte Zahl ein!<P>
<FORM>
<INPUT NAME="num" SIZE=5
   ONCHANGE="if (!checkNum(this.value, 1, 5))
   {this.focus(); this.select();} else {danke()}"
VALUE="">
<INPUT TYPE="BUTTON" VALUE="SUBMIT">
</FORM>
</BODY>
</HTML>
```

Hat der Benutzer eine falsche Angabe gemacht, bekommt er ein Hinweisfenster wie in Abbildung 14.2 zu sehen.

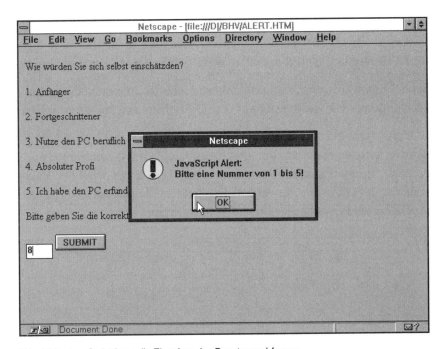

Abb. 14.3: JavaScript kann die Eingaben des Benutzers abfragen

Sehen Sie sich das Listing einmal genauer an. Im ersten Teil des Skripts haben sie eine Funktion mit dem Namen *checkNum* erstellt. Diese erfordert als Variable einen String und zusätzlich einen Minimum- und einen Maximum-Wert.

Sofern der String leer sein sollte, wird ein Alarmfenster mit *alert* ausgegeben, das den Benutzer darauf hinweist, dass er eine Zahl eingeben muss.

Als nächstes haben Sie eine Variable bestimmt, die sich aus der Summe von 0 und dem String zusammensetzt. Sofern diese Variable kleiner oder größer sein sollte als das Minimum bzw. Maximum, wird wieder ein Alarmfenster eingeblendet, das den Benutzer auffordert, eine gültige Zahl einzugeben. Erreicht wird diese Prüfung durch die mathematischen Zeichen < bzw. >, die Ihnen sicherlich bekannt sind. Beide Ausdrücke werden über den Ausdruck *ODER* verknüpft. Es muss also nur einer der beiden Ausdrücke *WAHR* sein, um die Bedingung zu erfüllen. Die logische Verknüpfung *ODER* erstellen Sie in JavaScript mit dem Symbol ||.

Schließlich wurde eine Funktion *danke* geschaffen, die nichts weiter tut, als ein kleines Hinweisfenster auf dem Bildschirm erscheinen zu lassen.

Es folgt nun ein gewöhnlicher HTML-Text, der Ihnen wohl keine Schwierigkeiten mehr bereitet. Das Eingabefeld erhielt den Namen *num*, der mit unserer Funktion korrespondiert. Als Attribut wird der Event Handler *ONCHANGE* verwendet. Die beiden Elemente *this.focus* und *this.select* sind Standardmethoden von JavaScript.

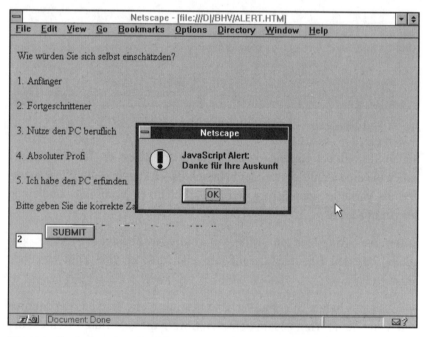

Abb. 14.4: Hat der Besucher alles richtig ausgefüllt, bekommt er diese Grafik gezeigt.

14.6 Zusammenfassung und Fragen

Zusammenfassung

➤ Java ist eine recht einfach zu erlernende und plattformüber-greifende Computersprache.

➤ Kleine »Miniprogramme«, die sogenannten *Applets*, lassen sich auch über das Internet übertragen, um in einem HTML-Dokument besondere Aktionen auszuführen.

➤ Java kennt drei verschiedenen Datei-Arten: *Klassen*-Dateien, *Code*-Dateien und *Daten*-Dateien. Nur die *Klassen*-Dateien mit der Endung *.class beinhalten das fertige Programm. Dieses kann zur Ausführung noch zusätzliche Dateien benötigen, zum Beispiel Grafiken. Diese sind dann in den Daten-Dateien gespeichert.

➤ Ein Java-Applet wird durch den Tag *<APPLET>* in ein HTML-Dokument eingebunden.

➤ Durch *<PARAM NAME=>* kann dem Programm ein Parameter übergeben werden. Durch die Erweiterung dieses Tags mit *VALUE=* wird der Wert des Parameters festgelegt

➤ JavaScript ist keine Programmiersprache, um selbständige Programme zu erstellen, sondern eine Skriptsprache, mit deren Hilfe kleinere Anwendungen und Prozesse in einem HTML-Dokument gesteuert werden können.

➤ Ein Skript wird durch die Tags *<SCRIPT>* und *</SCRIPT>* begrenzt. Diese stehen im Dateikopf des HTML-Dokuments.

➤ JavaScript kennt verschiedene Elemente. Dazu gehören Objekte, Funktionen und Werte.

➤ Durch sogenannte Event-Handler, die im Textteil des Dokuments eingetragen werden, können Skript-Programme in bestimmten Situationen gestartet werden – zum Beispiel dann, wenn der Leser auf eine besondere Passage des Dokuments zeigt.

Fragen

1. Erläutern Sie bitte den wesentlichen Unterschied zwischen Java und JavaScript.

2. Fügen Sie ein Java Applet namens *beispielAPPLET.CLASS* in Ihr Dokument ein.

3. Beschränken Sie den Bildschirmbereich für die Ausführung des Applets auf einen Bereich von 300 x 280 Pixeln.

4. Übergeben Sie dem Applet einen Parameter mit dem Namen Text und dem Wert Hallo Welt.

5. Fügen Sie schematisch ein JavaScript ein! Wie bewerkstelligen Sie dies und wo muss das Skript eingetragen werden.

6. Zählen Sie bitte zwei JavaScript-eigene Objekte auf.

7. Zählen Sie bitte wenigstens zwei Event-Handler auf. Wozu werden diese benutzt?

15 Style Sheets

Der Begriff *Style Sheet* ist Ihnen sicherlich geläufig, zumindest wenn Sie Benutzer der Textverarbeitung Ami Pro sind. Ist Word für Windows Ihr bevorzugtes System, kennen Sie den gleichen Begriff unter dem Namen *Druckformatvorlage*.

Gemeint ist immer das gleiche: Mit Hilfe von Druckformatvorlagen können Sie das Layout von Absätzen genauestens festlegen. Dabei geht es um die zu verwendende Schriftart, Absatzeinzüge, Ausrichtung usw.

Style Sheets werden seit geraumer Zeit für HTML angeregt. Allerdings ist es bisher zu keiner Verabschiedung eines Standards gekommen. So überrascht es nicht, dass kaum ein Browser Style Sheets interpretieren kann. Als einzige derzeit auf dem Markt befindliche Software ist der Internet Explorer aus dem Hause Microsoft dazu in der Lage.

15.1 Style Sheets definieren

Um ein Style Sheet zu definieren, benutzen Sie die Elemente *<STYLE>...</STYLE>*. Zwischen diesen Elementen werden die Eigenschaften der Formate festgelegt. Diese Eigenschaften gelten für das gesamte HTML-Dokument.

Die Definition des Style Sheets geschieht im Dateikopf des Dokuments.

Beispiel

```
<!DOCTYPE HTML PUBLIC "-//IETF//DTD HTML//EN//3.2">
<HTML>
<HEAD>
<TITLE>Beispiel f&uuml;r Style Sheets</TITLE>
<STYLE>i {font: 12pt Arial}
```

```
</STYLE>
</HEAD>
<BODY>
<H2>Auf dieser Seite wird mit einem Style Sheet gearbei-
tet</H2>
Der kursiv dargestellte Text wird nun in 12 Punkt und
Arial
<I>dargestellt</I>.
</BODY>
</HTML>
```

In diesem Beispieldokument werden alle zukünftig kursiv darzustellenden Passagen von der Style-Sheet-Definition an in der Schriftart Arial angezeigt, und zwar in der Größe 12 Punkt.

Wie Sie dem Beispiel sicher entnehmen konnten, ist die Syntax zum Festlegen der Eigenschaften eines Formats recht einfach: Sie notieren zunächst den entsprechenden Tag, allerdings ohne die gewohnten spitzen Klammern. Im Anschluss daran folgt eine geöffnete geschweifte Klammer. Dann werden die Eigenschaften festgelegt, die Sie dem Tag geben wollen. Zum Abschluss folgt eine schließende geschweifte Klammer. Die Eigenschaften werden durch *Schlüsselwörter* bestimmt. Zu jeder Eigenschaft gehört ein solches Schlüsselwort sowie ein dazugehöriger *Wert*. Schlüsselwort und Wert werden durch einen *Doppelpunkt* voneinander getrennt.

```
H1 {COLOR : RED}
```

Im obigen Falle werden nun alle Überschriften der Ebene 1 in roter Farbe dargestellt.

Mögliche Schlüsselwörter und ihre Werte sind:

➤ TEXT-INDENT
Damit wird eine *Absatzeinrückung* definiert. Gültige Werte können in mm, cm, em, pt (Punkt) oder auch in Prozentzahlen angegeben werden. Verwenden Sie einen negativen Wert, wird der Absatz nicht ein-, sondern ausgerückt.

```
H1 {TEXT-INDENT : 1cm}
```

➤ MARGIN-TOP
Legt den oberen Abstand eines Absatzes oder einer Überschrift fest. Gültige Werte können in mm, cm, em, pt oder auch in Prozentzahlen angegeben werden.

```
P {MARGIN-TOP : 15mm}
```

➤ MARGIN-LEFT
Legt den linken Abstand eines Absatzes oder einer Überschrift fest. Gültige Werte können in mm, cm, em, pt oder auch in Prozentzahlen angegeben werden.

```
H2 {MARGIN-LEFT : 23em}
```

➤ MARGIN-RIGHT
Legt den rechten Abstand eines Absatzes oder einer Überschrift fest. Gültige Werte können in mm, cm, em, pt oder auch in Prozentzahlen angegeben werden.

```
P {MARGIN-RIGHT : 25%}
```

➤ MARGIN-BOTTOM
Legt den unteren Abstand eines Absatzes oder einer Überschrift fest. Gültige Werte können in mm, cm, em, pt oder auch in Prozentzahlen angeben werden.

```
P {MARGIN-BOTTOM : 12em}
```

➤ COLOR

Legt die Farbe des Vordergrundes fest. Gültige Werte sind die vordefinierten Farbnamen bzw. hexadezimale Werte.

```
H2 {COLOR : RED}
```

➤ FONT

Legt den Font fest, der für einen Abschnitt verwendet werden soll. Gültige Eingaben beinhalten den Schriftnamen und die Schriftgröße.

```
P {FONT : Arial 14pt}
```

➤ LETTER-SPACING

Legt den Abstand zwischen den einzelnen Buchstaben, die *Schriftweite* fest. Mögliche Eingaben sind mm, cm, em oder p

```
P {LETTER-SPACING : 2mm}
```

➤ WORD-SPACING

Legt den Wortabstand in einem Text fest. Mögliche Größen sind mm, cm, em oder Punkt.

```
H1 {WORD-SPACING : 7mm}
```

15.2 HTML-Klassen bilden

Sie können einem Tag mehrere Eigenschaften auf einmal zuweisen. Dazu definieren Sie den Tag so, wie bereits vorgestellt, ergänzen ihn aber um weitere Eigenschaften, die Sie durch Strichpunkte voneinander trennen.

Beispiel

```
<!DOCTYPE HTML PUBLIC "-//IETF//DTD HTML//EN//3.2">
<HTML>
<HEAD>
```

```
<STYLE>
P {COLOR : BLUE; FONT : ARIAL12pt; WORD-SPACING : 6mm}
H1 {COLOR : RED; LEFT-INDENT : 12mm}
</STYLE>
</HEAD>
<BODY>
<H1>Eine &Uuml;berschrift im gew&uuml;nschten Format</H1>
</BODY>
</HTML>
```

Sehr viel mächtiger ist allerdings die Option, eigene *Klassen* von Tags bilden zu können. Damit sind Sie in der Lage, völlig eigenständige Absatzformate zu erstellen, wie Sie es von Ihrer Textverarbeitung gewohnt sind.

Sie definieren eigene Klassen von Tags, indem Sie zunächst den Tag aufzeichnen, den Sie benutzen wollen. Im unmittelbaren Anschluss folgt ein Punkt, dem dann der Name der entsprechenden Klasse folgen muss. Bei der Namensvergabe haben Sie die freie Auswahl. Allerdings dürfen keine Leerzeichen enthalten sein. ZITAT FORMAT ist nicht möglich, wohl aber ZITATFORMAT. Die Angabe des Namens der Klasse ist *Case-sensitive*, d. h. es wird Groß- und Kleinschreibung unterschieden.

Beispiel

```
<!DOCTYPE HTML PUBLIC "-//IETF//DTD HTML//EN//3.2">
<HTML>
<HEAD>
<TITLE>Eine Seite mit Unterklassen von Style Sheets</
TITLE>
<STYLE>
p.zitate {COLOR : BLUE; LEFT-INDENT : 14mm}
p.text {LEFT-IDENT : 5mm}
p.wichtig {LEFT-IDENT : 5 mm; COLOR : BLUE}
</STYLE>
```

```
</HEAD>
<BODY>
</BODY>
</HTML>
```

Wenn die Unterklassen definiert worden sind, stehen sie Ihnen im ganzen Dokument zur Verfügung.

Sie rufen eine Unterklasse auf, indem Sie den entsprechenden Tag verwenden und um das Attribut *Class* ergänzen. Damit die Formatierung der Unterklasse auch interpretiert wird, ist es notwendig, dass Sie *immer einen abschließenden Tag* verwenden – auch bei Formaten, die ansonsten auch nur mit einem einzigen Tag richtig interpretiert werden.

```
<P CLASS=zitate>Dies ist ein Zitat!</P>
```

15.3 Style Sheets für verschachtelte Tags

Das Prinzip der verschachtelten Tags ist Ihnen ja bereits begegnet. Interessante Gestaltungseffekte lassen sich mit Style Sheets für verschachtelte Tags erreichen. Sie können nämlich das Formate für den Fall festlegen, dass ein Tag innerhalb eines anderen vorkommt. Die Eigenschaften gelten dann nur für diesen Fall.

Wollen Sie zum Beispiel fett gedruckte Passagen in der Farbe Rot erscheinen lassen, wenn sie innerhalb eines kursiven Abschnitts vorkommen, lautet die entsprechende Befehlszeile dafür:

```
I B {COLOR : RED}
```

Sie notieren also zunächst denjenigen Tag, innerhalb dessen ein anderer Tag eine bestimmte Eigenschaft haben soll.

15.4 Zukunft von Style Sheets

Auf den ersten Blick scheinen sich HTML-Prinzip und Style Sheets zu widersprechen. Der Grundgedanke von SGML und HTML ist ja der, dass von der verwendeten Plattform unabhängig Texte angezeigt werden können, deren Formatierungen jedoch weitestgehend erhalten bleiben. Strenge HTML-Verfechter sind gegenüber Style Sheets aus diesem Grunde ablehnend eingestellt. Ihrer Meinung nach wird das Konzept einer Seitenbeschreibungssprache dadurch aufgeweicht.

Da aber immer mehr Firmen ihre Inhalte im World Wide Web präsentieren wollen und dabei Wert auf eine ansprechende Gestaltung legen, dürften Style Sheets weiter diskutiert werden und sicherlich einmal zum Standard von HTML gehören. Allerdings werden Sie eine milimetergenaue Ausrichtung und Feinheiten, wie Sie es von DTP-Programmen her kennen, mit HTML nie erreichen. Dazu sind viel zu viele Faktoren vom verwendeten Browser abhängig. Wirklich vorlagengetreue Darstellungen lassen sich allerdings bereits heute erreichen, wenn Sie Ihre Dokument beispielsweise im PDF-Format von Adobe präsentieren. Dies ist bereits mit den heutigen Browsern möglich. Mehr dazu erfahren Sie im Kapitel *Plugins*.

15.5 Zusammenfassung und Fragen

Zusammenfassung

➤ Unter Style Sheets versteht man eigene Dokumentvorlagen, die das Erscheinungsbild der Texte weitestgehend festlegen und vom Browser unabhängig machen sollen.

➤ Style Sheets befinden sich derzeit noch in der Vorschlagsphase und werden von keinem Browser richtig interpretiert.

➤ Ein Style Sheet wird innerhalb des Dateikopfes definiert.

- Einem einzigen Tag können eine Reihe von Eigenschaften zugewiesen werden.

- Es lassen sich auch Unterklassen eines Tags bilden, etwa um verschiedene Absatzformate zu erreichen.

- Sie können Eigenschaften eines Tags innerhalb eines verschachtelten Tags festlegen. Die neuen Eigenschaften werden nur dann wirksam, wenn sich der Tag innerhalb eines bestimmten anderen Tags befindet.

Fragen

1. Wie lauten die Elemente, mit denen Sie einen Style Sheet definieren?

2. Legen Sie bitte fest, dass kursive Texte in der Farbe blau erscheinen.

3. Legen Sie eine Absatzklasse fest, die den Namen Zitat trägt. Die Absätze sollen in der Farbe rot erscheinen.

4. Formatieren Sie einen Absatz Ihres Dokuments mit der in Frage 4 definierten Absatzklasse.

5. Weisen Sie einem Absatz die Textfarbe blau und den Wortabstand 8 mm zu.

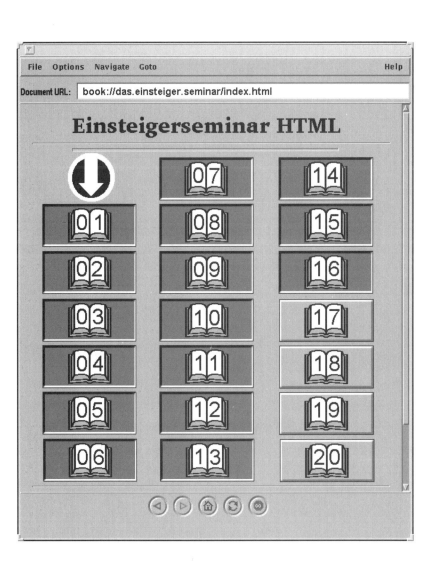

File   Options   Navigate   Goto   Help

Document URL: book://das.einsteiger.seminar/index.html

Einsteigerseminar HTML

16 Web Counter einrichten

Wer eine eigene HomePage im World Wide Web unterhält, möchte wahrscheinlich gerne wissen, wie oft die Seiten von den Besuchern betrachtet werden. Aber auch für die Besucher selbst kann diese Information ganz interessant sein.

Unterhält man einen eigenen Web-Server, ist es kein Problem, festzustellen, wie viele Zugriffe am Tag auf die Seiten erfolgen. Ein Blick in das Log-File, das jeder Server anlegt, genügt. Eine andere Möglichkeit bietet eine *CGI*-Programmierung. Auch mit ihr kann ein Zugriffszähler realisiert werden. Voraussetzung ist natürlich, dass auf dem Server, auf dem Ihre Dokumente abgespeichert sind, ein CGI-Skript ablaufen kann. Schwieriger wird es, wenn die Seiten bei einem großen Online-Dienst abgelegt worden sind. In der Regel wird der Betreiber des Angebotes über die Zugriffszahlen nicht informiert.

Um auch in solchen Fällen Informationen über die Zahl der *Hits* zu bekommen, wird von einigen Anbietern der Service eines *Zugriffszählers*, oder auch *Web Counter*, offeriert.

Mit HTML allein können Sie einen solchen Zugriffszähler nicht realisieren. Sie sind also auf entsprechende Anbieter angewiesen.

Wie wird nun ein Web Counter eingerichtet?

Sie rufen zunächst das Angebot eines Service-Anbieters auf. Zum Beispiel *http://www.digits.com/web_counter/*. Voraussetzung ist natürlich, dass Sie einen Zugang zum World Wide Web haben.

Auf den Seiten von *DIGITS.COM* finden Sie einen Verweis mit den Namen *CREATE*. Führen Sie diesen aus. In dem erscheinenden Formular finden Sie die Rubrik *COUNTER NAME*. Hier können Sie einen Namen für Ihren Zugriffszähler verwenden, der bis zu 32 Zeichen lang sein darf. *Vermeiden Sie deutsche Umlaute!*

Schreiben Sie die entsprechenden Angaben in das Eingabefeld, in dem Sie nach Ihrer EMail-Adresse gefragt werden.

In das Formular kann ein Startwert Ihres Zählers eingegeben werden. Den voreingestellten Wert 0 dürfen Sie nach Belieben ändern.

Die Eingabeseite sieht noch einige andere Fragen vor, die für die Erstellung des eigentlichen Zählers nicht wichtig sind. Unverzichtbar ist natürlich die Angabe der URL, unter der Ihre Seiten erreichbar sind oder erreichbar sein sollen.

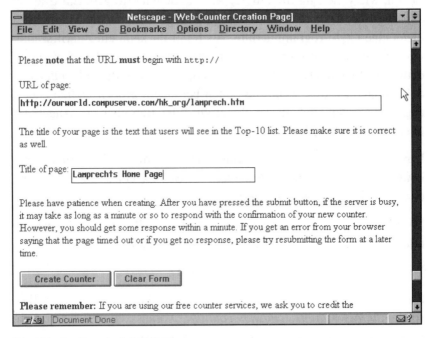

Abb. 16.1: Das Formular bei *Digits.Com*

Haben Sie alle notwendigen Angaben gemacht, können Sie die Erstellung mit *CREATE COUNTER* auslösen. Wenige Augenblicke später bekommen Sie einen Quelltext angezeigt, den Sie in Ihr HTML-Dokument übertragen sollten.

```
<IMG SRC="http://counter.digits.com/wc/-d/4/HK_COUNTER"
ALIGN=middle WIDTH=60 HEIGHT=20 BORDER=0 HSPACE=4
VSPACE=2>
```

Wie Ihnen sicher auffällt, handelt es sich dabei um eine Grafikreferenz. Diese fügen Sie in die zu zählende Home Page ein. Rein technisch gesehen funktioniert dieser Zugriffszähler auf einfach Weise: Die Grafik wird vom Server von *Digits.com* angefordert. Dort werden diese Abfragen gezählt und eine entsprechende Grafik zur Verfügung gestellt.

Sobald Sie die Grafikreferenz eingetragen haben, können Sie Ihre neue Home Page auf dem Server des Providers Ihrer Wahl hinterlegen. Ihre Besucher erhalten von nun an deutlich sichtbar Auskunft darüber, wie viele Zugriffe auf Ihre Seiten bereits erfolgt sind.

Es soll aber nicht verschwiegen werden, dass Angebote solcher Service-Anbieter recht populär sind. Ein Zugriffszähler kann die Ladezeit für Ihr Dokument beträchtlich erhöhen – je nachdem, wie viele Abfragen der Server des Anbieters zu bewältigen hat. Darüber hinaus haben sich Benutzer gelegentlich darüber beklagt, dass es zu offensichtlich falschen Zahlen kommt.

DIGITS.COM bietet Ihnen übrigens die Möglichkeit, Ihren Web Counter ändern zu lassen, sofern dies notwendig ist, etwa wenn sich die URL Ihres Dokuments ändert. Der Service des Anbieter ist für Sie kostenlos, sofern Ihre Home Page nicht mehr als 1.000 Zugriffe am Tag erhält. Überschreiten Sie aber diese Grenze, wird Ihnen angeboten, auf den kommerziellen Server des Unternehmens mit Ihrem Web Counter umzuziehen, welcher dann allerdings gebührenpflichtig ist.

16.1 Zusammenfassung und Fragen

Zusammenfassung

➤ Ein Zugriffszähler kann über eine CGI-Programmierung realisiert werden.

➤ Für den Privatanwender bietet sich an, auf die Dienste eines Service-Anbieters zurückzugreifen, der einen Web Counter für Sie einrichtet.

➤ Dabei fügen Sie eine Grafik ein, die auf dem Server des Anbieters hinterlegt ist. Es werden die Zugriffe auf diese Grafik gezählt.

➤ Je nach »Verkehr« im Internet kann ein solcher Web Counter eine für den Anwender zeitraubende Angelegenheit sein.

➤ Im Großen und Ganzen arbeiten die Zugriffszähler zuverlässig. Dennoch kommt es hin und wieder einmal vor, dass falsche Zahlen geliefert werden.

Fragen

1. Was fügen Sie bei einem Web Counter eines Anbieter wie *Digits.com* in Ihr HTML-Dokument ein?

2. Warum?

3. Sind solche Zugriffszähler ein zuverlässiges Instrument, um Informationen über die Leserzahlen einen Dokuments zu erhalten?

4. Welche anderen Möglichkeiten gibt es, die Zugriffszahlen auf eine Home Page zu messen?

Einsteigerseminar HTML

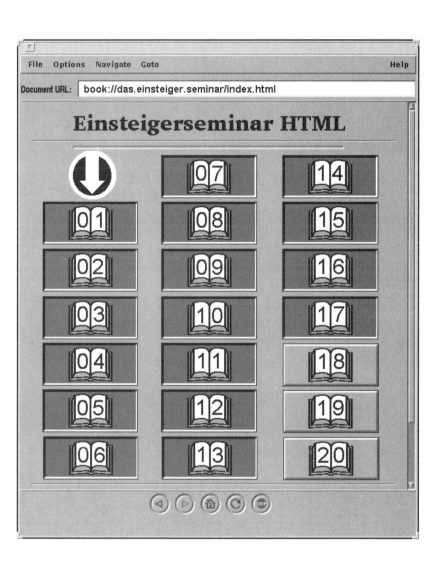

17 PlugIns und Objekte

Im Kapitel über Style Sheets haben Sie gesehen, dass sich eine vorlagengetreue Abbildung von Prospekten, Katalogen und anderen Schriftstücken mit HTML wohl nicht erreichen lässt. Als Ausweg bietet sich an, Dokumente beispielsweise im PDF-Format von Adobe zu präsentieren. Hier bleibt das Originallayout weitestgehend erhalten.

Die Browser für das World Wide Web wurden ursprünglich nur für das HTML-Format konzipiert. Wenn Sie andere Dateien damit betrachten wollen, wird in der Regel eine Fehlermeldung erscheinen, die Sie auf die Problematik aufmerksam macht und Sie fragt, was nun mit der Datei geschehen soll. Immer mehr Hersteller entwickeln jedoch sogenannte *PlugIns* für die Browser. Dabei handelt es sich um Programmkomponenten, die sich in die Browser-Software einklinken, um im Bedarfsfall bestimmte Dateitypen innerhalb eines HTML-Dokuments anzeigen zu können.

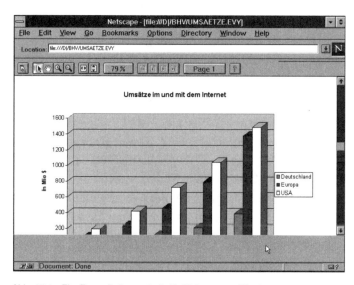

Abb. 17.1: Ein *Envoy*-Dokument wird in Netscape geöffnet

Damit entwickeln sich die Browser immer mehr zu universellen Datei-betrachtern. So sind bereits Plugins für Winword- und Ami Pro-Dokumente, Excel-Tabellen, PDF-Dateien und einige andere Formate erhältlich.

Um eine Datei eines anderen Formats in einem HTML-Dokument einzubinden, wird der Tag *<EMBED>* benutzt.

Beispiel

```
<!DOCTYPE HTML PUBLIC "-//IETF//DTD HTML//EN//3.2">
<HTML>
<BODY>
<H1>Eine Seite mit einer Plugin-Datei</H1>
<EMBED SRC="Umsatz.evy">
</BODY>
</HTML>
```

In diesem Beispiel fügen Sie eine Datei mit dem Namen UMSATZ.EVY in ihr Dokument ein. Der Name der Datei muss dabei in *Anführungszeichen* stehen. Sollte sich die einzubindende Datei nicht im gleichen Verzeichnis wie das HTML-Dokument befinden, gelten die gleichen Vorschriften, die Sie bereits beim Einfügen von Grafiken kennengelernt haben. Es muss dann also der relative oder absolute Pfadname angegeben werden.

Das Element *<EMBED>* wurde von Netscape vorgeschlagen. Das Einbinden von Videos über das Attribut *DYNSRC* ist eine Entwicklung von Microsoft, während *<APPLET>* von SUN geschaffen wurde. Alle diese Elemente haben das gleiche Ziel, nämlich Erweiterungen in das Format HTML aufzunehmen. Um den Umgang mit der Sprache einfach zu halten, soll ein neues Element diese vielen verschiedenen Tags überflüssig machen.

Das Element *<OBJECT>* nämlich tritt dazu an, das Einbinden von Dateien aller Art zu vereinfachen. Es handelt sich hierbei aber noch um einen Vorschlag, der bisher von keinem Browser unterstützt wird.

Es wird ein Elemente-Paar verabredet, das heißt: es wird ein abschließender Tag benötigt. Der Dateiname bzw. die dazugehörige Pfadangabe erfolgt mit dem Attribut *DATA=*. Die notwendigen Angaben stehen wie gewohnt in Anführungszeichen. Darüber hinaus ist noch eine zusätzliche Angabe nötig, nämlich die Angabe des Dateityps. Dieser wird über die Erweiterung *TYPE=* angegeben. Auch diese Angabe erfolgt in Anführungszeichen. Die Angabe richtet sich nach den entsprechenden *MIME-Typen*.

MIME steht dabei für »Multipurpose Internet Mail Extensions«. Es handelt sich dabei um einen Standard des Internets, der Dateiarten angibt.

Beispiel

```
<!DOCTYPE HTML PUBLIC "-//IETF//DTD HTML//EN//3.2">
<HTML>
<BODY>
<OBJECT DATA="tiefight.avi" TYPE="application/avi">
</OBJECT>
</BODY>
</HTML>
```

In unserem Beispiel wird ein kleines Video in das HTML-Dokument eingebunden. Sofern dieses sich in einem anderen Verzeichnis befindet als das HTML-Dokument selbst, gelten zur Angabe des relativen oder absoluten Pfadnamens die gleichen Regeln wie für das Einfügen von Grafiken.

Das Element <OBJECT> soll auch dazu verwendet werden, um Java-Applets in eine Seite einzubinden; es würde somit das Element <APPLET> überflüssig machen.

Allerdings wird wohl noch eine Weile vergehen, bis sich das W3-Konsortium sich auf eine endgültige Verabschiedung dieses Elements geeinigt hat.

17.1 Zusammenfassung und Fragen

Zusammenfassung

➤ Durch sogenannte *Plugins* kann ein Browser für das World Wide Web auch Dateien anderer Formate öffnen und anzeigen – zum Beispiel Excel- oder Word-Dateien.

➤ Auch bei Java-Applets handelt es sich streng genommen um Plugins, die über einen gesonderten Tag eingetragen werden.

➤ Um HTML übersichtlich zu halten, wird seit einiger Zeit über die Schaffung eines neuen Tags *<OBJECT>* beraten.

Fragen

1. Fügen Sie eine Excel-Datei mit dem Namen Umsatz in Ihr HTML-Dokument ein. Excel-Dateien besitzen die Dateiendung XLS.

2. Welche zwei Attribute kennt der Tag *<OBJECT>* und was bedeuten Sie?

3. Was bedeutet MIME?

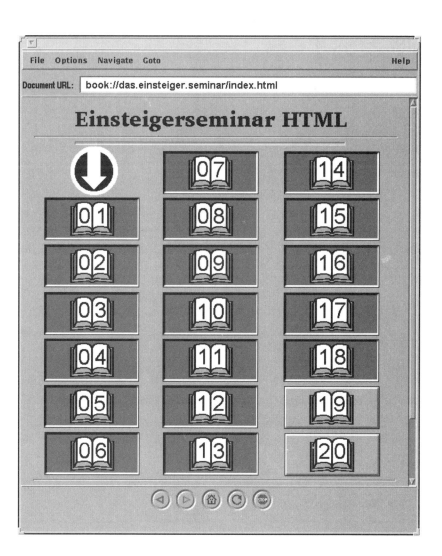

18 Hilfsmittel: HTML-Editoren

Prinzipiell reicht jeder beliebige Texteditor aus, um HTML-Dokumente zu erstellen. Sämtliche Beispiele dieses Buches sind mit dem Windows Notepad enstanden. Es existieren inzwischen aber eine Reihe von Softwarelösungen, die einem HTML-Autoren die Arbeit erleichtern sollen.

Bei den angebotenen Produkten lassen sich zwei Kategorien ausmachen: reine Texteditoren und Programme, die versuchen, das Prinzip WYSIWIG (What You See Is What You Get) auch auf das Gebiet HTML umzusetzen. Die letztgenannten Produkte sind allerdings noch nicht sehr verbreitet und auch technisch noch nicht sehr ausgereift.

18.1 Web Edit

Web Edit hat die Herzen seiner Fan Gemeinde im Sturm erobert. Dazu hat sicherlich nicht zuletzt die sehr aufgeräumt wirkenden Oberfläche beigetragen. Das Programm benötigt Microsoft Windows 3.1. Eine 32-Bit Version für Windows 95 befand sich während der Erstellung des Manuskripts zu diesem Buch in der Beta-Phase. Benutzer, die seit Verlassen der Schulbank keine Zeit mehr fanden, ihre Englischkenntnisse zu pflegen, wird sicherlich freuen, dass es eine komplett deutsche Version von Web Edit gibt.

Das Programm stellt die wichtigsten Tags über eine Buttonleiste zur Verfügung. So reicht ein Mausklick, um beispielsweise eine horizontale Linie einzufügen. Die Formatierungen lassen sich aber selbstverständlich auch vollständig über die Menübefehle vornehmen.

Web Edit ist sehr offen ausgelegt: Wird ein neuer HTML-Standard verabschiedet, brauchen Sie nicht auf ein Update des Programms zu warten, sondern können es selber um die neuen Tags erweitern. Das Arbeiten mit dem Programm geht zügig von der Hand und erfordert keine lange Einarbeitungszeit. Web Edit ist Shareware, Sie können das Programm also über einen festgelegten Zeitraum testen und nutzen, ohne einen Pfennig dafür zahlen zu müssen.

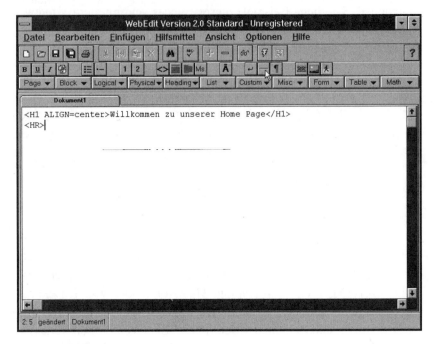

Abb. 18.1: Die Oberfläche von Web Edit

18.2 Hot Dog

Hot Dog sticht aus der Masse der vielen Produkte des Sharewaremarktes einmal durch den Funktionsumfang hervor, andererseits aber auch durch die in der 32-Bit-Version sehr eigenwillige Benutzeroberfläche. Auch Hot Dog stellt die am häufigsten benutzten Formate über eine Buttonleiste zur Verfügung. Selbst das Einfügen komplexer Tabellen geschieht über Eingabemasken. Soviel Komfort hat allerdings auch seinen Preis.

338

In der 16-Bit Version für Windows 3.1 sollten Sie schon mindestens über einen schnellen 486er PC verfügen, der mit 8 MB RAM ausgestattet sein sollte, um zügig mit dem Programm arbeiten zu können.

Die 32-Bit-Version »verwöhnt« Sie, sofern Sie über eine Soundkarte verfügen, mit allerlei bemerkenswerten Klangeffekten: so ertönt zwischenzeitlich lautstarkes Hundegebell. Erwähnt werden sollte noch die vorzüglich gestaltete Online-Hilfe, die nicht nur über den Umgang mit dem Programm informiert, sondern auch eine umfassende Referenz der HTML-Befehle bereithält.

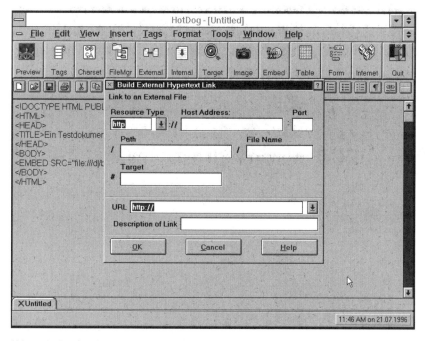

Abb. 18.2. Die Oberfläche von Hot Dog für Windows 3.1

18.3 Hot Metal

Hot Metal wurde lange Zeit als Shareware vertrieben. Seit seiner Version 2.0 ist es allerdings ein rein kommerzielles Produkt. Das Programm ist mehr den WYSIWIG-Editoren zu zuordnen. Beim Einfügen eines Tags werden diese deutlich sichtbar als kleine fähnchenartige Gebilde in Ihren Text eingefügt.

Das bereits zu Web Edit und Hot Dog Gesagte gilt auch hier. Der Zugriff auf die wichtigsten Tags erfolgt über Schaltflächen. Das Programm führt auf Wunsch des Anwenders eine Syntax-Prüfung des Dokuments durch, weist Sie somit auf Fehler in Ihrem Quellcode hin. Es ist allerdings die Frage, ob sich der Einsatz des gut 200 DM teuren Produkts für gelegentliche HTML-Projekte wirklich lohnt.

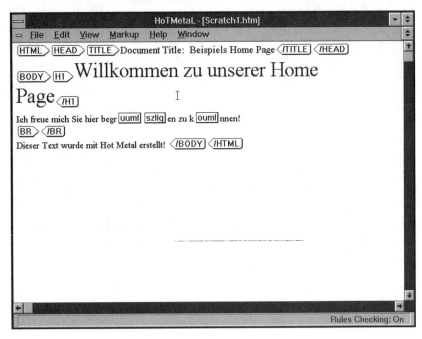

Abb. 18.3: Oberfläche von Hot Metal Version 1.0

18.4 Page Mill

Macintosh-Freunde brauchen bei der Erstellung von Home Pages nicht auf gewohnten Komfort zu verzichten. Adobe gibt ihnen mit Page Mill ein überaus interessantes Programm an die Hand, mit dem sich auf einfachste Art und Weise auch umfangreiche HTML-Projekt abwickeln lassen.

Das Programm verspricht reines WYSIWIG: Ihre Seiten werden Ihnen genauso präsentiert, wie sie später einmal in einem Browser aussehen. Änderungen des Layouts im Text werden unmittelbar darauf in HTML übersetzt. Kenntnisse in HTML seien daher nicht mehr nötig, verspricht der Hersteller.

18.5 Frontpage

Front Page von Microsoft lässt auf den ersten Blick nicht vermuten, dass es sich dabei um ein Werkzeug handelt, welches der Publikation von HTML-Dokumenten dient. Es erinnert mehr an ein DTP-Programm. Ähnlich umfangreich ist der Funktionsumfang und ähnlich angenehm verläuft die Arbeit mit dem Programm.

Der Anwender dürfte kaum Probleme damit haben, sich in Front Page zu orientieren, wenn er bereits einmal mit einer Office-Anwendung des Hauses Microsoft gearbeitet hat. Die Benutzerführung ist klar und intuitiv. Sofern Sie Texte in den Formaten ASCII oder RTF (Rich Text Format) besitzen, werden diese problemlos eingelesen und in HTML konvertiert.

Das Einfügen von Grafiken ist mit einigen wenigen Mausklicks erledigt. Sie legen nur den Namen der Datei und die Position der Grafik fest. Um den HTML-Code kümmert sich Front Page selbständig. Wie von fast jedem Microsoft-Produkt inzwischen gewohnt, werden Sie auch in Front

Page von einer Reihe von sogenannten Assistenten unterstützt, mit deren Hilfe Sie interaktiv Formatierungen bestimmen können, zum Beispiel für Frames.

18.6 Zusammenfassung

Dies war nur ein kleiner Ausschnitt aus einer fast unüberschaubaren Flut von HTML-Editoren. Es hätten noch gut und gern zehn weitere Programme aufgezählt werden können, die allesamt das Erstellen von Home Pages erleichtern können. Allen bereits vorgestellten Programmen ist jedoch eines gemeinsam: perfekt funktionieren sie noch nicht. Dennoch können Sie die Arbeit des HTML-Autoren erleichtern, indem End-Tags selbständig gesetzt werden oder die benötigte Anzahl von Tabellenzeilen automatisch eingefügt wird. Welches Produkt das Richtige für Sie ist, probieren Sie am besten selbst aus. Die überwiegende Mehrzahl der Anbieter stellt Demo- oder Sharewareversionen zur Verfügung.

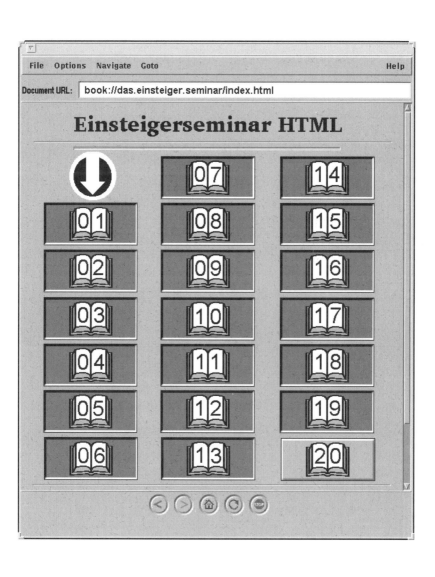

19 Zum Abschluss ein paar Tips

Nach dieser Einführung in HTML und JavaScript sollen in diesem Abschnitt noch ein paar praktische Tips zur Gestaltung von HTML-Dokumenten und Home Pages folgen.

19.1 Konvertierung bestehender Dokumente in HTML

Eine recht häufig vorkommende Aufgabe besteht darin, bereits bestehende Dokumente in das HTML-Format zu konvertieren. Sei es, um sie in einem firmeninternen Intranet anderen zur Verfügung zu stellen, sei es, um ein WWW-Angebot damit zu füllen.

Sofern Sie noch nicht über eine Textverabeitung verfügen, die den Export nach HTML gestattet, sollten Sie Ihre Arbeit systematisch gestalten. Mit jedem Arbeitsschritt nähern Sie sich dann immer mehr einem reinen Hypertextdokument an.

Im ersten Arbeitsschritt erstellen Sie zunächst eine reine ASCII-Version Ihres Dokuments. Speichern Sie es dazu in diesem Format ab. Der nächste Schritt besteht darin, alle Sonderzeichen und Umlaute in die entsprechenden Entities zu konvertieren. Diese Arbeit erledigen eine Reihe von HTML-Editoren für Sie. Allerdings können Sie dafür auch die Suchen-Ersetzen-Funktion Ihrer Textverarbeitung nutzen.

Löschen Sie dann alle nicht benötigten Tabulatoren heraus, die Sie vielleicht dazu benutzt haben, um Absatzeinzüge zu formatieren. Alle übrigen gesetzten Tabulatoren können Sie noch im Text belassen. Vielleicht erfordert die eine oder andere Passage diese Form der Textgestaltung? Denken Sie dabei an die Möglichkeit, vorformatierten Text mittels des Elements *<PRE>* präsentieren zu können.

Entfernen Sie dann alle eventuell vorkommenden Kopf- und Fußzeilen. In der Regel finden sich hier ja redundante Informationen, wie ein Firmen- oder Bearbeitername. Eine eventuelle Seitenzählung kann ebenfalls entfallen, da Sie in Hypertexten keine Rolle spielt. Sofern es sich um einen wissenschaftlichen Artikel handelt, in dem Fußnoten oft dazu verwendet werden, den Haupttext von Quellenangaben oder sonstigen Bemerkungen zu entlasten, sollten Sie überlegen, welche Informationen davon wirklich notwendig sind und deshalb im Haupttext stehen oder in eigenen Seiten gespeichert werden sollten.

Speichern Sie den so bearbeiteten Text als ASCII-Text ab. Diesen können Sie Ihren Lesern beispielsweise zum Download zur Verfügung stellen.

Sofern in Ihrem Text Illustrationen verwendet worden sind, konvertieren Sie die Originale in das GIF-Format. Wenn Sie keinen Zugriff mehr auf die Originaldateien haben, machen Sie von Ihrem Quelltext mit Hilfe eines Screenshot-Programms Bildschirmfotos. Haben Sie sehr viele Grafiken auf diese Art zu bearbeiten, vergeben Sie möglichst systematische Dateinamen, denn dies erleichtert Ihnen die Orientierung, wenn es gilt, die Abbildungen wieder in das HTML-Dokument einzufügen. Benennen Sie eine Grafik etwa mit ABB1_01.GIF für die erste Abbildung des 1. Kapitels.

Speichern Sie eine Version Ihres ASCII-Textes nun als HTML-Dokument mit der Endung HTM oder HTML. Am Anfang dieses Dokuments müssen Sie nun die Standardelemente eines HTML-Dokuments einfügen, also *<HTML>*, *<HEAD>* und *<BODY>*.

Sehen Sie den Text durch und fügen Sie, wo es nötig ist, Zeilenumbrüche und Absätze ein. Setzen Sie die Überschriften.

Nun ist es an der Zeit, den Text zum ersten Mal in einen Browser zu laden, um zu kontrollieren, wie er aussieht. Wenn Sie mit dem Ergebnis zufrieden sind, können Sie damit beginnen, alle Vorteile einzusetzen, die das Medium Hypertext bietet. Fügen Sie mit Hilfe des Anchor-Tags

Sprungadressen ein und verweisen Sie an geeigneter Stelle darauf, wofür Sie beispielsweise die Überschriftenverwenden können. Erstellen Sie am Dateianfang ein Inhaltsverzeichnis, von dem aus auf die gerade mit Sprungadressen gegliederten Abschnitte verwiesen wird.

Laden Sie dann das Dokument erneut in Ihren Browser, um zu testen, ob Sie keinen Fehler gemacht haben. Ist dieser Test zufriedenstellend verlaufen, sollten Sie sich bei einem sehr langen Text überlegen, wie Sie ihn am besten in einzelne Dateien aufspalten. Vergessen Sie nicht, eine Datei zu Ihrer Startseite zu machen, von der aus auf die übrigen Dateien verwiesen wird. Außerdem erhöht es den Komfort für den Benutzer, wenn Sie in jeder Datei einen Link auf das Ausgangsdokument einfügen. Am Ende dieser Arbeitsprozesse sollte dann ein HTML-Kopie Ihres ursprünglichen Dokuments stehen.

19.2 Tips für die eigene Home Page

In diesem Abschnitt soll es um einige Fehler gehen, die bei der Erstellung einer eigenen Home Page vermieden werden sollten. Inzwischen haben Sie nun viel über HTML 3.0 und 3.2 gehört. Sie haben erfahren, dass wirklich fast jeder Entwickler eines Browsers diesen Standard um eigene Entwicklungen erweitert hat. Da fällt es bei der Gestaltung der eigenen Home Page ziemlich schwer, zu entscheiden, welche Elemente verwendet werden sollen. Denken Sie bei der Seitengestaltung grundsätzlich immer an die Benutzer von Browsern, die die neusten Entwicklungen nicht unterstützen. Wenn Sie ein Video einbinden wollen, tun Sie dies, aber denken Sie daran, Benutzern dazu nicht ausgerüsteter Browser alternative Grafiken oder Texte anzubieten. Ebenfalls eine gute Idee ist es, auf der Home Page auf einzelne browserspezifische Angebote zu verweisen. So könnten Sie Seiten anbieten, die für den Netscape Navigator optimiert sind, und andere, die sich der neuesten Technik des Internet Explorers bedienen.

Sie haben in diesem Buch öfter gelesen, dass ein Element auf den jeweiligen Ende-Tag verzichten kann, weil die heutigen Browser über entsprechende Funktionen verfügen, die diese abschließenden Elemente selbständig einfügen. Dennoch empfiehlt sich, im Hinblick auf die Benutzer anderer Software möglichst akkurat zu arbeiten und die abschließenden Elemente auch dort zu setzen, wo sie eigentlich überflüssig erscheinen. Wenn Sie absolut sicher sein wollen, dass dort ein Absatz erscheint, wo Sie ihn auch gesetzt haben wollten, sollten Sie zum Beispiel das entsprechende *</P>* nicht vergessen.

Grafiken verleihen Home Pages Ihr unverwechselbares Aussehen. Doch wie bereits erwähnt, gibt es eine Vielzahl von Benutzern, die beim Surfen durch das World Wide Web die Grafikfunktion Ihres Browsers abschalten. Bieten Sie auch für diese Leser alternative Texte an, insbesondere, wenn Ihre Grafiken Links enthalten sollten.

Wenn Sie auf die Präsentation großer Grafiken nicht verzichten wollen oder können, bieten Sie auf Ihrer Home Page eine anklickbare, verkleinerte Darstellung des entsprechenden Bildes an. Dies erreichen Sie zum Beispiel durch die Zeile:

```
<A HREF="Gross.JPG"><IMG SRC="klein.jpg"></A>
```

Es wird dabei die kleine Grafik abgebildet, und zwar mit einem Rahmen versehen. Klickt der Benutzer auf diesen Verweis, so wird die grosse Abbildung auf einer eigenen Seite dargestellt.

Kleine Grafiken bietet sich auch als Hilfsmittel an, um umfangreiche Texte zu strukturieren. So können Sie etwa als Befehlsschaltflächen dienen. Benutzen Sie für diesen Zweck aber nur eine kleine Anzahl von Grafiken, die auch alle nicht sehr groß sein sollten. Dies hat den Vorteil, dass der Browser schnell wieder darauf zugreifen kann, da er die meisten von ihnen in seinem Arbeitsspeicher belässt. Ein Set von 10 verschiedenen Icons sollte für die meisten Fälle ausreichen.

Und schließlich: Kontrollieren Sie in regelmäßigen Abständen die Links, die Sie in Ihr Dokument eingefügt haben. Vielleicht hat sich die

URL eines Dokuments geändert? Aktualisieren Sie Ihre Home Page regelmäßig, denn nichts ist so ärgerlich wie die lapidare Fehlermeldung »Not Found« nach dem Anklicken eines Verweises.

19.3 Zusammenfassung

Zusammenfassung

➤ Bei der Konvertierung existierender Dokumente sollten Sie schrittweise vorgehen.

➤ Denken Sie insbesondere daran, Umlaute zu konvertieren!

➤ Kümmern Sie sich zunächst um die richtige Darstellung in HTML, bevor Sie sich an das Einfügen von Links und die Aufteilung in einzelne Dateien machen.

➤ Optimieren Sie Ihre Seite nicht bloß für einen einzigen Browser. Denken Sie auch an andere Benutzer.

➤ Verwenden Sie möglichst kleine Grafiken und denken Sie an Alternativtexte.

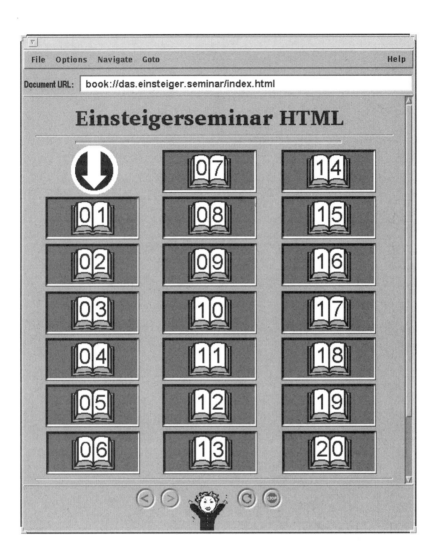

20 Lösungen

Kapitel 1

1. Der Prologue Identifier:

   `<!DOCTYPE HTML PUBLIC "-//IETF//DTD HTML//EN//3.2">`

2. Es ist kein gültiges HTML-Dokument. Es fehlt zum einen der Prologue Identifier, zum anderen (weitaus schlimmer) die Sektion *<BODY>...</BODY>*, also der eigentliche Text des HTML-Dokuments.

3. HTML ist nur eine in SGML definierte Dokumentenart. Aus diesem Grunde kann HTML als Instanz von SGML bezeichnet werden.

4. Ja. Innerhalb eine fett erscheinenden Passage wird ein kurzer Abschnitt kursiv gesetzt.

5. Durch <!-- und -->. Jeder beliebige Text zwischen diesen Elementen wird als Kommentar betrachtet.

6. Innerhalb der Elemente *<HEAD>* und *</HEAD>*. Der Titel wird von den beiden Elementen *<TITLE>* und *</TITLE>* eingerahmt.

Kapitel 2

1. Ein Entity ist eine Umschreibung von Umlauten und Sonderzeichen in eine HTML-konforme Beschreibung. Um das Zeichen "<" darzustellen, geben Sie ein: <

2. Ä=Ä
   Ö=Ö
   Ü=Ü
   ä=ä
   ö=ö
   ü=ü

3. ß=ß

---

4. Das Element *
* fügt einen Zeilenumbruch in den Text ein, während *<P>* einen neuen Absatz einfügt, der in der Regel einen Abstand von einer Zeile zum vorherigen Abschnitt lässt.

5. Es handelt sich dabei um die Abkürzung für den englischen Begriff *Bold*.

6. Nein. Beide Elemente erfordern ein abschließendes *</B>* und *</I>*.

7. Weil Sie in fast jedem Browser die Schriftarten für Überschriften und Fließtext selbst bestimmen können.

8. Weil die meisten Browser das abschließende </P> selbst setzen.

9. Mittels:

```
<P ALIGN=RIGHT>
```

10. Fehler 1: Wenn der Tag *<HEAD>* verwendet wird, ist das Element *<TITLE>* vorgeschrieben. Vergleichen Sie mit dem allgemeinen Aufbau eines HTML-Dokuments, der in Kapitel 1 beschrieben wurde.

   Fehler 2: Die Formatierungen für fetten und kursiven Text, sind nicht ineinander verschachtelt, sondern kreuzen sich.

   Fehler 3: Ein Entity ist falsch gewählt. Im Text würde ein »wÄre« stehen.

Kapitel 3

1. Eine solche Marke richten Sie auf diese Weise ein:

```
<A NAME="BHV"></A>
```

2. Ein Verweis könnte so aussehen:

```
<A HREF="MAILTO:100101.2055@COMPUSERVE.COM">Schreiben
Sie mir</A>
```

3. So müsste Ihr Verweis aussehen:

```
<A HREF="HTTP://WWW.IBM.COM">Besuchen Sie den Rechner
der IBM!</A>
```

4. Weil vergessen wurde, den Verweis in Anführungszeichen zu setzen.

5. Nicht auf jedem Rechner sind auch alle Newsgroups verfügbar.

6. `<A HREF="MAILTO:100101.2055@COMPUSERVE.COM?SUBJECT: So ist es richtig">Schreiben Sie mit</A>`

7. `<A HREF="FTP://FTP.HK.COM"> File Transfer von HK</A>`

Kapitel 4

1. Mit:

`<HR WIDTH=40%>`

2. Es handelt sich um das Elemente-Paar: *<U>...</U>*.

3. Mit:

`<CITE>...</CITE>`

4. Mit:

`<BLINK>...</BLINK>`.

5. Dazu wird *<BIG>...</BIG>* verwendet.

6. Bei diesem Tag handelt es sich um eine logische Textauszeichnung, weil weniger die textliche Gestaltung im Vordergrund steht, sondern der Inhalt.

7. Durch Hinzufügen des Attributs SIZE zu dem Tag *<HR>*, also: *<HR SIZE=4>*.

8. Bei einer dicktengleichen Schrift haben alle verwendeten Zeichen die gleiche Breite.

Kapitel 5

1. Ein Glossar ist ein Verzeichnis schwerverständlicher Begriffe oder Wendungen eines Textes.

2. Es besteht aus einer Reihe von Glossareinträgen, die sich in in einen zu erläuternden Begriff und seine Definition gliedern.

---

3. Disc, Circle und Square.

4. In einer sortierten Liste finden sich vor jedem Eintrag Ziffern oder kleine Buchstaben in einer bestimmten Reihenfolge. In einer unsortierten Liste sind vor die einzelnen Listeneinträge Blickfangpunkte (Bullets) gesetzt.

5. Ja. Üblicherweise wird der am Ende stehende Tag aber weggelassen, weil der Browser ihn implizit setzt.

6 Die Liste sollte so aufgebaut sein:

```
<!DOCTYPE HTML PUBLIC "-//IETF//DTD HTML 3.0//EN"
"html.dtd">
<HTML>
<HEAD>
<TITLE> Aufgabe 5.6 </TITLE>
</HEAD>
<BODY>
<OL TYPE=a START=5>
<LI>Paris
<LI>M&uuml;nchen
<LI>Rom
<LI>New York
<LI>Berlin
</OL>
</BODY>
</HTML>
```

7. So sollte der Quelltext aussehen:

```
<!DOCTYPE HTML PUBLIC "-//IETF//DTD HTML 3.0//EN"
"html.dtd">
<HTML>
<HEAD>
<TITLE>Rezept </TITLE>
</HEAD>
```

```
<BODY>
<UL>
<LI>Zutaten
<OL>
<LI>Hackfleisch
<LI>Zwiebeln
<LI>Harte Br&ouml;tchen
LI>Eier
<LI>Salz, Pfeffer, Wasser
</OL>
<LI>Garzeit: 15 bis 20 Minuten
<LI>Zubereitung
<OL>
<LI>Zwiebeln sch&auml;len und kleinhacken.
<LI>Die harten Br&ouml;tchen in kaltem Wasser
aufweichen und auspressen.
<LI>Aus Hackfleisch, den Eiern, dem
Br&ouml;tchenteig und den Zwiebeln eine Masse
kneten.
<LI>Mit Salz und Pfeffer abschmecken.
<LI>Aus der Masse kleine
br&ouml;tchen&auml;hnliche Gebilde formen.
<LI>Fett in einer Pfanne erhitzen, darin die
Frikadellen etwa 15 bis 20 Minuten unter
m&auml;&szlig;iger Hitze braten
</OL>
</UL>
</BODY>
</HIML>
```

Kapitel 6

1. Aus Tabellenzeilen, die Datenzellen und Kopfzellen enthalten können.

2. Durch die Elemente *<TABLE>* und *</TABLE>*,

3. Datenzellen werden durch *<TD>* gekennzeichnet, Kopfzellen durch *<TH>*. Beide stehen innerhalb einer Tabellenzeile, die von *<TR>* und *</TR>* gebildet wird.

4. Durch das Attribut *WIDTH=*, das innerhalb es einleitenden Tags *<TABLE>* notiert wird.

5. Durch das Attribut *COLSPAN=*, das innerhalb des Tags notiert wird, der eine Datenzelle oder Kopfzelle einleitet.

6. Durch das Attribut *ROWSPAN=*, das innerhalb des Tags notiert wird, der eine Daten- oder Kopfzelle einleitet.

7. `<TD ALIGN=RIGHT>`

8. 600 Pixel. Die Angaben zur Gesamthöhe oder -breite einer Tabelle gelten in einem solchen Konfliktfall.

9. Cellspacing legt die Dicke der Gitternetzlinien fest. Das Attribut wird im einleitenden *<TABLE>* notiert.

10. Cellpadding legt den Abstand zwischen Zelleninhalt und Zellenrahmen fest. Dieser Wert wird in Pixeln angegeben und im einleitenden *<TABLE>* eingetragen.

Kapitel 7

1. Durch Verwendung des Attributs *ALT=* innerhalb der Grafikreferenz. Etwa:

```
<IMG SRC="BILD.GIF" ALT="Schade!Sie sehen die
Grafik nicht">
```

2. Ein Rahmen wird durch das Attribut *BORDER=* erstellt. In unserem Falle:

```
<IMG SRC="BILD.GIF" BORDER=10>
```

3. Durch das Attribut *ALIGN=* wird der auf die Grafik folgende Absatz als Beschriftung interpretiert. Soll der Text mittig stehen, ist *ALIGN=MIDDLE* anzugeben:

```
<IMG SRC="3BILD.GIF ALIGN=MIDDLE>
```

4. *ISMAP* legt fest, dass eine Grafik als Map interpretiert wird. Mittels eines CGI-Skripts werden dann die Cursor-Positionen des Lesers ausgewertet und entsprechend weiterverarbeitet. Dabei handelt es sich um eine Auswertung auf Seiten des Servers. *USEMAP* bestimmt, dass eine Grafik auf Seiten des Lesers als MAP interpretiert wird und definiert eine sogenannte *Client-Side Image Map*. Für die vorgesehenen weiteren Aktionen wird kein CGI-Skript mehr benötigt.

5. Innerhalb des Tags *<BODY>* wird das Attribut *BACKGROUND=* eingetragen. In Anführungszeichen wird dann die zu verwendende Grafik bestimmt.

```
<BODY BACKGROUND="HINTER.GIF">
```

6. *Interlaced*-Grafiken bauen sich nicht der Reihe nach zeilenweise auf, sondern zeilenweise versetzt, ähnlich wie das Fernsehbild. Dadurch sind früher Bildinformationen für den Betrachter zu erkennen. *Interlaced*-GIFs bieten also eine Vorschaufunktion.

7. Sie müssen innerhalb der Grafikreferenz den Wert für BORDER= auf 0 setzen.

```
<IMG SRC="LINK.GIF" BORDER=0>
```

Kapitel 8

1. Durch die Elemente *<TEXTAREA>* und *</TEXTAREA>*. Im einleitenden Tag wird dann noch die Zahl der Zeilen und Spalten bestimmt, die angezeigt werden sollen. Also zum Beispiel:

```
<TEXTAREA NAME="Test" ROWS=10 COLS=50><TEXTAREA>
```

2. Durch:

```
<INPUT TYPE=RADIO NAME="Test" VALUE="1">
```

Der eigentliche Radiobutton wird durch *TYPE=RADIO* festgelegt. Hinzukommen muss ein Name für den Button, in unserem Falle *Test*, sowie ein Wert, der beim Abschicken des Formulars übertragen werden soll.

3. *POST* und *GET.* Das erstere schickt eine E-Mail mit dem ausgefüllten Formular an eine gewünschte Adresse. *GET* schreibt den Inhalt des Formulars in eine Umgebungsvariable für ein CGI-Skript.

4. Ja. Durch
```
<INPUT TYPE=PASSWORD NAME="Bezeichnung">
```
wird der Inhalt eines Feldes nicht in Klartext, sondern in Form von Sternchen angezeigt.

5. Mit *<SELECT>* und *</SELECT>*.

6. Innerhalb der Elemente *<SELECT>* und *</SELECT>* werden die einzelnen Einträge einer Listbox durch *<OPTION>* gekennzeichnet.

7. Indem eine Eingabe der Typ *RESET* zugewiesen wird. Die Buttonbeschriftung erhält man durch das Attribut *VALUE=.*

Zum Beispiel:
```
<INPUT TYPE=RESET VALUE="Ich kein Interesse">
```

8. So sollte Ihr Quelltext eigentlich aussehen:
```
<!DOCTYPE HTML PUBLIC "-//IETF//DTD HTML 3.0//
EN" "html.dtd">
<HTML>
<HEAD>
<TITLE> &Uuml;bungsformular bhv-Einsteigerse-
minare </TITLE>
</HEAD>
<BODY>
<FORM METHOD=POST AC-
TION="MAILTO:100101.2055@COMPUSERVE.COM">
1.Wie fanden Sie das Buch bisher?<BR>
```

```html
Gut <INPUT TYPE=RADIO NAME="WERTUNG"
VALUE="Gut"><BR>
Mittel <INPUT TYPE=RADIO NAME="WERTUNG"
VALUE="Mittel"><BR>
Schlecht <INPUT TYPE=RADIO NAME="WERTUNG"
VALUE="SCHLECHT"><BR>
2.Wie w&uuml;rden Sie sich selbst
einsch&auml;tzen?<BR> Sind Sie<BR>
Experte <INPUT TYPE=CHECKBOX NAME="LEVEL"
VALUE="EXPERTE">
Fortgeschrittener <INPUT TYPE=CHECKBOX
NAME="LEVEL" VALUE="FORTGESCHRHITTEN">
Anf&auml;nger <INPUT TYPE=CHECKBOX
NAME="LEVEL" VALUE="ANFAENGER">
<BR>
3.Hier ist Platz f&uuml;r Kritik, Beschimpfun-
gen und Lob:<BR>
<TEXTAREA NAME="NOTES" ROWS=5 COLS=50
WRAP=VIRTUAL>
Ich fand das Buch ganz gut, weil...
</TEXTAREA><BR>
4.Welche Themen w&uuml;rden Sie weiter inter-
essieren?<BR>
<SELECT NAME="Themen" SIZE=1>
<OPTION>Layoutprobleme mit HTML
<OPTION>Java
<OPTION>Multimedia-Elemente in HTML einbinden
<OPTION>Ausf&uuml;hrliche Befehlsreferenz
</SELECT>
<INPUT TYPE=SUBMIT VALUE="Bogen abschik-
ken"><INPUT TYPE=RESET VALUE="Nein, danke">
</FORM>
</BODY>
</HTML>
```

Kapitel 9

1. Mit

```
<HTML>
<FRAMESET ROWS="15%,85%">
</FRAMESET>
</HTML>
```

2.
```
<HTML>
<FRAMESET ROWS="15%,85%">
<FRAME SRC="INHALT.HTM">
<FRAME SRC="WELCOME.HTM">
</FRAMESET>
</HTML>
```

3. *NAME* weist dem Frame einen Namen zu. Innerhalb eines Links kann dann gezielt mit dem Attribut *TARGET* auf dieses Fenster verwiesen werden.

4. Indem das Attribut *SCROLLING=YES* innerhalb der Framedefinition gesetzt wird.

5. Es wird das Attribut *NORESIZE* in die Framedefinition aufgenommen.

6. Die Frames lassen sich so definieren:

```
<HTML>
<FRAMESET ROWS="20%,*">
<FRAME SRC="1.HTM">
<NOFRAME>
<FRAMESET COLS="20%,*">
<FRAME SRC="2.HTM">
<FRAME SRC="3.HTM">
</FRAMESET>
</FRAMESET>
</HTML>
```

Die Dateinamen der HTML-Dokumente sind natürlich nur als Beispiel zu verstehen.

7. *MARGINWIDTH* definiert den horizontalen Abstand zwischen Inhalt und Rahmen, während *MARGINHEIGHT* den vertikalen Abstand festlegt. Beide Attribute erfordern die Angabe in Pixeln und stehen innerhalb der Definition eines Frames.

Kapitel 10

1. RGB= Rot Grün Blau

2. Farben können durch Angabe des hexadezimalen Farbcodes geändert werden. Oder: Sie geben einen vordefinierten Namen im Klartext an.

3. Durch das Attribut *BGCOLOR*= innerhalb des Elements *<BODY>*.

4. Durch Verwendung des Attributs *COLOR*= innerhalb des einleitenden *<FONT>*-Tags.

5. Innerhalb des einleitenden *<TABLE>* können mit *BORDER-COLORDARK*= und *BORDERCOLORLIGHT*= zwei Farben definiert werden. Bei geschickter Farbauswahl lassen sich damit Schattierungseffekte erzielen.

6. Es kommt wiederum das Attribut *BGCOLOR*= zum Einsatz. Im Falle der Tabelle wird es im einleitenden *<TABLE>* eingetragen.

7. Innerhalb des Elements *<BODY>* kann mit *LINK*= eine Farbe für einen noch nicht besuchten Link ausgewählt werden.

Kapitel 11

1. Wenn Sie eine Schriftart festlegen, denken Sie bitte daran, dass der gewünschte Font vielleicht gar nicht auf dem Rechner des Lesers installiert worden ist. Verwenden Sie also möglichst nur Schriften, die weit verbreitet sind, wie Arial. Außerdem sollten Sie eine Alternative vorgeben, also eine Ersatzschriftart festlegen.

2. Werte zwischen 1 und 7. Der Standardwert ist 3.

3. `<FONT SIZE=+3>Hier folgt der Text.</FONT>`

4. `<FONT FACE=ARIAL,COURIER NEW>Ihr Text!</FONT>`

5. Mit *<WBR>*.

6. Die Angaben für den Seitenrand werden in den *<BODY>* eingetragen. Die entsprechende Befehlszeile lautet:

   `<BODY LEFTMARGIN=80 TOPMARGIN=20>`

7. Es gibt keine derartige Formatierungsanweisung. Die Einstellungen für den linken und rechten, bzw. oberen und unteren Seitenrand sind immer **gleich**.

8. Einen Tabulator setzen Sie im Text durch:

   `<TAB ID=T1>`

   Dabei ist T1 nur ein Beispiel. Sie können auch eine andere Bezeichnung verwenden.

9. Um *Schrift* auf den in Frage 9 definierten Tabulator zu setzen, geben Sie ein:

   `<TAB TO=T1>`

10. Zunächst definieren Sie den Tabulator mit:

    `<TAB INDENT=50>`

    Der Wert wird in en gemessen, wobei 2 en 1 pt (typographischer Punkt) sind.

Kapitel 12

1. Mit:

   `<IMG DYNSRC="TIEFIGHT.AVI" CONTROLS>`

2. Das Attribut lautet *START=MOUSEOVER*. Für das Beispiel aus Aufgabe 1 würde die Befehlszeile lauten:

   `<IMG DYNSRC="TIEFIGHT.AVI" START=MOUSEOVER>`

3. Das Attribut lautet *LOOP=*. Es kann dabei Zahlwerte annehmen oder den Wert *INFINITE*, also unendlich. Um das Video 9 mal abzuspielen wäre die folgende Befehlszeile richtig:

```
<IMG DYNSRC="VIDEO.AVI" LOOP=9>
```

4. Eine Hintergrundmusik wird innerhalb des Dateikopfes festgelegt, und zwar mit:

```
<BGSOUND SCR="KLANG.WAV">
```

5. Der entsprechende Tag lautet *<MARQUEE>*.

```
<MARQUEE>Beispielstext</MARQUEE>
```

6. Die Laufrichtung wird über das Attribut *DIRECTION=* festgelegt.

```
<MARQUEE DIRECTION=RIGHT>Beispielstext</MARQUEE>
```

7. Durch das Attribut *BEHAVIOR=*. Damit der Text zwischen beiden Bildschirmseiten hin und her pendelt, muss dieses Attribut den Wert Alternate erhalten.

```
<MARQUEE BEHAVIOR=Alternate>Lauftext</MARQUEE>
```

8. *SCROLLDELAY* gibt die Zeitspanne in Milisekunden an, die zwischen jeder einzelnen Phase der Bewegung des Textes vergehen soll.

SCROLLAMOUNT gibt die Anzahl von Pixeln an, die der Lauftext in jeder Phase der Bewegung auf dem Bildschirm vorankommt.

Kapitel 13

1. Zu einem Index-Dokument machen Sie Ihren Text durch:

```
<ISINDEX HREF="ind.idx">
```

2. Um den gleichen Index zu verwenden wie in Beispiel 1 würde die Befehlszeile lauten:

```
<ISINDEX HREF="ind.idx" PROMPT="Welcher Begriff soll
gefunden werden?">
```

3. Eine Datenbasis wird durch

    ```
    <BASE HREF="HTTP://Adresse">
    ```

    festgelegt.

Kapitel 14

1. JavaScript ist eine interpretierte Computersprache. Ihr Quellcode wird nicht erst von einem Compiler bearbeitet, sondern – so wie er ist – in ein HTML-Dokument eingefügt und abgearbeitet.

2. Sie fügen

    ```
    <APPLET CODE="beispielAPPLET.CLASS"> </APPLET>
    ```

    in Ihr Dokument ein.

3. Erweitern Sie den Tag auf

    ```
    <APPLET CODE="beispielAPPLET.CLASS" WIDTH=300
    HEIGHT=280> </APPLET>
    ```

4. Dazu notieren Sie bitte:

    ```
    <PARAM NAME="Text" VALUE="Hallo Welt">
    ```

5. Innerhalb des Dateikopfes, also zwischen <HEAD> und </HEAD>.

    Schematisch sieht dies dann so aus:

    ```
    <SCRIPT LANGUAGE="JavaScript">...</SCRIPT>
    ```

6. Beispielsweise Window und Location.

7. Event-Handler dienen dazu, JavaScripts in bestimmten Situationen zu starten. Beispiele für Event-Handler sind etwa *onChange* und *OnMouseOver*.

Kapitel 15

1. *<STYLE>* und *</STYLE>*.

2. Dazu notieren Sie bitte:

```
<STYLE>
i {color : blue}
</STYLE>
```

3. Dazu müssen Sie folgendes im Dateikopf notieren:

```
<STYLE>
p.zitate {COLOR : RED}
</STYLE>
```

4. Sie notieren in Ihren HTML-Dokument:

```
<P CLASS=Zitate>Hier folgt der Text </P>
```

5. Dazu ist folgender Eintrag notwendig:

```
p.beispiel {WORD-SPACING : 8 mm; COLOR : BLUE}
```

Kapitel 16

1. Eine Grafik-Referenz, wobei die Grafik auf dem Server des Anbieters hinterlegt ist.

2. Die Grafik wird auf dem Server neu erstellt, wenn Sie benötigt wird. Streng genommen werden die Zugriffe auf diese Grafik gezählt.

3. Nein. Schon allein aus dem Grunde nicht, dass bei der Erstellung des Zählers ein gewünschter Zählerstand definiert werden kann. Außerdem kommt es immer einmal wieder vor, dass falsche Zahlen angezeigt werden.

4. Jeder Internet-Server erstellt lange Protokolldateien, aus denen sich die Zugriffszahlen zuverlässig ermitteln lassen. Diese könnten mittels eines CGI-Skripts ausgelesen werden.

Kapitel 17

1. Die Datei wird eingefügt, indem Sie folgendes in Ihrem Dokument notieren:

```
<EMBED SRC="UMSATZ.XLS">
```

2. *DATA=*. Der Name der einzufügenden Datei bzw. die dazugehörige Pfadangabe wird hier angegeben.

   TYPE=. Hinter diesem Tag wird der Dateityp bestimmt. Er richtet sich nach den MIME-Typen.

3. MIME steht für »Multipurpose Internet Mail Extensions«. Es handelt sich dabei um einen Standard des Internets, der Dateiarten angibt.

Glossar

Browser

Software zur Nutzung des World Wide Web, mit der sich HTML-Dokumente betrachten lassen. Vertreter dieser Gattung sind zum Beispiel Netscape Navigator, Internet Explorer, Mosaic, Oracle Power Browser usw.

CGI

Abkürzung für *Common Gateway Interface*. Es handelt sich um kleine Programme, die den Austausch von Informationen aus HTML-Dokumenten mit anderen Anwendungen ermöglichen. CGI-Skripte können in verschiedenen Computersprachen erstellt werden. Beliebt sind PERL und C++.

Frames

Eine von Netscape eingeführte Erweiterung von HTML. Es handelt sich dabei um voneinander unabhängige Bildschirmfenster innerhalb der Anzeigefläche des Browsers.

FTP

Abkürzung für *File Transfer Protocol*. Ein Dienst des Internets, der die Übertragung von Dateien zwischen zwei Rechnersystem erlaubt, ähnlich der Datenfernübertragung mit einer Mailbox.

GIF

Abkürzung für *Graphic Interchange Format*. Ein zuerst im Online-Dienst CompuServe verwendetes Dateiformat zum Austausch von Grafiken, die stark komprimiert werden. Dadurch sind kurze Dateiübertragungszeiten möglich.

Gopher

Ein Dienst des Internets, der Verweise auf andere Informationen in einer hierarchischen Menüstruktur präsentiert. Galt vor der Einführung des World Wide Web als die komfortabelste Art und Weise, das Internet zu nutzen.

HTML

Abkürzung für *Hypertext Markup Language*. Eine Seitenbeschreibungssprache.

Hypertext

Texte die Verweise auf andere Texte enthalten. Im Falle des World Wide Web reicht ein Mausklick auf einen Verweis, um ein Dokument selbst von einem weit entfernten Rechner abrufen zu können.

Internet

Weltweiter Zusammenschluss von einer Vielzahl von Computernetzwerken mit schätzungsweise zwischen 30 und 40 Millionen Benutzern

Intranet

Ein firmeninternes Computernetzwerk (*Local Area Network*=LAN) das die Technologie des Internets nutzt. Durch Benutzung von HTML werden Informationen unternehmensweit und plattformübergreifend verfügbar.

Java

Eine von der Firma SUN entwickelte plattformunabhängige Programmiersprache, die sich an C++ anlehnt.

JavaScript

Eine Skriptsprache, die ursprünglich von Netscape entwickelt worden ist. Im Gegensatz zu Java handelt es sich um eine interpretierte Sprache. Der Quellcode ist direkt innerhalb des HTML-Dokuments zu finden und muss nicht erst, wie bei anderen Computersprachen, von einem Compiler bearbeitet werden.

JPG

Abkürzung für *Joint Photographic Experts Group*. Nach diesem Gremium benanntes Grafik-Format, das Bilddaten in hohem Maße komprimiert.

Link

Verweis auf eine andere Information innerhalb eines HTML-Dokuments. Dabei kann es sich um ein anderes Dokument, eine Datei oder einen anderen Internet-Dienst handeln.

Newsgroup

Eine Art von schwarzem Brett im Internet. Die Teilnehmer in einer Newsgroup tauschen Nachrichten zu einem bestimmten Thema aus, die von allen anderen Teilnehmern gelesen werden können.

Tag

Mit Tag werden die Formatierungsanweisungen in einem HTML-Dokument bezeichnet.

World Wide Web

Auch WWW genannt. Ein Dienst des Internets. Hypertextdokumente sind über Links miteinander verknüpft. Vereinfacht es, zusammengehörende Informationen zu verfolgen.

Index

DAS EINSTEIGERSEMINAR

StarOffice 4.0

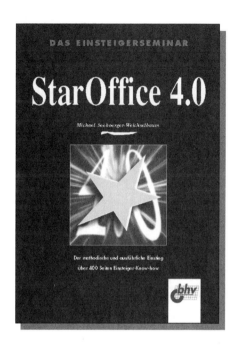

Michael Seeboerger-Weichselbaum

**Der methodische und
ausführliche Einstieg –
448 Seiten
Einsteiger-Know-how**

StarDivision stellt mit diesem Programmpaket einen echten Konkurrenten zu Micro-soft Office 97 vor. "Die perfekte Programm-Integration zahlt sich in Sachen Übersicht-lichkeit und Arbeitsminimierung aus" schrieb die PC-Fachzeitschrift *win* bereits in ihrer 7/97-Ausgabe. *CHIP* bewertete StarOffice als "beste neue Software der CeBIT 1997" (5/97), *c't* steigerte dies zu einem "StarOffice 4.0 setzt zweifelsohne neue Stan-dards im Office-Markt." (4/97) Wieviel an diesen Aussagen dran ist und was darüber hinaus noch in StarOffice drin ist, erklärt Ihnen Michael Seeboerger-Weichselbaum im vorliegenden Titel.

DM	19,80
öS	145,00
sFr	19,00

ISBN 3-89360-526-6

bhv Verlags GmbH • Novesiastraße 60 • 41564 Kaarst • Tel.: 0 21 31 / 765-01 • Fax: 0 21 31 / 765-101 • http://www.bhv.net

DAS EINSTEIGERSEMINAR

Access 97

Bettina Weßelmann

**Der methodische und
ausführliche Einstieg –
368 Seiten
Einsteiger-Know-how**

Access 97 hat eine so große Funktionsvielfalt, dass die Orientierung nicht leicht fällt. Dieses Einsteigerseminar erklärt Ihnen jedoch, wie Sie sich schnell und unproblematisch in die neue Version von Access einarbeiten können. Anhand von Beispielen werden Ihnen die relevanten Vorgehensweisen für eine effektive Nutzung des Programms vorgestellt und erläutert. Am Ende jedes Kapitels finden Sie zudem eine kurze Zusammenfassung und Übungsaufgaben. Das Einsteigerseminar Access 97 – eine leicht verständliche Einführung in die Welt der Datenbanken.

DM	19,80
öS	145,00
sFr	19,00

ISBN 3-89360-952-0

bhv Verlags GmbH • Novesiastraße 60 • 41564 Kaarst • Tel.: 0 21 31 / 765-01 • Fax: 0 21 31 / 765-101 • http://www.bhv.net

DAS EINSTEIGERSEMINAR

PC Hardware aufrüsten

Andreas Birkner
Eckhard Malguth

**Der methodische und
ausführliche Einstieg –
320 Seiten
Einsteiger-Know-how
2., überarbeitete Auflage**

Die Ansprüche der Software an die Hardware wachsen stetig. Der jetzt topaktuelle Computer ist morgen schon veraltet. Möchte man nicht sofort ein komplett neues System kaufen, muss man den vorhandenen Rechner aufrüsten. Damit jeder diese Arbeiten selbständig durchführen kann, ist dieses Buch geschrieben worden. Zunächst wird der Ansatzpunkt zum Aufrüsten gesucht. Eine Checkliste sagt Ihnen, wo der Schraubendreher angesetzt werden muss. Danach geht es an die Installation der neuen Komponenten. Ausführlich und leicht verständlich werden der Einbau des neuen Bauteils und die Einrichtung der Treiber beschrieben. Ein Glossar erklärt Ihnen alle wichtigen Fachbegriffe aus der Welt der PCs.

DM	19,80
öS	145,00
sFr	19,00

ISBN 3-89360-088-4

bhv Verlags GmbH • Novesiastraße 60 • 41564 Kaarst • Tel.: 0 21 31 / 765-01 • Fax: 0 21 31 / 765-101 • http://www.bhv.net

DAS EINSTEIGERSEMINAR

Word 97

Bettina Weßelmann

**Der methodische und
ausführliche Einstieg –
384 Seiten
Einsteiger-Know-how**

1997 ist das Jahr des neuen Office-Paketes, in dem das Textverarbeitungsprogramm
Word Bestandteil ist. Viele Funktionen sind neu, andere haben sich bei der Vorgänger-
version Word 7 so bewährt, dass sie beibehalten wurden. Textgestaltungsoptionen und
Ausdruckmöglichkeiten sind bekannt. Wie aber werden Dokumente im HTML-Format
gespeichert? Wie sehen die intelligenten Assistenten aus? Textverarbeitung und VBA –
wie passt das zusammen? Verständlich geschrieben, durch Übungen ergänzt und mit
Abbildungen aufgelockert führt Sie die Autorin an Word 97 heran.

DM	19,80
öS	145,00
sFr	19,00

ISBN 3-89360-950-4

bhv Verlags GmbH • Novesiastraße 60 • 41564 Kaarst • Tel.: 0 21 31 / 765-01 • Fax: 0 21 31 / 765-101 • http://www.bhv.net

DAS EINSTEIGERSEMINAR

Festplatten- und Dateiorganisation

Wilfred Lindo

Der methodische und ausführliche Einstieg — 400 Seiten Einsteiger-Know-how

Die Festplatte hat mit den Jahren ihren Platz als Standard-Speichermedium behauptet. Dabei haben sich die Handhabung und die Funktionsweise des Speichermediums kaum verändert. Sicherlich sind Festplatten schneller geworden und besitzen wesentlich höhere Speicherkapazitäten, doch leider sind die kleinen Probleme nicht gewichen. Das Einsteigerseminar beleuchtet die unterschiedlichsten Aspekte des Datenträgers und führt den Einsteiger verständlich an die Materie heran. Alle Kapitel zielen auf die konkrete Arbeit mit der Festplatte. Dafür mussten langatmige Definitionen praktischen Lösungswegen weichen. So entstand ein methodischer Einstieg in die Welt der Festplatte und deren Datenorganisation.

ISBN 3-89360-030-2

DM	19,80
öS	145,00
sFr	19,00

bhv Verlags GmbH • Novesiastraße 60 • 41564 Kaarst • Tel.: 0 21 31 / 765-01 • Fax: 0 21 31 / 765-101 • http://www.bhv.net

DAS EINSTEIGERSEMINAR

Power Point 97

Bernd Zoller

Der methodische und ausführliche Einstieg – 400 Seiten Einsteiger-Know-how

Der Funktionsumfang von Microsofts bekannter Präsentations-Software PowerPoint wurde in der aktuellen Version erheblich ausgeweitet. Besonders für Einsteiger ist es deshalb schwierig, sich in der komplexen Struktur des Programms zurechtzufinden. Deswegen geht das Einsteigerseminar PowerPoint 97 vor allem auf die Techniken ein, mit denen Sie attraktive Grafiken, Diagramme, Folien und Layouts erstellen können. Zahlreiche Beispiele, Zusammenfassungen und Übungen ermöglichen dem Anwender den kompetenten und kreativen Umgang mit PowerPoint 97.

DM	19,80
öS	145,00
sFr	19,00

ISBN 3-89360-953-9

bhv Verlags GmbH • Novesiastraße 60 • 41564 Kaarst • Tel.: 0 21 31 / 765-01 • Fax: 0 21 31 / 765-101 • http://www.bhv.net